Leonardo Fajngold

DANO MORAL
E REPARAÇÃO NÃO PECUNIÁRIA

SISTEMÁTICA E PARÂMETROS

Prefácio
CARLOS NELSON KONDER

Apresentação
ANDERSON SCHREIBER

Contém vídeo
de apresentação
da obra.

Diretora de Conteúdo e Operações Editoriais
JULIANA MAYUMI ONO

Gerente de Conteúdo
MILISA CRISTINE ROMERA

Editorial: Aline Marchesi da Silva, Diego Garcia Mendonça, Karolina de Albuquerque Araújo Martino e Quenia Becker

Gerente de Conteúdo Tax: Vanessa Miranda de M. Pereira

Direitos Autorais: Viviane M. C. Carmezim

Assistente de Conteúdo Editorial: Juliana Menezes Drumond

Analista de Projetos: Camilla Dantara Ventura

Estagiárias: Ana Amalia Strojnowski, Bárbara Baraldi, Bruna Mestriner e Mirna Adel Nasser

Produção Editorial
Coordenação
ANDRÉIA R. SCHNEIDER NUNES CARVALHAES

Especialistas Editoriais: Gabriele Lais Sant'Anna dos Santos e Maria Angélica Leite

Analista de Projetos: Larissa Gonçalves de Moura

Analistas de Operações Editoriais: Alana Fagundes Valério, Caroline Vieira, Danielle Castro de Morais, Mariana Plastino Andrade, Mayara Macioni Pinto, Patrícia Melhado Navarra e Vanessa Mafra

Analistas de Qualidade Editorial: Ana Paula Cavalcanti, Fernanda Lessa, Thaís Pereira e Victória Menezes Pereira

Designer Editorial: Lucas Kfouri

Estagiárias: Bianca Satie Abduch, Maria Carolina Ferreira, Sofia Mattos e Tainá Luz Carvalho

Capa: Linotec

Líder de Inovações de Conteúdo para Print
CAMILLA FUREGATO DA SILVA

Equipe de Conteúdo Digital
Coordenação
MARCELLO ANTONIO MASTROROSA PEDRO

Analistas: Gabriel George Martins, Jonatan Souza, Maria Cristina Lopes Araujo e Rodrigo Araujo

Gerente de Operações e Produção Gráfica
MAURICIO ALVES MONTE

Analistas de Produção Gráfica: Aline Ferrarezi Regis e Jéssica Maria Ferreira Bueno

Assistente de Produção Gráfica: Ana Paula Evangelista

Dados Internacionais de Catalogação na Publicação (CIP)
(Câmara Brasileira do Livro, SP, Brasil)

Fajngold, Leonardo
Dano moral e reparação não pecuniária : sistemática e parâmetros / Leonardo Fajngold. -- 1. ed. -- São Paulo : Thomson Reuters Brasil, 2021.

Bibliografia
ISBN 978-65-5614-540-2

1. Dano moral - Reparação 2. Direito civil 3. Direito civil - Brasil I. Título.

21-61363 CDU-347.426.4

Índices para catálogo sistemático: 1. Dano moral : Reparação não pecuniária : Direito civil   347.426.4
Maria Alice Ferreira - Bibliotecária - CRB-8/7964

LEONARDO FAJNGOLD

DANO MORAL

E REPARAÇÃO NÃO PECUNIÁRIA

SISTEMÁTICA E PARÂMETROS

Prefácio
CARLOS NELSON KONDER

Apresentação
ANDERSON SCHREIBER

Contém vídeo
de apresentação
da obra.

DANO MORAL E REPARAÇÃO NÃO PECUNIÁRIA
Sistemática e parâmetros

LEONARDO FAJNGOLD

© desta edição [2021]

THOMSON REUTERS BRASIL CONTEÚDO E TECNOLOGIA LTDA.

JULIANA MAYUMI ONO
Diretora Responsável

Av. Dr. Cardoso de Melo, 1855 – 13º andar – Vila Olímpia
CEP 04548-005, São Paulo, SP, Brasil

TODOS OS DIREITOS RESERVADOS. Proibida a reprodução total ou parcial, por qualquer meio ou processo, especialmente por sistemas gráficos, microfílmicos, fotográficos, reprográficos, fonográficos, videográficos. Vedada a memorização e/ou a recuperação total ou parcial, bem como a inclusão de qualquer parte desta obra em qualquer sistema de processamento de dados. Essas proibições aplicam-se também às características gráficas da obra e à sua editoração. A violação dos direitos autorais é punível como crime (art. 184 e parágrafos, do Código Penal), com pena de prisão e multa, conjuntamente com busca e apreensão e indenizações diversas (arts. 101 a 110 da Lei 9.610, de 19.02.1998, Lei dos Direitos Autorais).

O autor goza da mais ampla liberdade de opinião e de crítica, cabendo-lhe a responsabilidade das ideias e dos conceitos emitidos em seu trabalho.

CENTRAL DE RELACIONAMENTO THOMSON REUTERS SELO REVISTA DOS TRIBUNAIS
(atendimento, em dias úteis, das 09h às 18h)
Tel. 0800-702-2433
e-mail de atendimento ao consumidor: sacrt@thomsonreuters.com
e-mail para submissão dos originais: aval.livro@thomsonreuters.com
Conheça mais sobre Thomson Reuters: www.thomsonreuters.com.br
Acesse o nosso *eComm*
www.livrariart.com.br
Impresso no Brasil [05-2021]
Profissional
Fechamento desta edição [24.03.2021]

ISBN 978-65-5614-540-2

À "vítima desconhecida",
que, sem saber que o dano pode ser reparado,
contenta-se com um valor qualquer.

Agradecimentos

A seção de agradecimentos acabou ficando como última etapa desta obra. Era uma questão aparentemente lógica e de prudência: como o trabalho é fruto das pesquisas no mestrado da UERJ, a intenção era aguardar o fim do ciclo desses dois (incríveis, árduos e transformadores) anos de estudo para fazer os muitos agradecimentos necessários.

Só não contava com o fato de que as inúmeras memórias que me viriam à mente nesse momento representam a síntese de uma das minhas convicções iniciais: a vida é muito maior que números em uma conta bancária.

Não faria mal, portanto, que fosse o primeiro, e não o último, degrau dessa jornada, para inspirar a caminhada, demonstrando, especialmente nos momentos mais desafiadores, a importância de seguir adiante, para buscar contribuir com uma reflexão que *pode* e *precisa* ganhar maior projeção no mundo jurídico.

Ao professor Carlos Konder, obrigado por confiar, desde o início, nas minhas ideias e aspirações, e trazer calma para as fases mais delicadas. Uma honra poder aprender e debater com uma pessoa que tanto admiro, símbolo do mais alto nível acadêmico. Essa travessia certamente foi mais simples e engrandecedora por sua causa.

Idêntico privilégio tive ao contar com os professores Anderson Schreiber, Sérgio Savi e Eduardo Nunes de Souza nas minhas bancas de defesa e qualificação. Igualmente queridos e juridicamente impressionantes, os três marcaram a minha trajetória profissional, na advocacia e na academia, desde momentos que precedem o mestrado. Como já esperava, foram, em conjunto com o professor Carlos Konder, determinantes aos rumos deste trabalho, trazendo uma série de considerações que acabaram por eliminar dúvidas e pavimentar os caminhos da pesquisa. Meu mais sincero muito obrigado.

Também não posso deixar de mencionar outros nomes que foram fundamentais ao meu desenvolvimento nesses últimos anos, como os professores

Gustavo Tepedino, Aline de Miranda Valverde Terra, Gisela Sampaio da Cruz Guedes e Maria Celina Bodin de Moraes. Foi um imenso prazer estar ao lado de pessoas tão essenciais ao direito civil.

Quando entrei no mestrado, a intenção era ter a oportunidade de aprender e participar de discussões jurídicas com pessoas da maior capacidade técnica. Não esperava, contudo, que dividiria sala com amigos tão sensacionais, que ficariam para além da vida acadêmica. Foram muitas dúvidas, risadas e debates de todo o tipo nesses últimos dois anos. Vocês foram, honestamente, a minha melhor e mais surpreendente descoberta no mestrado.

Recebi, ainda, bastante ajuda externa nesse período. Em especial, fica o meu enorme agradecimento ao Cássio Monteiro Rodrigues e ao Yuri Maciel Araújo. Como de costume, não hesitaram em colaborar com discussões e sugestões. Sem dúvidas, a parceria de vocês contribuiu demais para o desenvolvimento do trabalho.

Aos colegas do Sender Advogados, deixo a minha gratidão por todo o apoio desde sempre. As trocas de ideias e as gargalhadas foram fundamentais para agregar e tornar a minha rotina mais leve mesmo com tanto equilíbrio de tarefas.

À Layla, agradeço o que as palavras não permitem explicar. Mesmo sabendo das dificuldades de tempo e das muitas concessões que esses anos imporiam, foi a maior incentivadora desde o início e esteve ao meu lado em todos os momentos. E, apesar de ser de um mundo distante do direito, esteve engajada nos dilemas, fez considerações valiosas e viveu, junto comigo, toda essa trajetória. A você devo tanto quanto revela a dificuldade de escrever esse parágrafo.

Aos meus pais, o mínimo que posso fazer é agradecer por tudo que sou e vivi nesses trinta anos. Obrigado pelos valores, pelas lições, pelos cuidados, pelas experiências maravilhosas e, ainda, por ter podido desfrutar da companhia de duas pessoas tão espetaculares.

Ao Gabriel, agradeço por me ensinar, desde os tempos de bicama, que as grandes relações são construídas diariamente, entre brigas e risadas. Além dos incontáveis momentos incríveis ao longo dos anos, é uma imensa alegria poder partilhar, lado a lado, os caminhos da vida.

Ao Fernando e ao Fábio, o agradecimento é por mostrarem que, nas relações mais íntimas, a diferença de idade pode ser apenas um detalhe. E, não menos importante, por brindarem a família com os queridos Felipe, Bruno, Erick e Tati.

Aos gatinhos Sambinha e Salsinha, agradeço por um amor e um carinho que não imaginava que podia sentir e receber. Junto com a Layla, foram meus grandes companheiros nessa trajetória, fazendo zona na casa e dormindo na cadeira ao lado. Obrigado por tudo, pequenos.

À minha avó Maria, tenho que agradecer a tamanha sorte de ser seu neto. De poder ter compartilhado inúmeros momentos de aprendizado e de brincadeiras, no Rio e em Teresópolis. Apesar das dificuldades que a idade traz, segue sendo a minha inspiração de vitalidade e energia, como no conhecido verso da música que ela gostava de cantar: "viver e não ter a vergonha de ser feliz".

Com os meus avós Esther e Jankiel, infelizmente já não compartilho mais dos bombons no móvel da sala, nem de pizza com guaraná aos domingos, mas ficam as lembranças dos momentos inesquecíveis e do carinho interminável.

Ao tio David Milech, dono de uma personalidade e uma cultura (jurídica e não jurídica) extraordinárias, agradeço os muitos ensinamentos que me influenciaram decisivamente nos passos da vida. Na companhia da querida tia Geni e dos igualmente queridos Marcio, Marcelo, Lize, André, Bruna, Carol e Adolpho, aprendi a importância de sempre buscar o estudo e me dedicar, com seriedade e retidão, aos projetos da vida.

À família Daye, obrigado por mostrar que a distância, por mais incômoda que seja, nada altera o afeto e a emoção do encontro. Mesmo do outro lado do mundo, vocês são muito mais parte da minha vida que imaginam. Foi, inclusive, a certeza da vinda de todos vocês ao Rio de Janeiro que me estimulou nos dias mais difíceis. Espero que tenhamos outras inúmeras oportunidades de estarmos juntos como nos últimos anos.

À tia Marcele, tio Elie, Leandro, Debora e Daniel, agradeço o imenso carinho recebido em todos esses anos. Sempre presentes e incentivadores dos meus projetos pessoais, tornaram os momentos em família certamente mais especiais.

Tive e tenho, ainda, a imensa felicidade de poder contar com amigos incríveis. No Shomer, na Chazit, na Tijuca, na UFRJ, na UERJ, nos escritórios, enfim, na vida. Embora não haja espaço para individualizar os muitos e merecidos agradecimentos, saibam que carrego um pouco de cada um de vocês comigo.

As singelas linhas acima provam, por fim, o óbvio. Para todos aqui, não há, de fato, qualquer valor que expresse a minha gratidão.

Existem coisas que o dinheiro não compra
(*Campanha publicitária "Priceless", da Mastercard, veiculada em 1997*)

Prefácio

Entre as diversas conquistas da Constituição de 1988 está a positivação do direito à indenização dos danos morais. A previsão, nos incisos V e X do seu artigo 5º, colocou verdadeira pá de cal em profunda controvérsia que hoje parece extremamente distante. A justificada preocupação à época com eventual precificação da violação da personalidade – o *pretium doloris* – foi superada pela necessidade concreta de oferecer algum tipo de sucedâneo à vítima, o qual, ainda que imperfeito, era melhor do que a ausência de qualquer tutela do ordenamento jurídico. Trata-se do recorrente drama da insuficiência dos instrumentos jurídicos de proteção das situações existenciais.

Mais de trinta anos depois, com efeito, o debate ressurge. As indenizações por danos morais multiplicaram-se de forma ampla e, a despeito de significativos esforços da doutrina no sentido de oferecer "maior apuro na elaboração técnico-jurídica dos fundamentos do dano moral",[1] com mais objetividade e parametrização para as decisões, o cenário de arbitrariedade ainda preocupa. A banalização das condenações, com a consequente diminuição dos valores, aliada à confusão entre critérios patrimoniais e existenciais, bem como entre função punitiva e compensatória, demanda voltar os olhos novamente para a reparação dos danos morais, agora para buscar um novo passo: a despatrimonialização da reparação.

Por isso, em boa hora a Thomson Reuters Revista dos Tribunais traz ao grande público *Dano moral e reparação não pecuniária: sistemática e parâmetros*, de Leonardo Fajngold. O texto tem origem na dissertação de mestrado do autor, aprovada com grau dez, louvor e recomendação de publicação, por banca composta pelos professores Sérgio Savi, Anderson Schreiber e por mim, na

---

1. MORAES, Maria Celina Bodin de. *Danos à pessoa humana: uma leitura civil-constitucional do dano moral*. Rio de Janeiro: Renovar, 2003, p. 14.

qualidade de orientador. Os encômios da banca se justificam porque o trabalho foi além daquilo que se espera de uma dissertação de mestrado, já que propõe critérios inovadores e relevantes para a aplicação segura da reparação não pecuniária, de modo a permitir que ela se consolide no ordenamento brasileiro como prática adequada à relevância dos interesses envolvidos.

A música sobre a dependência química de ator global, o desastre aéreo com os jogadores da Chapecoense, o assassinato da vereadora carioca, o incêndio que matou jovens atletas no clube desportivo, a celebridade vítima de litigância de má-fé, as declarações racistas de deputado federal, as televisionadas ofensas às religiões africanas, a demora no reconhecimento de terras indígenas, a tortura e morte de presos políticos: Leonardo identifica e analisa diversas situações dramáticas que deixam clara a adequação de meios de reparação não pecuniária de danos morais. Trata-se de marca nítida de toda a obra: o contato constante e o diálogo efetivo com a realidade social, de modo a oferecer contribuição teórica realmente idônea a transformar a praxe judicial nessa seara.

Para tanto, o autor inicia pela cuidadosa construção dos alicerces teóricos da matéria. Em vista das ainda incipientes referências dedicadas especificamente ao tema,[2] Leonardo parte de conceituação da reparação não pecuniária do dano moral que vai além dos tímidos mecanismos tradicionais – direito de resposta, retratação pública, retratação privada e publicação de decisões judiciais –, de modo a ela acompanhar a significativa evolução que o próprio conceito de dano moral sofreu. Apresenta argumentos sólidos para superar as resistências ainda existentes à despatrimonialização da reparação, chegando mesmo a sustentar sua prioridade sobre a indenização pecuniária, com base na orientação legislativa, na ampliação dos danos ressarcíveis e, especialmente, nos objetivos maiores da responsabilidade civil.

Em seguida, Leonardo passa ao exame do "estado da arte" no tema, com vistas a demonstrar a impossibilidade de "encastelar" a reparação não pecuniária dos danos morais a hipóteses restritas. Nesse sentido, o autor colhe da legislação brasileira diversas previsões especiais que dão respaldo à despatrimonialização da responsabilização, cujas raízes de quase duzentos anos, passando pela controversa Lei de Imprensa (Lei n. 5.250/67), são agora relidas e expandidas pelo

---

2. Destaque-se, nesse sentido, SCHREIBER, Anderson. *Novos paradigmas da responsabilidade civil: da erosão dos filtros da reparação à diluição dos danos*. 5. ed. São Paulo: Atlas, 2013; MAGALHÃES, Fabiano Pinto de. *A reparação não pecuniária dos danos morais*. Dissertação. Rio de Janeiro: UERJ, 2015; DANTAS BISNETO, Cícero. *Formas não monetárias de reparação do dano moral: uma análise do dano extrapatrimonial à luz do princípio da reparação adequada*. Florianópolis: Tirant Lo Blanch, 2019.

contexto democrático, como a guarida constitucional ao direito de resposta, ampliado pela legislação eleitoral e acrescido pelo direito à retificação com a Lei n. 13.188/15. O autor aborda ainda a cláusula geral do artigo 927 do Código Civil, bem como as medidas específicas de indisponibilização de conteúdo do Marco Civil da Internet (Lei n. 12.965/2014) e de correção, anonimização, bloqueio e eliminação de dados da LGPD (Lei n. 13.709/2018), assim como traz referências da legislação estrangeira no mesmo sentido.

Para além da legislação, o autor destaca a diuturna atividade dos tribunais, examinando em minúcia mais de quinze precedentes judiciais importantes, em especial o *leading case* RE n. 580.252, em que se discutiu a reparação por condições carcerárias indignas por meio da aplicação analógica da remição prevista pela Lei de Execução Penal. Leonardo traz também a significativa contribuição, por vezes pouco explorada, da Corte Interamericana de Direitos Humanos, com o exame de seis julgados bastante importantes para o cenário nacional.

O segundo capítulo da obra culmina na abordagem de aspectos nevrálgicos da reparação não pecuniária dos danos: a possibilidade de cumulação com a reparação pecuniária, qual a extensão da discricionariedade do intérprete para modular a medida reparatória requerida pela parte e se o julgador pode, de ofício, aplicar uma medida não monetária ou modular a providência solicitada. A abordagem cuidadosa e científica desses pontos delicados serve de base para a parte mais inovadora e importante da obra: os critérios para a aplicação da reparação não pecuniária de danos morais, objeto do terceiro capítulo.

Munido do rico acervo de exemplos e das premissas teóricas fundamentais, Leonardo propõe cinco critérios que devem guiar o intérprete no estabelecimento da medida não pecuniária adequada à reparação do dano concretamente ocorrido: objetivo, subjetivo, financeiro, temporal e espacial. Ele indica que a reparação deve atender ao interesse atingido pela lesão, às circunstâncias pessoais da vítima, não onerar excessivamente o ofensor, não alcançar negativamente terceiros, seu custo deve ser proporcional ao dano causado, com prazo e em âmbito geográfico adequado ao seu cumprimento. A exposição é coroada por uma seção dedicada à ilustração com base em três exemplos de aplicação técnica da reparação não pecuniária, em conformidade com os critérios expostos: conflitos de vizinhança entre condôminos, abandono afetivo de filho e prisão indevida.

Esse parece ser o principal mérito da obra de Leonardo Fajngold: não somente se trata de significativa contribuição científica para o desenvolvimento do direito da responsabilidade civil, mas também, tendo em vista a atuação do autor como brilhante advogado, trata-se de um excepcional "livro de cabeceira" para magistrados, árbitros e intérpretes em geral usarem como guia "passo a passo" para definição de uma medida não pecuniária de reparação de dano moral de forma justa e adequada ao caso concreto.

O saudoso jurista italiano Stefano Rodotà, diante das transformações que fragmentaram a responsabilidade civil, destacava que, enquanto alguns nostálgicos de modelos fechados podem desistir do esforço de construir teorias gerais diante da regulação casuística, há aqueles que, por outro lado, percorreram um longo caminho para se despir de preconceitos e aprender a lição dos fatos históricos, e estes são capazes de perceber como os dogmas aparentemente imutáveis transmutam-se diante do real.[3] Após percorrer essa obra, o leitor terá a certeza de que Leonardo Fajngold se insere nesse segundo grupo.

Carlos Nelson Konder
Doutor e mestre em direito civil pela Universidade do Estado do Rio de Janeiro (UERJ). Especialista em Direito Civil pela Universidade de Camerino (Itália). Professor do Departamento de Direito Civil da UERJ e do Departamento de Direito da Pontifícia Universidade Católica do Rio de Janeiro (PUC-Rio). Advogado.

---

3. RODOTÀ, Stefano. *Il problema della responsabilità civile*. Milano: Giuffrè, 1964, p. 207.

Apresentação

Pecunia non olet ("*o dinheiro não tem cheiro*") – teria afirmado o Imperador Vespasiano ao ser interpelado por seu filho Tito, que reclamava contra a instituição de um tributo pelo uso de banheiros públicos em Roma.[1] A noção de que o dinheiro representa um instrumento neutro de solução de controvérsias, que escapa a valorações de moralidade ou imoralidade, foi amplamente acolhida pelo Direito Privado, especialmente no campo do direito obrigacional. A disciplina moderna da Responsabilidade Civil erigiu-se sobre o mito de que a vítima de um dano somente poderia obter em juízo um único efeito: a indenização em dinheiro. A neutralidade deste remédio parecia capaz de serenar ânimos e aplacar conflitos, restituindo a vítima ao seu estado anterior.

A trajetória mais recente da Responsabilidade Civil demonstrou, todavia, que o império exclusivo da indenização em dinheiro pode não apenas se revelar frustrante em termos de reparação dos danos sofridos em sociedade, mas também provocar o resultado oposto ao esperado, incentivando novas violações da ordem jurídica. Em todo o mundo, foi se tornando evidente que um dever de reparar limitado à indenização em pecúnia mostra-se, em alguns casos, excessivamente sedutor, animando demandas frívolas e despertando preocupações com a "*industrialização*" das ações reparatórias, ao mesmo tempo em que, noutros casos, o dinheiro se revela flagrantemente insuficiente para, por si só, reparar ou compensar a perda sofrida pela vítima.

---

1. A expressão *non olet* é, até hoje, empregada no campo do direito financeiro e tributário para defender "*que o tributo deve incidir sobre atividades ilícitas ou imorais que possuem consistência econômica*" (TORRES, Ricardo Lobo. *Tratado de Direito Constitucional Financeiro e Tributário*: Valores e Princípios Constitucionais Tributários. v. 2. Rio de Janeiro: Renovar, 2014, p. 383).

O pai que perde um filho, o empregado que é humilhado no ambiente de trabalho, a atriz que tem sua intimidade exposta na internet frequentemente dirão que nenhum dinheiro será capaz de reparar a lesão sofrida. Pior: limitar a reparação ao dinheiro, especialmente diante de danos morais, *"induz à conclusão de que a lesão a interesses existenciais é a todos autorizada, desde que se esteja disposto a arcar com o 'preço' correspondente"*.[2] A lógica do custo-benefício, tanto mais em um país onde as indenizações por danos morais são baixas, acaba naturalmente guiando decisões empresariais que, não raro, preferem assumir o risco das condenações que investir somas mais elevadas em mecanismos que evitem a ocorrência dos danos. Tem-se aí a industrialização oposta: não a *"industrialização do dano moral"*, mas a industrialização da lesão aos direitos individuais.

Não bastasse tudo isso, sofrem os tribunais de toda parte com a questão da quantificação das indenizações pecuniárias, seja no campo do dano patrimonial, onde novas formas de lesão vêm sendo reconhecidas (perda da chance, dano de privação de uso etc.) e desafiam a tradicional teoria da diferença (*Differenz-Theorie*),[3] seja no campo do dano moral, onde a metodologia (ou falta dela) de arbitramento das indenizações é objeto constante de crítica pela ausência de uma previsibilidade mínima, o que levou o jurista inglês Patrick Atiyah a comparar a Responsabilidade Civil a uma *"loteria das indenizações"*.[4]

Daí a importância de refletir sobre meios não pecuniários de reparação, que permitam, de um lado, escapar à insuficiência do dinheiro, com vistas a uma integral reparação da vítima, e, de outro, desincentivar de modo efetivo a prática de condutas lesivas, deixando de transmitir a ideia de que o dano *pode* ser causado desde que o ofensor tenha recursos suficientes para arcar com as somas normalmente baixas fixadas pelo Poder Judiciário. As vantagens evidentes da quebra da exclusividade do remédio pecuniário, com a possibilidade de condenar o réu a outras formas de reparação, como a retratação pública ou outras obrigações de fazer, em paralelo à indenização em dinheiro, não se mostraram, todavia, capazes de assegurar uma ampla acolhida ao instituto. Isso porque surgem sempre preocupações (inteiramente legítimas, diga-se) com o modo de sua aplicação. Como limitar uma excessiva criatividade do Poder

---

2. SCHREIBER, Anderson. *Reparação Não Pecuniária dos Danos Morais*. In: MARTINS, Guilherme Magalhães (Coord.). *Temas de Responsabilidade Civil*. Rio de Janeiro: Lumen Juris, 2012, p. 1-20.
3. Tradicional teoria segundo a qual o valor do dano equivale à diferença entre o patrimônio da vítima antes e depois da lesão.
4. ATIYAH, Patrick. *The Damages Lottery*. Oxford: Hart, 1997.

Judiciário na adoção de meios não pecuniários de reparação? Como assegurar que haverá a necessária proporcionalidade entre o meio empregado e o dano causado? Como evitar que, a título de reparação não pecuniária, se acabe por instituir verdadeira pena ao causador do dano ou lhe aplicar punição exemplar?

São estas as questões que o livro de Leonardo Fajngold vem enfrentar de modo inovador e pioneiro. Partindo do disposto no artigo 947 do Código Civil,[5] o autor sustenta haver verdadeira primazia dos instrumentos não pecuniários de reparação dos danos morais no direito brasileiro. Após denunciar uma flagrante contradição *"entre a identificação da função reparatória como primária da responsabilidade civil e a afirmação que chega a ser lugar-comum em matéria de dano moral, de que somente pode se fazer referência a um 'caráter compensatório' para a vítima, que receberá uma soma que lhe proporcione prazeres como contrapartida do mal sofrido"*, conclui que é preciso, neste campo, *"buscar um efetivo mecanismo de reparação, em vez de um produtor de status, bem-estar e felicidade"*.

Em sua percuciente análise, Fajngold não apenas destrincha a jurisprudência nacional sobre a matéria, mas examina inspiradores precedentes da Corte Interamericana de Direitos Humanos. Advogado atuante, o autor não se distancia, em nenhum momento, de uma visão prática sobre o tema do seu estudo. Nesse sentido, por exemplo, invoca o artigo 497 do Código de Processo Civil[6] para sustentar que ao magistrado é facultado modular a *"entrega da prestação jurisdicional, que poderá ocorrer de duas maneiras: (i) a partir da tutela específica, na qual há coincidência entre a providência solicitada e aquela determinada pelo julgador; ou (ii) pelo resultado prático equivalente"*. Adverte, contudo, que a modulação da forma de reparação não deve ser vista como autorização para que o julgador decida sobre o meio de reparação aplicável sem a participação das partes – recomendando, neste particular, a *"intimação prévia dos envolvidos para manifestação sobre eventuais mecanismos cogitados ou da designação de audiência com o mesmo propósito"*. Também sustenta não ser admitido ao juiz aplicar a reparação não pecuniária, quando o pedido formulado é de reparação pecuniária, sob pena de desrespeito aos princípios do contraditório e da congruência.[7]

---

5. "Art. 947. Se o devedor não puder cumprir a prestação na espécie ajustada, substituir-se-á pelo seu valor, em moeda corrente".
6. "Art. 497. Na ação que tenha por objeto a prestação de fazer ou de não fazer, o juiz, se procedente o pedido, concederá a tutela específica ou determinará providências que assegurem a obtenção de tutela pelo resultado prático equivalente".
7. Em sentido contrário, sustentando ser possível ao juiz aplicar meios não pecuniários de reparação em qualquer ação reparatória, ver SCHREIBER, Anderson. *Novos*

A obra que o leitor tem em mãos não se limita, contudo, a retratar o estado da arte. Sua originalidade irrompe na proposta de cinco parâmetros destinados a auxiliar o julgador na aplicação da reparação não pecuniária. Extraídos pelo autor das *"entrelinhas das decisões"* analisadas ao longo de sua pesquisa, tais parâmetros visam a permitir *"um maior controle do posicionamento firmado e, consequentemente, o afastamento de eventual arbitrariedade"*. São eles: (a) *parâmetro objetivo*, que *"serve para assegurar que a reparação tenha por objeto uma obrigação que atenda ao mesmo interesse jurídico que foi objeto de lesão"*; (b) *parâmetro subjetivo*, por meio do qual se faz *"um concreto exame da situação da vítima, do ofensor e de terceiros, a fim de se alcançar uma medida não pecuniária aplicável à hipótese"*; (c) *parâmetro financeiro*, voltado à verificação de que *"o custo de implementação de uma medida seja proporcional à extensão do dano causado"*; (d) *parâmetro temporal*, que visa *"assegurar que o tempo conformador da medida seja responsavelmente considerado pelo intérprete, em indispensável correlação com os prejuízos extrapatrimoniais gerados"*; e, finalmente, (e) *parâmetro espacial*, voltado a perquirir a *"avaliação geográfica da medida a ser fixada"*.

Neste ponto, preciso fazer um registro pessoal: conheci Leonardo Fajngold quando ele era ainda um estagiário de Direito. Sua inteligência inquieta e a avidez com que se debruçava sobre novas construções jurídicas já indicavam, porém, o caminho que trilharia. A advocacia, que exerce com agudez e brilhantismo, nunca foi suficiente para ele, que precisava ampliar horizontes e aprofundar sua visão da ciência do Direito como um todo. A dúvida o angustia, como acontece com todo aquele que se propõe a refletir genuinamente sobre a lei e a justiça. Seu encontro com o Mestrado em Direito Civil da UERJ foi um divisor de águas. O aluno tornou-se mestre. Sua ousadia intelectual encontrou o apoio necessário para inovar na ciência jurídica. A Academia cumpriu seu papel: despertou aquilo que sempre esteve lá.

Ao procurar atribuir segurança e previsibilidade à aplicação da reparação não pecuniária dos danos morais, Fajngold faz mais pelo tema do que fizeram seus professores (incluindo este que tem a alegria de apresentar a obra). Seu estudo transcende o plano da defesa de uma ideia para analisar o modo mais seguro de aplicá-la. Sua intenção não foi rebater as críticas dirigidas à reparação não pecuniária, mas, ao contrário, acolhê-las sem nenhum rancor, extraindo deste todo dialético uma solução cientificamente consistente que nos dê a todos a tranquilidade definitiva que torna curto e fácil o caminho das boas mudanças.

Paradigmas da Responsabilidade Civil: Da Erosão dos Filtros da Reparação à Diluição dos Danos. 6. ed. São Paulo: Atlas, 2015, p. 401-403.

O engenhoso intento merece todos os aplausos e arrisco mesmo dizer que quem deixar de ler este livro estará causando a si próprio um dano irreparável.

Anderson Schreiber
Professor Titular de Direito Civil da UERJ
Professor da Fundação Getulio Vargas
Membro da Academia Internacional de Direito Comparado
Procurador do Estado do Rio de Janeiro

Sumário

AGRADECIMENTOS 7

PREFÁCIO 13

APRESENTAÇÃO 17

INTRODUÇÃO 25

1
A DESPATRIMONIALIZAÇÃO DA REPARAÇÃO DO DANO MORAL

1.1. Em que consiste a reparação não pecuniária do dano moral? 30

1.2. A trajetória da desmonetarização da reparação: da indiferença ao acolhimento 43

1.3. A via não pecuniária como prioritária no ordenamento jurídico 56

2
O ESTADO DA ARTE DA REPARAÇÃO NÃO PECUNIÁRIA DO DANO MORAL

2.1. Exemplos na legislação brasileira e as formas não pecuniárias de reparação já consolidadas 78

2.2. A jurisprudência brasileira aquém do esperado 87

  2.2.1. Um exame do voto-vista no recurso extraordinário 580.252/MS 89
  2.2.2. Outras decisões proferidas em sede nacional 96
2.3. A experiência da Corte Interamericana de Direitos Humanos 105
2.4. Aspectos instigantes: cumulação com a reparação pecuniária, discricionariedade do intérprete e aplicação de ofício 114

3
PARÂMETROS PARA A APLICAÇÃO DE MEDIDAS NÃO PECUNIÁRIAS

3.1. Os parâmetros aplicáveis 125
  3.1.1. Parâmetro objetivo 128
  3.1.2. Parâmetro subjetivo 133
  3.1.3. Parâmetro financeiro 140
  3.1.4. Parâmetro temporal 144
  3.1.5. Parâmetro espacial 149
3.2. Exemplos de uma aplicação técnica 154

CONCLUSÃO 165

REFERÊNCIAS BIBLIOGRÁFICAS 169

Introdução

No verão de 2019, brasileiros e estrangeiros, embora já acostumados com o tom festivo e sarcástico que marca o período no Brasil, tiveram contato com uma polêmica música que se tornou famosa à época, chamada "Fábio Assunção".[1]

Fruto de uma parceria entre a banda La Fúria e o cantor Gabriel Bartz, a canção, inspirada em angustiantes episódios protagonizados pelo ator, que decorrem de uma delicada e confessa dependência química, trazia trechos controversos e nitidamente prejudiciais à sua reputação.[2]

Dado o perfil do caso e a cultura de litigância no país, provavelmente um jurista, ao verificar esse cenário, imaginaria a propositura de uma ação com pedido compensatório de danos morais em patamar elevadíssimo. No entanto, longe disso, a postura do ator foi de buscar os integrantes da banda para uma composição pouco usual.

Em tocantes vídeos divulgados a público por ambas as partes,[3] anunciou-se que a música sofreria alteração na letra e que todos os valores arrecadados com o seu sucesso seriam doados a instituições que assistem dependentes químicos. Em síntese, a reparação do dano não estaria vinculada ao costumeiro embolso de um valor, e sim à adoção de obrigações de fazer por parte do ofensor.

A ilustração ainda é exemplo raro em âmbito reparatório, meio ao amplo entendimento de que a resposta em dinheiro é a mais adequada ao tratamento das lesões

---

1. Disponível em: <https://www.youtube.com/watch?v=3SDCidA6DJ8>. Acesso em: 20 dez. 2020.
2. Veja-se uma das passagens da música: "Hoje eu vou beber / hoje eu vou ficar loução / hoje eu não quero voltar pra minha casa, não / hoje eu vou virar o Fábio Assunção".
3. Os vídeos podem ser encontrados em: <https://www.instagram.com/p/Bs8KqE-PHj0v/>, <https://www.instagram.com/p/Bs8Ptkvhxdf/> e <https://www.instagram.com/p/Bs8E1Pvl07T/>. Acesso em: 20 dez. 2020.

existenciais.⁴ E chega a ser curioso que, enquanto parte expressiva da comunidade jurídica permanece conformada com a tradição patrimonialista de reparação em pecúnia, a Mastercard, um dos grandes símbolos da indústria financeira, insiste em proclamar, desde 1997, que "existem coisas que o dinheiro não compra".⁵

Esse contexto dá a medida da relevância do presente estudo. Conquanto se afirme que, "entre outros setores das atividades jurídicas, a teoria da responsabilidade civil foi das que mais se desenvolveram",⁶ os meios não pecuniários de reparação do dano moral seguem pouco referidos na literatura doutrinária e nas decisões judiciais, ainda distantes da ampla vocação à salvaguarda dos interesses existenciais das vítimas, o que conclama o aprofundamento científico nesse campo.

Como ponto positivo, já se enxerga uma recente e vagarosa transformação desse panorama. Em situações excepcionais, a reparação não pecuniária tem surgido para ocupar um assento que costuma alternar entre o direito de resposta e a retratação, na modalidade pública ou na versão privada.

Diante da resistência a essa forma de reparação, é verdade que o alcance atual é digno, por si só, de preciosos elogios. Todavia, para além disso, pretende-se demonstrar que: (i) embora usualmente a solução nos litígios envolvendo dano moral seja de ordem pecuniária, para compensar a vítima e permitir a satisfação de outros interesses,⁷ não se justifica a desconsideração da busca por meios efetivamente reparatórios da lesão; e (ii) há um leque ilimitado de medidas nessa esfera,⁸ que não pode ser reduzido, de forma restritiva, ao direito de resposta e à retratação.

Para confirmar os dois pontos, não há necessidade de longas considerações. Fosse a forma pecuniária tão eficiente, não haveria expressivo inconformismo com ela, de ambos os polos: há aqueles que questionam os baixos valores fixados

---

4. Como exemplo, v. GAGLIANO, Pablo Stolze; PAMPLONA FILHO, Rodolfo. *Novo curso de direito civil*: responsabilidade civil. v. 3. 16. ed. São Paulo: Saraiva, 2018, p. 109.
5. Trata-se da consagrada campanha publicitária "Priceless", reproduzida em diversos países do mundo, incluindo o Brasil. Para uma análise detalhada a esse respeito, v. NASCIMENTO, Rodney de Souza. *Das estratégias globais ao formato local*: o discurso publicitário adaptado às necessidades de cada público. Tese de Doutorado em Comunicação e Semiótica. Pontifícia Universidade Católica de São Paulo, São Paulo, 2011, p. 74-100.
6. PEREIRA, Caio Mário da Silva. *Responsabilidade Civil*. 11. ed. Rio de Janeiro: Forense, 2016, p. 17.
7. BITTAR, Carlos Alberto. *Reparação civil por danos morais*. 4. ed. São Paulo: Saraiva, 2015, p. 211.
8. DE CUPIS, Adriano. *El daño*: teoria general de la responsabilidad civil. Trad. Ángel Martínez Sarrión. Barcelona: BOSCH, 1975, p. 824.

pelo Judiciário;[9] e outros se insurgem contra as demandas que serviriam para ampliar a criticável "indústria do dano moral".[10] Verdade seja dita, critica-se a forma de aplicação sem se perceber que o problema está na escolha do remédio.

Por outro lado, sobre a vastidão dos meios não pecuniários, convém refletir sobre a possibilidade de que, visando à reparação dos danos extrapatrimoniais provocados, familiares de jogadores da Chapecoense presentes no acidente aéreo em novembro de 2016[11] pleiteassem que a companhia responsável pelo voo construísse um memorial no município de Chapecó.

Em reforço, outros dois exemplos, dessa vez reais e recentes, demonstram a importância desse caminho reparatório.

O primeiro tem relação com o assassinato de Marielle Franco, então vereadora do Rio de Janeiro. Como um dos recursos para reparar o dano moral gerado e perpetuar o legado da vítima, o Município concedeu o seu nome a uma escola pública localizada na Maré, bairro onde passou boa parte de sua infância e juventude e se encontrava parcela considerável do seu reduto eleitoral. A providência foi reconhecida pelo pai da vítima: "Isto é o que queremos: escolas, escolas e escolas. Para nossas crianças terem outras perspectivas, um futuro melhor. Para amanhã estarem na mídia como notícia de assuntos que não seja a violência".[12]

O segundo se relaciona ao trágico incêndio ocorrido no Centro de Treinamento do Clube de Regatas do Flamengo, em fevereiro de 2019. Os pais de um dos jovens atletas que morreram no episódio fizeram contato com um jogador da equipe profissional e pediram que o nome do falecido fosse estampado na camisa a ser utilizada na partida seguinte, como forma de homenagem.[13] Em

---

9. "Uma análise isenta da jurisprudência revela que, nos ordenamentos de *civil law*, o valor das indenizações monetárias por dano moral tem se mantido, em geral, baixo" (SCHREIBER, Anderson. *Novos paradigmas da Responsabilidade Civil*: da erosão dos filtros da reparação à diluição dos danos. 5. ed. São Paulo: Atlas, 2013, p. 197).
10. "Para conter a 'indústria do dano moral' é necessário refutar com veemência as ações indenizatórias consideradas oportunistas" (STJ, 3ª T., REsp 1.645.744/SP, Rel. Min. Ricardo Villas Bôas Cueva, j. 06/06/2017).
11. Disponível em: <https://www.terra.com.br/noticias/tragedia-com-chapecoense--deixa-mundo-do-esporte-de-luto,2d292ed25936fd78008cd17b09d279e19j37ycgg.html>. Acesso em: 20 dez. 2020.
12. Disponível em: <https://g1.globo.com/rj/rio-de-janeiro/noticia/2018/08/01/crivella--inaugura-escola-marielle-franco-na-mare-zona-norte-do-rio.ghtml>. Acesso em: 20 dez. 2020.
13. Disponível em: <https://globoesporte.globo.com/futebol/times/flamengo/noticia/arao-jogara-fla-flu-com-nome-de-jorge-na-camisa-levarei-no-coracao-para-o-resto--da-vida.ghtml>. Acesso em: 20 dez. 2020.

entrevista concedida, a mãe da vítima ainda declarou: "As pessoas acham que a gente só quer dinheiro. E eu digo que a luta é para que a morte dos nossos filhos não seja tratada como algo normal".[14]

Evidentemente, todos os exemplos citados, que inclusive poderiam receber o complemento de outras medidas não monetárias para a integral reparação do dano havido, trazem à tona importantes e complexas discussões que precisam ser examinadas cuidadosamente. Sem prejuízo, servem, desde já, para sinalizar que a temática pode e merece ser desenvolvida.

Diante disso, pode-se dizer, em linhas gerais, que este livro terá por objetivos a realização de uma análise dos meios de reparação do dano moral à luz da axiologia do ordenamento jurídico; a indicação dos passos a serem seguidos para se optar, de forma adequada, pelo caminho não monetário; e, finalmente, a apuração de critérios a serem levados em consideração ao se *apresentar*, *impugnar* ou *definir* determinada medida específica na disputa em análise.

Para isso, serão vistos, no primeiro capítulo, os alicerces teóricos da matéria. A etapa englobará, inicialmente, as transformações havidas na compreensão do dano moral e as razões pelas quais esse dado se mostra determinante para uma oportuna reavaliação dos meios reparatórios. Em seguida, o estudo enfocará o percurso da sistemática não monetária de reparação no direito brasileiro, passando pelas principais objeções apresentadas e pelas adversidades que vêm sendo reconhecidas a partir do emprego da via pecuniária como resposta à vítima. O último ponto será, enfim, dedicado a explicar o tratamento prioritário que deve ser dispensado aos mecanismos não pecuniários de reparação do dano moral.

O segundo capítulo, por sua vez, estará reservado às manifestações concretas da temática. Assim, iniciará com as referências legislativas que podem ser encontradas, seguirá com importantes julgados dos tribunais locais e das cortes superiores, passará pela emblemática experiência da Corte Interamericana de Direitos Humanos e terminará com a menção aos desafios práticos associados à imposição das medidas não pecuniárias.

Por fim, o terceiro e último capítulo terá como escopo auxiliar na implementação dos mecanismos no caso concreto. Serão, portanto, apresentados cinco parâmetros voltados a assegurar que as decisões nessa seara sejam proferidas de forma técnica, ponderada e segura. Tudo com o propósito maior de fomentar o que se acredita ser a forma adequada de reparação do dano extrapatrimonial.

---

14. Disponível em: <https://brasil.elpais.com/brasil/2019/11/21/deportes/1574351902_719707.html>. Acesso em: 20 dez. 2020.

1
A DESPATRIMONIALIZAÇÃO DA REPARAÇÃO DO DANO MORAL

Sumário: 1.1. Em que consiste a reparação não pecuniária do dano moral? 1.2. A trajetória da desmonetarização da reparação: da indiferença ao acolhimento. 1.3. A via não pecuniária como prioritária no ordenamento jurídico.

Antes de propriamente discutir a sistemática da reparação não pecuniária do dano moral com maior profundidade, é preciso situar a matéria e indicar as razões para o seu deslocamento ao centro dos debates jurídicos travados no país. Este primeiro capítulo possui, portanto, a sensível missão de traçar um roteiro à altura da transformação que se espera no campo da reparação civil.

Com esse especial escopo em vista, serão analisados, na sequência, os seguintes pontos: (i) o conceito do fenômeno; (ii) o descabimento dos argumentos em desfavor desses meios reparatórios; (iii) as contraindicações ao uso do dinheiro como remédio ao dano moral; e, por fim, (iv) o espaço reservado pelo ordenamento a essas medidas.

Assim, será possível compreender três aspectos essenciais à matéria: *o que é a reparação não pecuniária do dano moral*; *quais as justificativas para a sua aplicação*; e *que lugar a sistemática ocupa no ordenamento nacional*.

Desde já, sabe-se que não será tarefa simples, mas, à vista de que "a noção de direito se encontra intimamente vinculada à noção de composição dos conflitos de interesses, com vistas ao atendimento das finalidades essenciais de justiça e segurança",[1] não há lugar para hesitações. Como já dizia San Tiago Dantas, "defender o direito é, assim, essencialmente, renovar o direito".[2]

---

1. TEPEDINO, Gustavo; TERRA, Aline de Miranda Valverde. A evolução da responsabilidade civil por fato de terceiro na experiência brasileira. *Revista de Direito da Responsabilidade*, a. 1, 2019, p. 1.078. Disponível em: <http://revistadireitoresponsabilidade.pt/2019/a-evolucao-da-responsabilidade-civil-por-fato-de-terceiro-na-experiencia-brasileira-gustavo-tepedino-aline-miranda-valverde-terra/>. Acesso em: 21 dez. 2020.
2. Continua o autor: "Não é romper com os princípios morais e métodos que condicionam o trabalho de criação jurídica e o seu estudo científico. É remontar a esses princípios e métodos para formular, diante de condições sociais novas, um direito

1.1. Em que consiste a reparação não pecuniária do dano moral?

A resposta à pergunta do título desse item não é tão singela quanto parece. Uma explicação mais superficial possivelmente levaria a uma mera descrição do método não pecuniário de reparação. Todavia, para a adequada percepção da potencialidade dessa via será fundamental, mais que isso, observar as notáveis transformações ocorridas na concepção do objeto a ser reparado, ou seja, o dano moral.

Por mais que pareça intuitivo, não se tem atentado a esse paralelo com o cuidado necessário, o que vem impedindo um avanço a contento na esfera da reparação extrapatrimonial. Para alterar o quadro atual, será esse, então, o enforque adotado neste primeiro momento.

Embora se trate de fenômeno ainda pouco explorado pela academia jurídica, a definição do que seria uma reparação não pecuniária do dano moral não apresenta maiores complexidades.

Em síntese, refere-se à hipótese em que a metodologia voltada à reparação de um dano extrapatrimonial[3] *não* consiste na transferência de dinheiro à vítima com o objetivo de incremento do seu capital.[4] A noção alcança, assim, todas as medidas não dirigidas ao aumento patrimonial do lesado.[5]

---

novo, assim como o arquiteto, partindo dos mesmos princípios lógicos, alheios ao tempo, descobre para os seus problemas, cada vez que variam os meios construtivos, novas soluções racionais" (DANTAS, San Tiago. *Palavras de um professor.* 2. ed. Rio de Janeiro: Forense, 2001, p. 24).

3. Apesar do debate sobre a distinção semântica entre "dano moral" e "dano extrapatrimonial", as expressões serão tratadas como sinônimas no presente livro.

4. A lógica é a mesma afirmada por Adriano De Cupis para tratar da reparação específica de forma ampla: "*no hay un concepto que pueda expresar mejor la variedad de formas que es susceptible de abarcar la reintegración en forma específica, que su determinación en vía negativa [...] La determinación más eficaz de los modos en que puede producirse, está en su carácter negativo, para comprender todos aquellos que no tienen naturaleza resarcitoria, o sea, que se presentan como contrapuestos al resarcimiento (es decir, a la subrogación del equivalente dinerario)*" (DE CUPIS, Adriano. *El daño*: teoría general de la responsabilidad civil, cit., p. 826). Tradução livre: "não existe uma explicação que possa expressar melhor a variedade de formas abarcadas pela reintegração em forma específica que a sua descrição em via negativa [...] A descrição mais eficaz sobre os modos pelos quais ela ocorre se dá em caráter negativo, para compreender todos aqueles que não possuem natureza ressarcitória, ou seja, que se apresentam como contraposto ao ressarcimento (é dizer, à sub-rogação do equivalente pecuniário)".

5. Maita María Naveira Zarra adota um ângulo diferente para explicar a questão, centrando seu argumento nos efeitos entre a escolha dessa via e a pecuniária. Segundo

Alguns mecanismos, frequentemente citados na literatura sobre o tema, servem para ilustrar essa ideia: direito de resposta, retratação pública, retratação privada e publicação de decisões judiciais.[6]

Como se nota, a formulação é feita por exclusão em relação à outra modalidade existente nessa seara, a via pecuniária, e depende da inexistência da conjugação de dois fatores: transferência de valor e intuito de enriquecimento patrimonial do ofendido.

Esse último ponto é especialmente relevante, na medida em que, como bem aponta Cícero Dantas Bisneto, há casos nos quais ocorre a entrega de cifra (pagamento em pecúnia), mas exclusivamente como suporte necessário à execução de um determinado ato.[7] É o que acontece quando, por exemplo, um sujeito, à vista do dano causado, é condenado a custear sessões de terapia em favor da vítima.

Um outro dado importante acerca da definição é que a lógica não pecuniária está longe de significar que os mecanismos a serem estabelecidos não possuem expressão patrimonial. Tomem-se como exemplos a promoção de um direito de resposta e a retratação exibida em veículo de grande circulação. Não parece haver dúvida de que a implementação desses atos gera consequentes gastos ao ofensor.

Em verdade, como se verá ao longo dessa obra, não somente é possível aferir o ônus financeiro a partir da aplicação de determinada medida não

---

a autora, o critério distintivo "*no es otro que el modo a través del cual se produce el restablecimiento de la situación ex ante, pues mientras que la reparación por equivalente lo consigue por medio de la atribución al perjudicado de utilidades diferentes a las pérdidas (dinero), la reparación in natura lo logra proporcionando a aquél las mismas utilidades que habría obtenido en ausencia del evento dañoso*" (ZARRA, Maita María Naveira. *El resarcimiento del daño en la responsabilidad civil extracontractual*. Tese de doutorado em Direito. Universidade da Coruña, Coruña, 2004, p. 212). Tradução livre: "não é outro além do modo através do qual se produz o restabelecimento da situação *ex ante*, pois enquanto a reparação por equivalente o alcança por meio da atribuição ao prejudicado de utilidades diferentes das perdas (dinheiro), a reparação *in natura* o alcança proporcionando àquele as mesmas utilidades que teria obtido na ausência do evento danoso".

6. SCHREIBER, Anderson. *Manual de direito civil contemporâneo*. 1. ed. São Paulo: Saraiva, 2018, p. 642.
7. DANTAS BISNETO, Cícero. *Formas não monetárias de reparação do dano moral*: uma análise do dano extrapatrimonial à luz do princípio da reparação adequada. Florianópolis: Tirant Lo Blanch, 2019, p. 198-199.

pecuniária, como esse elemento assume especial relevo, na qualidade de parâmetro à adequada estipulação do mecanismo no caso concreto.

Dadas as poucas críticas a que se sujeita o conceito geral de reparação não pecuniária do dano moral, seria possível imaginar que o tratamento da matéria desperta poucas controvérsias. Nada mais distante da realidade. Na verdade, o fenômeno se encontra às voltas com polêmicas e grande resistência ao seu emprego na prática forense, demandando, assim, a elaboração de diretrizes para uma aplicação com maior rigor científico.

De todo modo, se considerado que a própria área de responsabilidade civil recebeu holofotes apenas em passado recente, como reporta o clássico relato de Louis Josserand,[8] é possível compreender esse quadro embrionário, comum ao surgimento de novas reflexões jurídicas.

Em rigor, as discordâncias são de tal ordem que passam, inclusive, pelo aspecto terminológico. Embora aparente, a uma primeira vista, ser questão de menor expressão, não raro a nomenclatura, por sintetizar uma particular forma de apreensão da essência do fenômeno, acaba interferindo de forma decisiva para a aceitação de mecanismos não pecuniários, seja de forma mais ampla, no ordenamento como um todo, ou no caso concreto, conforme se verá adiante.

Aqui, tal como em outras searas, encontra eco o alerta sobre a importância da eleição dos rótulos jurídicos, a fim de se evitar que a linguagem se transforme em instrumento de obscuridade, com o consequente esvaziamento do sentido das palavras e o desperdício da proteção do seu conteúdo real.[9]

Teoricamente, não haveria maiores dificuldades a respeito, já que a ausência de expressa referência a essa via reparatória no ordenamento brasileiro concede ampla margem para formulações técnicas. Contudo, na apressada tentativa de conferir à figura contornos mais conhecidos, como sói acontecer com

---

8. "Ao tempo em que eu era estudante, o meu professor de direito civil tratava da responsabilidade numa só e única lição, como dum assunto inteiramente secundário" (JOSSERAND, Louis. Evolução da Responsabilidade Civil. *Revista Forense*, Rio de Janeiro, v. LXXXVI, a. XXXVIII, abr. 1941). Hoje, o prognóstico é entusiasmante, como indica Fernando Noronha: "compreende-se que atualmente já seja lugar comum a afirmativa de que a responsabilidade civil é, dentro do Direito Civil, o instituto com desenvolvimento mais espetacular, nos últimos cem anos" (NORONHA, Fernando. Desenvolvimentos contemporâneos da responsabilidade civil. *Revista dos Tribunais*, v. 761, mar. 1999, p. 32).
9. BARROSO, Luís Roberto. *O novo direito constitucional brasileiro*: contribuições para a construção teórica e prática da jurisdição constitucional no Brasil. Belo Horizonte: Fórum, 2012, p. 70.

novos fenômenos jurídicos, recorreu-se, em parte, à influência de legislações estrangeiras, como a portuguesa, que menciona explicitamente a expressão "reconstituição natural" no art. 566 do seu Código Civil.[10]

A opção terminológica, também referida como "reparação natural" ou "reparação *in natura*", que se tornou bastante comum no direito brasileiro,[11] remete, entretanto, à noção de que seria viável a restauração da conjuntura prévia ao dano, o que contrasta com o fato de não haver possibilidade de recondução da vítima ao *status quo ante* em caso de danos morais,[12] "afinal, somente os bens materiais são suscetíveis de ser reconstituídos ao estado que se encontravam antes do prejuízo causado".[13]

De fato, na específica hipótese do dano moral, somente se consegue alcançar uma aproximação possível com relação ao estado anterior, como destaca a autora Judith Martins-Costa: "conforme a natureza das coisas, essa 'recolocação da vítima no estado em que se encontraria se o dano não se tivesse produzido' opera de forma apenas aproximativa ou conjectural".[14]

---

10. "Art. 566: 1. A indemnização é fixada em dinheiro, sempre que a reconstituição natural não seja possível, não repare integralmente os danos ou seja excessivamente onerosa para o devedor".
11. Confira-se, exemplificativamente, LÔBO, Paulo. *Direito civil*: obrigações. v. 2. 7. ed. São Paulo: Saraiva, 2019, p. 360.
12. SANSEVERINO, Paulo de Tarso Vieira. *Princípio da reparação integral*: indenização no Código Civil. 2. ed. São Paulo: Saraiva, 2010, p. 277. No mesmo sentido: "Entre nós, a própria nomenclatura comumente conferida a esta hipótese reparatória serve para reiterar a equivocada concepção de que para que seja possível é necessária a presença de perfeita equivalência entre dano e indenização, uma vez que *in natura* significa 'da mesma natureza'. Melhor seria, portanto, quanto à sua aplicação no âmbito dos danos extrapatrimoniais, denominá-la apenas reparação não pecuniária, afastando do conceito a ideia de exatidão entre bem afetado e reparação conferida" (SOUZA, Tayná Bastos de. A reparação não pecuniária dos danos: aplicabilidade no direito brasileiro. In: SILVA, Rodrigo da Guia; SOUZA, Eduardo Nunes de (Coords.). *Controvérsias atuais em responsabilidade civil* – estudos de direito civil-constitucional. Rio de Janeiro: Almedina, 2018, p. 530).
13. REIS, Clayton. *Os novos rumos da indenização do dano moral*. Rio de Janeiro: Forense, 2003, p. 125.
14. MARTINS-COSTA, Judith. *Comentários ao novo Código Civil*: do inadimplemento das obrigações. v. V, t. II. Rio de Janeiro: Forense, 2003, p. 323. Igualmente, é o que comenta Paulo de Tarso Vieira Sanseverino, ao citar Carlos Alberto Ghersi: "Carlos Alberto Ghersi pondera, corretamente, que 'não existe um verdadeiro restabelecimento ao estado anterior ao fato ou ato em forma integral ou absoluta; é somente

Diante dessas considerações, a doutrina nacional especializada na temática inclinou-se ao acolhimento da locução "reparação não monetária"[15] ou "reparação não pecuniária",[16] por estarem aptas a descrever com maior precisão, do ponto de vista semântico, a situação em tela.

Mesmo assim, a partir de instigantes ponderações, Fábio de Souza Ramacciotti explica a sua escolha pela expressão "reparação em forma específica". Em obra dedicada à matéria, além de ressaltar a tecnicidade quanto ao emprego do termo "reparação",[17] o autor sustenta que "o remédio é efetivamente reparatório e, por outro lado, é dotado da especificidade da solução e [de] aproximação com o *status quo ante*, tanto no tocante ao

---

uma *aproximação possível*'" (SANSEVERINO, Paulo de Tarso Vieira. *Princípio da reparação integral*: indenização no Código Civil, cit., p. 35).

15. DANTAS BISNETO, Cícero. *Formas não monetárias de reparação do dano moral*: uma análise do dano extrapatrimonial à luz do princípio da reparação adequada, cit.
16. SCHREIBER, Anderson. *Direito Civil e Constituição*. 1. ed. São Paulo: Atlas, 2013, p. 205-219.
17. "Em primeiro lugar, evitaremos o uso do termo indenização, pois embora possa ser considerado sinônimo de reparação e de ressarcimento, mesmo em forma específica, tem ele, entre nós, sido frequentemente associado à ideia de reparação em dinheiro [...] Por outro lado, os termos *reintegração, restituição, restauração e reposição* são por demais amplos e, se têm significado que pode emprestar denominação ao instituto objeto deste estudo, servem também para expressar conceitos bastante diversos, como reintegra-se na posse, restituir-se um título de crédito [...] Restam, então, duas expressões, *reparação e ressarcimento* [...] os dispositivos nos quais o legislador pátrio empregou a expressão *ressarcimento* cuidam majoritariamente de reparação em pecúnia [...] para o *legislador brasileiro*, como para o espanhol, a expressão sob o qual se pode, via interpretativa, mais adequadamente enquadrar-se a figura sob exame neste trabalho, é a *reparação*, que pode ser específica ou por equivalente monetário" (RAMACCIOTTI, Fábio de Souza. *Reparação em forma específica*. Curitiba: Juruá, 2019, p. 126-132). Adriano De Cupis adota perspectiva semelhante, ao afirmar que "*la expresión 'reparación' sirve mejor para designar genericamente todo remedio pecuniario o no pecuniario que en beneficio del perjudicado tenga carácter represivo del daño patrimonial o no patrimonial, como por abarcar la forma de resarcimiento de la índole que sea, incluso cuando se trate de reintegración en forma específica*" (DE CUPIS, Adriano. *El daño*: teoría general de la responsabilidad civil, cit., p. 768). Tradução livre: "a expressão 'reparação' serve melhor para designar genericamente todo remédio pecuniário ou não pecuniário que em benefício do prejudicado tenha caráter repressivo do dano patrimonial ou não patrimonial, sendo capaz de abarcar qualquer forma de ressarcimento, inclusive a que se trate de reintegração em forma específica".

ilícito extracontratual como no tocante ao inadimplemento das obrigações contratuais".[18]

A percepção ganha ainda mais força quando se constata que o Código de Processo Civil emprega, com frequência, o vocábulo "específica" ao longo da normativa sobre as obrigações de fazer e não fazer.[19] Seria essa locução, portanto, uma terceira e adequada forma de denominar o fenômeno em tela, embora menos referida que as outras duas.

Por fim, pouco se atenta ao fato de que as expressões mencionadas já carregam, *per se*, ares de grande inovação, já que o termo "reparação" não costumava vir acompanhado de complemento. Em um passado bastante recente, a simples menção à locução "reparação pecuniária" receberia, invariavelmente, a pecha de tautológica.

Nesse ponto, as raízes do nosso sistema jurídico ajudam a explicar a afirmação, já que o direito romano, harmonizado às previsões da *Lex Aquilia*, só dispunha de uma lógica patrimonial a título de reparação.[20] E, mesmo em tempos mais recentes, diferentemente do ocorrido em outros ordenamentos, como os de tradição germânica, que passaram a sofrer maior influência de valores jusnaturalistas, a pretensão reparatória ainda se manteve, entre nós, fortemente atrelada a uma composição patrimonial, dada a inspiração liberal e individualista que marcou a elaboração do Código Civil de 1916.[21]

---

18. *Ibid.*, p. 133.
19. V., entre outros, o disposto no art. 497: "Na ação que tenha por objeto a prestação de fazer ou de não fazer, o juiz, se procedente o pedido, concederá a tutela específica ou determinará providências que assegurem a obtenção de tutela pelo resultado prático equivalente. Parágrafo único. Para a concessão da tutela específica destinada a inibir a prática, a reiteração ou a continuação de um ilícito, ou a sua remoção, é irrelevante a demonstração da ocorrência de dano ou da existência de culpa ou dolo".
20. Não por coincidência, Pontes de Miranda menciona que "o Direito francês e o Direito romano só conheciam a reparação em dinheiro" (MIRANDA, Francisco Cavalcanti Pontes de. *Tratado de Direito Privado*. t. XXII. Rio de Janeiro: Borsoi, 1958, p. 209). V., ainda, ZARRA, Maita María Naveira. *El resarcimiento del daño en la responsabilidad civil extracontractual*, cit., p. 209.
21. "Edificado sobre bases liberais e individualistas, e sob direta inspiração do Código Napoleão de 1804, o Código Civil de 1916 refletia com perfeição os quadros econômicos e sociais da época. Contrato e propriedade se erigiam como sustentáculos do direito civil [...] Tutelava-se o indivíduo, egoisticamente considerado, não como fim em si mesmo, mas como meio de proteger a atividade por ele desenvolvida. O sistema se construía em torno do 'ter' sobre o 'ser'. Instrumentalizava-se a tutela da pessoa à tutela do patrimônio, protegendo-se o indivíduo, tão somente, como sujeito de direito, sobretudo quando assumia o papel de contratante ou proprietário. O direito

O contexto somente foi substancialmente modificado após a promulgação da Constituição de 1988, radicada, entre outros, no princípio da dignidade da pessoa humana e no solidarismo.[22]

A partir da incidência direta da normativa constitucional sobre o Código Civil de 1916 e, em seguida, sobre o de 2002 (nascido, a bem da verdade, no mesmo berço de ideias e valores que o diploma anterior),[23] é que houve gradual compreensão de que as situações jurídicas patrimoniais, objeto de tamanha salvaguarda nas relações privadas até então, deveriam ser ressignificadas à luz

---

civil se mostrava excludente, e deixava à sua margem um sem-número de indivíduos não proprietários e não contratantes, cuja existência se ignorava" (GUEDES, Gisela Sampaio da Cruz; TERRA, Aline de Miranda Valverde. A repersonalização do direito civil e suas repercussões na responsabilidade civil. In: CORTIANO JUNIOR, Eroulths; EHRHARDT JÚNIOR, Marcos (Coords.). *Transformações no direito privado nos 30 anos da Constituição*: estudos em homenagem a Luiz Edson Fachin. Belo Horizonte: Fórum, 2019, p. 473-474).

22. Maria Celina Bodin de Moraes bem explica essa colisão ideológica entre o Código Civil de 1916 e a Constituição de 1988: "[...] enquanto o Código dá prevalência e precedência às situações patrimoniais, no novo sistema de Direito Civil fundado pela Constituição a prevalência é de ser atribuída às situações existenciais, ou não patrimoniais, porque à pessoa humana deve o ordenamento jurídico inteiro, e o ordenamento civil em particular, dar a garantia e a tutela prioritárias. Por isto, neste novo sistema, passam a ser tuteladas, com prioridade, as pessoas das crianças, dos adolescentes, dos idosos, dos consumidores, dos não-proprietários, dos contratantes em situação de inferioridade, dos membros da família, das vítimas de acidentes anônimos" (MORAES, Maria Celina Bodin de. O Direito Civil Constitucional. In: CAMARGO, Margarida Maria Lacombe (Org.). *1988-1998*: Uma Década de Constituição. Rio de Janeiro: Renovar, 1998, p. 127).

23. "Pretendem alguns, equivocadamente, fazer aprovar um novo Código Civil, concebido nos anos 70, cujo Projeto de Lei toma hoje o n. 118, de 1984 (n. 634, de 1975, na Casa de origem), que pudesse corrigir as imperfeições do anterior, evidentemente envelhecido pelo passar dos anos, como se a reprodução da mesma técnica legislativa, quase um século depois, tivesse o condão de harmonizar o atual sistema de fontes. O Código projetado peca, a rigor, duplamente: do ponto de vista técnico, desconhece as profundas alterações trazidas pela Carta de 1988, pela robusta legislação especial e, sobretudo, pela rica jurisprudência consolidada na experiência constitucional da última década. Demais disso, procurando ser neutro e abstrato em sua dimensão axiológica, como ditava a cartilha das codificações dos Séculos XVIII e XIX, reinstitui, purificada, a técnica regulamentar" (TEPEDINO, Gustavo. O Código Civil, os chamados microssistemas e a Constituição: premissas para uma reforma legislativa. In: TEPEDINO, Gustavo (Coord.). *Problemas de Direito Civil-Constitucional*. Rio de Janeiro: Renovar, 2000, p. 9).

da Constituição da República e funcionalizadas aos interesses existenciais, localizados em patamar hierárquico superior dentro do ordenamento.[24]

Referido processo de despatrimonialização do Direito Civil, com deslocamento do foco do patrimônio para a pessoa,[25] se fez refletir em um também anunciado movimento de "desmonetarização da reparação"[26] ou "despatrimonialização da reparação",[27] pelo que o modo de reparação da lesão passou a contemplar não apenas o meio pecuniário, como também aqueles não pecuniários, com vistas à máxima promoção dos interesses existenciais em análise.

Esses novos mecanismos, estudados de forma isolada até aqui, para efeitos introdutórios, passam, nesse momento, a ser correlacionados de forma mais intensa com o objeto a ser reparado (dano moral), a fim de que se possa visualizar corretamente o papel da sistemática no trato de parte expressiva das lesões presentes na realidade social.

Conquanto não haja qualquer pretensão de esgotar o estudo das múltiplas questões atinentes ao instituto do dano moral, o que sequer seria possível nessa sede, a demarcação de algumas notas fundamentais sobre o seu conteúdo, intensamente transformado ao longo do tempo, mostra-se especialmente oportuna, a fim de que se possa avaliar o caminho a ser trilhado pelo intérprete no campo reparatório, inclusive *se* e *como* eventuais medidas não pecuniárias poderão ser consideradas para a tarefa.

---

24. "A funcionalização das situações jurídicas patrimoniais a valores não patrimoniais, torna-se, assim, postulado imperativo da ordem jurídica, introduzida pouco a pouco pela legislação especial e consagrada, no caso brasileiro, na esteira do processo histórico, pela Constituição da República, de 5 de outubro de 1988" (TEPEDINO, Gustavo. O papel atual da doutrina do Direito Civil entre o sujeito e a pessoa. In: ALMEIDA, Vitor; TEIXEIRA, Ana Carolina Brochado; TEPEDINO, Gustavo (Coords.). *O Direito Civil entre o sujeito e a pessoa*: estudos em homenagem ao professor Stefano Rodotà. Belo Horizonte: Fórum, 2016, p. 20-21).
25. GUEDES, Gisela Sampaio da Cruz; TERRA, Aline de Miranda Valverde. A repersonalização do direito civil e suas repercussões na responsabilidade civil, cit., p. 474. Sobre as grandes transformações havidas no direito civil nas últimas décadas, v. GIORGIANNI, Michele. O direito privado e as suas atuais fronteiras. *Revista dos Tribunais*, v. 747, jan. 1998, p. 35-55.
26. BRAGA NETTO, Felipe Peixoto; FARIAS, Cristiano Chaves de; ROSENVALD, Nelson. *Curso de Direito Civil*: Responsabilidade Civil. v. 3. 2. ed. São Paulo: Atlas, 2015, p. 280-285.
27. SCHREIBER, Anderson. Novas tendências da Responsabilidade Civil Brasileira. *Revista Trimestral de Direito Civil*, Rio de Janeiro, v. 22, p. 45-69.

Como se sabe, a trajetória do dano moral é relativamente recente no Direito brasileiro, datando de poucas décadas, mas com evolução marcante ao longo do tempo. Apesar de referências pontuais em legislações pátrias específicas[28] e de decisões que pouco a pouco despontaram a partir do paradigmático julgamento do Recurso Extraordinário nº 59.940/SP,[29] sua aceitação no ordenamento nacional somente foi reconhecida, de forma inquestionável, a partir da promulgação da Constituição da República de 1988[30] (em especial, por conta do art. 5º, V e X, ali previstos),[31] o que acabou sendo refletido na redação do art. 186 do Código Civil de 2002.[32]

De todo modo, o reconhecimento do instituto veio atrelado a uma concepção de natureza eminentemente *subjetiva*.[33] O dano moral seria, portanto, "a

---

28. É o que se verifica, por exemplo, a partir do art. 243, § 1º, do Código Eleitoral (Lei nº 4.737/65), incluído pela Lei nº 4.961/66: "O ofendido por calúnia, difamação ou injúria, sem prejuízo e independentemente da ação penal competente, poderá demandar, no Juízo cível, a reparação do dano moral respondendo por este o ofensor e, solidariamente, o partido político deste, quando responsável por ação ou omissão e quem quer que favorecido pelo crime, haja de qualquer modo contribuído para ele". De forma similar, o antigo art. 81, *caput*, do Código Brasileiro de Telecomunicações (Lei nº 4.117/62), revogado pelo Decreto-Lei nº 236/67, assim dispunha: "Independentemente da ação penal, o ofendido pela calúnia, difamação ou injúria cometida por meio de radiodifusão, poderá demandar, no Juízo Cível, a reparação do dano moral, respondendo por êste solidáriamente, o ofensor, a concessionária ou permissionária, quando culpada por ação ou omissão, e quem quer que, favorecido pelo crime, haja de qualquer modo contribuído para êle".
29. STF, 2ª T., RE 59.940/SP, Rel. Min. Aliomar Baleeiro, j. 26/04/1966.
30. "A Constituição Federal de 1988 já havia posto uma pá de cal na resistência à reparação do dano moral" (PEREIRA, Caio Mário da Silva. *Responsabilidade Civil*, cit., p. 79). Interessante observar, nesse sentido, que a possibilidade de cumulação de pedidos reparatórios de danos materiais e danos morais apenas foi reconhecida, taxativamente, em 1992, com a edição do enunciado sumular de nº 37 do Superior Tribunal de Justiça: "São cumuláveis as indenizações por dano material e dano moral oriundos do mesmo fato".
31. "Art. 5º. [...] V – é assegurado o direito de resposta, proporcional ao agravo, além da indenização por dano material, moral ou à imagem; [...] X – são invioláveis a intimidade, a vida privada, a honra e a imagem das pessoas, assegurado o direito a indenização pelo dano material ou moral decorrente de sua violação; [...]".
32. "Art. 186. Aquele que, por ação ou omissão voluntária, negligência ou imprudência, violar direito e causar dano a outrem, ainda que exclusivamente moral, comete ato ilícito".
33. SAVATIER, René. *Traité de la Responsabilité Civile en Droit Français*. v. 2. Paris: L.G.D.J., 1939, p. 525.

dor, vexame, sofrimento ou humilhação", na clássica lição de Sergio Cavalieri Filho,[34] até hoje repetida à exaustão em sede jurisprudencial.[35]

Diante disso, superada a fase de inadmissibilidade da reparação por dano moral,[36] entendeu-se que a determinação de pagamento de uma soma em dinheiro para a vítima serviria para "aplacar suas mágoas ou aflições",[37] na medida em que se visaria não a "um preço para sua dor, mas [a] um lenitivo que atenue, em parte, as consequências do prejuízo sofrido, melhorando seu futuro, superando o *deficit* acarretado pelo dano".[38]

O raciocínio indica, assim, uma flagrante desconexão entre dano e reparação: seguindo a lógica de que *dinheiro traz felicidade*, a fixação de uma quantia em favor do ofendido serviria como conforto para aquele que sofreu um prejuízo extrapatrimonial, seja ele qual fosse. Em rigor, a atenção ao dano moral especificamente relacionado ao caso em análise funcionaria apenas para efeito de gradação, *caminhando-se para cima ou para baixo na régua monetária da reparação*.

---

34. CAVALIERI FILHO, Sergio. *Programa de Responsabilidade Civil*. 10. ed. São Paulo: Atlas, 2012, p. 93.
35. Confira-se, entre tantos outros: "Como leciona a melhor doutrina, só se deve reputar como dano moral a dor, o vexame, o sofrimento ou mesmo a humilhação que, fugindo à normalidade, interfira intensamente no comportamento psicológico do indivíduo, chegando a causar-lhe aflição, angústia e desequilíbrio em seu bem-estar" (STJ, 4ª T., AgRg no REsp 1.269.246/RS, Rel. Min. Luis Felipe Salomão, j. 20/05/2014); "O dano moral pressupõe a existência de dor, vexame, sofrimento ou humilhação que interfira no comportamento psicológico causando angústia e desequilíbrio ao indivíduo" (TJRJ, 23ª C.C., Ap. Cív. 0011737-77.2009.8.19.0002, Rel. Des. Sonia de Fátima Dias, j. 12/12/2018); "[...] como salienta o eminente civilista SERGIO CAVALIERI FILHO em sua obra Programa de Responsabilidade Civil, 8ª edição, na página 86, ao ensinar que o dano moral se configura pela '... dor, vexame, sofrimento ou humilhação que, fugindo à normalidade, interfira intensamente no comportamento psicológico do indivíduo, causando-lhe aflições, angústias e desequilíbrio em seu bem-estar' [...]" (TJRJ, 19ª C.C., Ap. Cív. 0096516-84.2017.8.19.0001, Rel. Des. Juarez Fernandes Folhes, j. 23/10/2018).
36. Veja-se, a propósito, a afirmação de Álvaro Villaça Azevedo: "Como vemos o dano moral, embora em nosso entender devesse ser, não é indenizável em nosso direito, a não ser que o determine a lei, nos exatos termos desta" (AZEVEDO, Álvaro Villaça. *Curso de Direito Civil*: Teoria geral das obrigações. 3. ed. São Paulo: Revista dos Tribunais, 1981, p. 271).
37. REIS, Clayton. *Dano moral*. 4. ed. Rio de Janeiro: Forense, 1998, p. 88.
38. DINIZ, Maria Helena. *Curso de Direito Civil Brasileiro*: Responsabilidade Civil. v. 7. 25. ed. São Paulo: Saraiva, 2011, p. 112.

Há unanimidade de que a incumbência é altamente tortuosa e ingrata, já que "ninguém sabe quanto vale o quê, embora tudo possa valer alguma coisa".[39] Sem prejuízo, até o momento, é esse o raciocínio traçado de forma amplamente majoritária nas milhões de ações que se relacionam à temática.

A despeito desse quadro jurisprudencial, é fundamental atentar ao desenvolvimento da doutrina civilista nesse campo. No decorrer dos últimos anos, o dano moral, além de ter se aproximado de uma visão *objetiva*,[40] tem sido reformulado para melhor observar os valores fundantes do ordenamento.[41]

Paulatinamente, na esteira de uma transformação do conceito de dano, que passou a ser reconhecido como a lesão a um interesse juridicamente protegido,[42] o dano extrapatrimonial, desvinculando-se de uma matriz historicamente relacionada à alteração anímica ou psicológica do ofendido, passou a ser traduzido como a lesão a interesses existenciais.[43]

---

39. MORAES, Maria Celina Bodin de. *Danos à pessoa humana*: uma leitura civil-constitucional dos danos morais. 2. ed. Rio de Janeiro: Processo, 2017, p. XVII. Em sentido similar, DIAS, José de Aguiar. *Da Responsabilidade Civil*. 12. ed. Rio de Janeiro: Lumen Juris, 2012, p. 839.
40. BRAGA NETTO, Felipe Peixoto; FARIAS, Cristiano Chaves de; ROSENVALD, Nelson. *Curso de Direito Civil*: Responsabilidade Civil, cit., p. 260-268.
41. Essa releitura é parte de uma compreensão mais ampla, que funda seu entendimento na incidência direta da normativa constitucional sobre a legislação ordinária, conforme assinalado em doutrina: "Toda interpretação jurídica deve ser feita à luz da Constituição, dos seus valores e dos seus princípios. Como consequência, reitera-se, toda interpretação jurídica é, direta ou indiretamente, intepretação constitucional" (BARROSO, Luís Roberto. *Curso de direito constitucional contemporâneo*: os conceitos fundamentais e a construção do novo modelo. 6. ed. São Paulo: Saraiva, 2017, p. 349). No mesmo sentido: "Consolida-se o entendimento de que a reunificação do sistema, em termos interpretativos, só pode ser compreendida com a atribuição de papel proeminente e central à Constituição" (TEPEDINO, Gustavo. O Código Civil, os chamados microssistemas e a Constituição: premissas para uma reforma legislativa, cit., p. 13).
42. "Pela Teoria da Diferença, o dano é o que resulta da diferença entre a situação do bem antes do evento danoso e aquela que se verifica após a sua ocorrência. [...] Essa idéia, embora não esteja equivocada, foi acrescida mais recentemente (sobretudo tendo em vista a tutela dos interesses extrapatrimoniais) pela noção normativa do dano, pela qual o dano é a lesão a interesse jurídico" (MARTINS-COSTA, Judith. *Comentários ao novo Código Civil*: do inadimplemento das obrigações, cit., p. 105-106). V., ainda, ZANNONI, Eduardo A. *El daño en la responsabilidad civil*. 2. ed. Buenos Aires: Editorial Astrea, 1993, p. 24-25.
43. "[...] consideramos que o dano moral ostenta natureza individual e se prende unicamente a uma ofensa a interesses existenciais de cada pessoa humana, em

Sem embargo à correção desse entendimento, parte da doutrina mais moderna, considerando que tais interesses estão ancorados, dogmaticamente, no princípio da dignidade da pessoa humana, tratou de afirmar que o dano moral não pode mais "ser reduzido à 'lesão a um direito da personalidade', nem tampouco ao 'efeito extrapatrimonial da lesão a um direito subjetivo, patrimonial ou extrapatrimonial'",[44] devendo ser enxergado como a violação à dignidade da pessoa humana. Desse modo, sua reparação "transforma-se, então, na contrapartida do princípio da dignidade humana: é o reverso da medalha".[45]

O notável avanço, contudo, não afasta as dificuldades existentes em torno da matéria, sobretudo em razão da árdua missão de se apurar o significado da dignidade da pessoa humana, um dos conceitos jurídicos indeterminados mais complexos e vitais ao Direito.[46]

Como ponto de partida, a doutrina reconhece que a temática possui, além de contundentes raízes filosóficas e religiosas,[47] um decisivo marco histórico

---

sua concretude" (BRAGA NETTO, Felipe Peixoto; FARIAS, Cristiano Chaves de; ROSENVALD, Nelson. *Curso de Direito Civil*: Responsabilidade Civil, cit., p. 322). Também sobre o ponto: "Note-se que a figura do dano moral insere-se na proteção constitucional aos interesses existenciais da pessoa, estando atrelada, sob um raciocínio inverso, ao resultado da ofensa a direitos de natureza não patrimonial" (RODRIGUES, Francisco Luciano Lima; VERAS, Gésio de Lima. Dimensão funcional do dano moral no direito civil contemporâneo. *Civilistica.com*. Rio de Janeiro, a. 4, n. 2, 2015. Disponível em: <http://civilistica.com/dimensao-funcional-do-dano-moral-no-direito-civil-contemporaneo/>. Acesso em: 21 dez. 2020).

44. MORAES, Maria Celina Bodin de. *Danos à pessoa humana*: uma leitura civil-constitucional dos danos morais, cit., p. 183-184.
45. *Ibid.*, p. 132.
46. "No Brasil, a dignidade da pessoa humana figura como 'fundamento da República' no art. 1°, inciso III, da Constituição brasileira. O princípio já foi apontado pela nossa doutrina como o 'valor supremo da democracia', como a 'norma das normas dos direitos fundamentais', como o 'princípio dos princípios constitucionais', como o 'coração do patrimônio jurídico-moral da pessoa humana'" (SARMENTO, Daniel. *Dignidade da pessoa humana*: conteúdo, trajetórias e metodologia. Belo Horizonte: Fórum, 2016, p. 14).
47. "Sob uma perspectiva *religiosa*, a ideia central que está no âmago da dignidade humana pode ser encontrada no Velho Testamento, a Bíblia Judaica: Deus criou o ser humano à sua própria imagem e semelhança e impôs sobre cada pessoa o dever de amar seu próximo como a si mesmo [...] Em relação às origens filosóficas da dignidade humana, o estadista romano Marco Túlio Cícero foi o primeiro autor a empregar a expressão 'dignidade do homem', associando-a com a razão e com a capacidade de tomar livremente decisões morais. [...] Foi com o Iluminismo, contudo, que emergiu

contemporâneo: o período pós-guerra na Europa, com a promulgação de novas constituições focalizadas no compromisso com a democracia e na máxima proteção à dignidade da pessoa humana.[48]

No Brasil, o prestígio foi de tal ordem que a dignidade foi alçada a fundamento da República, presente no art. 1º, III, da Constituição de 1988, já como consequência de uma cultura jurídica pós-positivista.[49] Desde então, os muitos trabalhos a respeito da questão revelam que não há consenso sobre o seu conteúdo (existe referência, até, a uma espécie de "carnavalização" do princípio da dignidade da pessoa humana),[50] apesar de importantes considerações terem sido formuladas.

Em prestigiado estudo sobre a temática, Maria Celina Bodin de Moraes aponta que a dignidade da pessoa humana deve ser compreendida a partir de uma subdivisão em quatro corolários, a saber: (i) liberdade; (ii) igualdade; (iii) integridade psicofísica; e (iv) solidariedade social ou familiar.[51]

Já Luís Roberto Barroso, com inspiração no pensamento kantiano (e, em especial, na anunciação de um imperativo categórico), afirma que o conteúdo mínimo da dignidade pode ser decomposto em três principais aspectos: (i) valor intrínseco de todos os seres humanos (que contemplaria a singularidade da natureza humana e o reconhecimento de direitos fundamentais, como a vida, a igualdade, a integridade física e psíquica, etc.); (ii) autonomia de cada indivíduo (relacionada, principalmente, à capacidade de autodeterminação privada e pública); e (iii) restrições que podem ser impostas em razão de valores sociais ou interesses estatais (o que se convencionou chamar de "valor comunitário").[52]

Daniel Sarmento, por sua vez, disseca o conteúdo da dignidade humana da seguinte maneira: (i) valor intrínseco da pessoa (como forma de vedação à sua

---

a ideia da centralidade do homem" (BARROSO, Luís Roberto. "Aqui, lá e em todo lugar": a dignidade humana no direito contemporâneo e no discurso transnacional. *Revista dos Tribunais*, São Paulo, a. 101, v. 919, mai. 2012, p. 132-133).

48. SCHREIBER, Anderson. Direito Civil e Constituição. *Revista Trimestral de Direito Civil*, v. 48, out./dez. 2011, p. 5.
49. BARROSO, Luís Roberto. "Aqui, lá e em todo lugar": a dignidade humana no direito contemporâneo e no discurso transnacional, cit., p. 134-135.
50. SARMENTO, Daniel. *Dignidade da pessoa humana*: conteúdo, trajetórias e metodologia, cit., p. 18.
51. MORAES, Maria Celina Bodin de. *Danos à pessoa humana*: uma leitura civil-constitucional dos danos morais, cit., p. XII e 189.
52. BARROSO, Luís Roberto. "Aqui, lá e em todo lugar": a dignidade humana no direito contemporâneo e no discurso transnacional, cit., p. 160-182.

instrumentalização em favor de terceiros); (ii) igualdade; (iii) autonomia (em dimensão privada e pública); (iv) mínimo existencial (para garantir condições necessárias à vida digna); e (v) reconhecimento (com o que se quer referir ao respeito à identidade individual e coletiva das pessoas nas instituições, nas práticas sociais e nas relações intersubjetivas).[53]

Conforme se verifica, cada autor que se predispõe a analisar o assunto parece guardar uma forma particular de enxergar as manifestações da dignidade, o que se mostra, até certo ponto, razoável, na medida em que o conceito dialoga com as questões existenciais mais profundas, sendo realmente complexo, diante da formação e experiência singulares de cada ser humano, propor uma interpretação integralmente uniforme.

Isso não impede, contudo, que haja visíveis pontos de interseção, que viabilizam, em boa medida, ainda que por rotas distintas, uma avaliação cuidadosa de eventual lesão à dignidade no caso concreto.

A par dessas mudanças substanciais na concepção de dano moral, o caminho natural parece ser o de se repensar a sua forma de reparação. Em outras palavras, se antes, diante da *dor na alma*, justificava-se a busca por um instrumento *apto a aliviar a vítima*,[54] hoje é preciso ponderar se, pela nova lente da dignidade da pessoa humana, a pecúnia continua a figurar como o melhor remédio disponível para todos os casos.

Uma conclusão sobre essa questão crucial, no entanto, se mostrará prematura se não forem considerados, antes, cada um dos passos dados em direção à aceitação da via não pecuniária no ordenamento brasileiro.

1.2. A trajetória da desmonetarização da reparação: da indiferença ao acolhimento

Como se introduziu no item anterior, o contexto atual se mostra especialmente convidativo à reflexão sobre a aplicação de medidas não pecuniárias, principalmente em razão das novas percepções acerca do conteúdo do dano moral. Contudo, a verdade é que o desenvolvimento da temática é parte de um processo permeado por obstáculos, que se sucederam nas últimas décadas.

---

53. SARMENTO, Daniel. *Dignidade da pessoa humana*: conteúdo, trajetórias e metodologia, cit., p. 92 e p. 101-298.
54. "Nada, pois, *equivale* ao mal moral; nada pode *indenizar* os sofrimentos que inflige. Mas o dinheiro desempenha um papel de *satisfação* ao lado de sua função de *equivalente*" (CAHALI, Yussef Said. *Dano moral*, cit., p. 43). V., ainda, STJ, 3ª T., REsp 1.022.103/RN, Rel. Min. Nancy Andrighi, j. 17/04/2008.

Para que se compreenda esse curso evolutivo, convém, inicialmente, comentar o surgimento do debate sobre a reparação específica do dano moral no cenário nacional e o descabimento dos argumentos contrários à sua aplicação para que, em seguida, sejam apresentadas as objeções à utilização do dinheiro como instrumento reparatório, gradualmente constatadas pela comunidade jurídica.

Começando pela investigação histórica, as obras de responsabilidade civil publicadas após a Constituição de 1988 revelam que, em um primeiro momento, a abordagem não monetária da reparação do dano moral era, até mesmo, ignorada por segmento expressivo da doutrina.

Na prática, uma vez assentada definitivamente a reparabilidade do dano moral no sistema jurídico pátrio, parte dos autores se apressou a formular critérios para o arbitramento do *quantum* pelo magistrado, indicando que, a partir de então, a grande tarefa do operador do direito consistiria na consolidação de uma metodologia apropriada para a estipulação da quantia devida. Imperava, assim, o pensamento de que um prejuízo extrapatrimonial somente poderia ensejar, por decorrência lógica, um efeito em termos de reparação: a entrega de uma cifra.

Nesse sentido, é verdadeiramente paradigmático o fato de que diversos trabalhos acadêmicos do século passado iniciam o espaço dedicado à reparação acusando os parâmetros de quantificação no caso concreto, isto é, saltando a menção à etapa natural anterior, que seria a verificação da forma de reparação conveniente na espécie.[55] O quadro também era visto na esfera jurisprudencial.[56]

---

55. O trecho a seguir bem retrata esse contexto: "O problema mais sério suscitado pela admissão da reparabilidade do dano moral reside na quantificação do valor econômico a ser reposto ao ofendido. Quando se trata de dano material, calcula-se exatamente o desfalque sofrido no patrimônio da vítima, e a indenização consistirá no seu exato montante. Mas quando o caso é de dano moral, a apuração do quantum indenizatório se complica porque o bem lesado (a honra, o sentimento, o nome etc.) não se mede monetariamente, ou seja, não tem dimensão econômica ou patrimonial. Cabe, assim, ao prudente arbítrio dos juízes e à força criativa da doutrina e jurisprudência, a instituição de critérios e parâmetros que haverão de presidir às indenizações por dano moral, a fim de evitar que o ressarcimento, na espécie, não se torne expressão de puro arbítrio, já que tal se transformaria numa quebra total de princípios básicos do Estado Democrático de Direito, tais como, por exemplo, o princípio da legalidade e o princípio da isonomia" (THEODORO JÚNIOR, Humberto. *Dano moral*. 2. ed. São Paulo: Juarez de Oliveira, 1999, p. 33). Em realidade, ainda hoje, diversas são as obras dedicadas a traduzir, monetariamente, a lesão extrapatrimonial, como, por exemplo: DELGADO, Rodrigo Mendes. *O valor do dano moral:* como chegar até ele. São Paulo: JH Mizuno, 2011; e CIANCI, Mirna. *O valor da reparação moral*. 4. ed. São Paulo: Saraiva, 2013.
56. Nessa exata direção é o voto do ministro Francisco Rezek no RE 172.720/RJ: "Penso que o que o constituinte brasileiro qualifica como dano moral é aquele dano que se

Aos poucos, essa indiferença foi cedendo lugar aos questionamentos sobre os expedientes reparatórios não pecuniários. Como resultado a uma possível inovação nesse particular, logo despontaram algumas justificativas em sentido desfavorável, assim listadas por Fabiano Pinto de Magalhães: (i) pressuposição de impossibilidade de reparação natural dos danos morais; (ii) incompatibilidade da sistemática com a regra da execução patrimonial dos danos; (iii) complexidade de quantificação do dano moral e de fixação do mecanismo não monetário; e (iv) temor a um excessivo arbítrio judicial.[57]

Conquanto as ponderações fossem relevantes e compatíveis com o amadurecimento do tema ao fim do século XX e início do século XXI, não mais prosperam à luz das modernas lições no âmbito do direito civil.

Quanto à primeira das quatro objeções, referente à inviabilidade da reparação natural, já se anunciou que "os prejuízos extrapatrimoniais, em geral, por sua própria natureza, por não terem conteúdo econômico ou patrimonial, não se coadunam, em regra, com a reparação *in natura*".[58]

Em linha similar, houve quem indicasse que essa impossibilidade seria, precisamente, a nota distintiva entre a reparação do dano patrimonial e do extrapatrimonial, e estaria apta a rechaçar, no caso do dano moral, qualquer imposição judicial que não o pagamento de um determinado valor:

> Tal conclusão se dá pelo fato de que, no dano patrimonial (onde restou atingido um bem físico, de valor comensurável monetariamente), a reparação pode ser feita através da reposição natural. Essa possibilidade já não ocorre no dano moral, eis que a honra violada jamais pode ser restituída à sua situação anterior, porquanto, como já disse certo sábio, as palavras proferidas são como flechas lançadas, que não voltam atrás... A reparação, em tais casos, reside no pagamento de uma soma pecuniária, arbitrada judicialmente, com o objetivo de

---

pode depois neutralizar com uma indenização de índole civil, traduzida em dinheiro, embora a sua própria configuração não seja material" (STF, 2ª T., RE 172.720/RJ, Rel. Min. Marco Aurélio, j. 06/02/1996).

57. MAGALHÃES, Fabiano Pinto de. *A reparação não pecuniária dos danos morais*. Dissertação de Mestrado em Direito Civil. Universidade do Estado do Rio de Janeiro, Rio de Janeiro, 2015, p. 24.
58. SANSEVERINO, Paulo de Tarso Vieira. *Princípio da reparação integral*: indenização no Código Civil, cit., p. 276.

possibilitar ao lesado uma satisfação compensatória pelo dano sofrido, atenuando, em parte, as consequências da lesão."[59]

A passagem bem demonstra o grande inconveniente com o tratamento da expressão "reparação natural" como se sinônimo de "reparação não pecuniária" fosse. Não se nega, como já mencionado, que a reconstrução do exato estado anterior é mesmo inviável quando se cuida da ocorrência de um dano moral, mas – e aqui reside o ponto nodal da questão – a simples referência a essa condição não parece ser suficiente para afastar a via não monetária.[60]

Isso porque, além de o dinheiro tampouco servir, sequer minimamente, ao retorno do *status quo ante*, uma medida não pecuniária pode ter maior aptidão reparatória do que o recebimento de determinada quantia (como ocorre comumente na hipótese de dano moral por ofensa à honra de um indivíduo). Dessa forma, ainda que não tenha lugar a "reparação natural", vista em sua acepção literal, é plenamente possível que se mostre cabível a "reparação não pecuniária".

As lições de Karl Larenz são esclarecedoras a respeito: "*también un daño inmaterial puede ser resarcido en cuanto ello sea posible por la restitución 'in natura'. Esto tiene lugar sobre todo en caso de pública retractación de declaraciones públicas*".[61]

---

59. GAGLIANO, Pablo Stolze; PAMPLONA FILHO, Rodolfo. *Novo curso de direito civil*: responsabilidade civil, cit., p. 109.
60. MAGALHÃES, Fabiano Pinto de. *A reparação não pecuniária dos danos morais*, cit., p. 47-48.
61. "Também um dano imaterial pode ser ressarcido pela restituição 'in natura'. Isso tem lugar sobretudo em caso de pública retratação de declarações públicas" (LARENZ, Karl. *Derecho de obligaciones*. t. 1. Trad. Jaime Santos Briz. Madrid: Editorial Revista de Derecho Privado, 1958, p. 229, tradução livre). Em sede nacional, vejam-se os dizeres de Araken de Assis: "Às vezes se distingue a reparação em natura, que visa a suprimir os efeitos perversos do dano, da supressão do próprio ilícito. Esta última consiste na adoção de medidas que eliminem a causa do ilícito, em geral através da imposição ao autor do ilícito do comportamento conforme ao direito. Nesta linha de raciocínio, a contrapropaganda, prevista no art. 60 da Lei 8.078/1990, ou o casamento do homem com a mulher por ele deflorada (art. 1.548, *caput*, do CC), vão além da simples restauração – do que, aliás, nesta última hipótese não se cogitaria –, e eliminam o próprio ilícito, prescrevendo medidas de sinal contrário. Mas a distinção parece difícil em certas situações. Assim, a reconstrução de muro destruído, que é uma situação de fato, desfaz os efeitos do ilícito, deixando incólume o ato contrário ao direito, no caso o atentado à propriedade da vítima" (ASSIS, Araken de. Liquidação do dano. *Revista dos Tribunais*, v. 759, 1999, p. 12).

Essa orientação também consta, de forma explícita, no art. 10:104 dos *Principles of European Tort Law*:⁶² "Reconstituição natural. Em alternativa a uma indemnização em dinheiro, o lesado pode exigir a reconstituição natural, desde que esta seja possível e não demasiado onerosa para a outra parte".⁶³

Já a afirmação de que a regra no ordenamento nacional seria a execução patrimonial, contrasta com a cuidadosa percepção, ressaltada por Pontes de Miranda, de que "em nenhum lugar do Código Civil ou do Código Comercial se diz que a indenização há de ser *precipuamente* em dinheiro".⁶⁴

Ainda, à vista da previsão do art. 947 do Código Civil,⁶⁵ nota-se que a legislação brasileira não apenas admite a adoção da sistemática não monetária, como reconhece, tal qual se verá adiante, que a pecúnia figura como mecanismo subsidiário na reparação civil.⁶⁶

Por isso, a perspectiva acertada há de ser, então, a de autores como Carlos Alberto Bittar: "em razão dos objetivos, pode diferir o sancionamento cabível, vindo a alcançar também a pessoa do lesante, a quem se impõe a realização de determinado comportamento, ou a prática de certa ação, como modo de reparação dos danos causados".⁶⁷

---

62. Os assim chamados Princípios de Direito Europeu da Responsabilidade Civil surgiram a partir de estudos elaborados pelo *European Group on Tort Law* (Grupo Europeu de Responsabilidade Civil), estabelecido em 1992 e que tem por objetivo contribuir com o aprimoramento da legislação civil no âmbito da União Europeia. Disponível em: <http://www.egtl.org/index.html/>. Acesso em: 21 dez. 2020. Para mais sobre o tema e o impacto dos princípios no cenário europeu, confira-se: MARTÍN-CASALS, Miquel. The 'Principles of European Tort Law' (PETL) at the beginning of a second decade. *Revista de Direito Civil Contemporâneo*, v. 12, jul./set. 2017, p. 359-389.
63. Disponível em: <http://www.egtl.org/PETLPortuguese.html> Acesso em: 21 dez. 2020.
64. MIRANDA, Francisco Cavalcanti Pontes de. *Tratado de Direito Privado*. t. XXVI. Rio de Janeiro: Borsoi, 1959, p. 27.
65. "Art. 947. Se o devedor não puder cumprir a prestação na espécie ajustada, substituir-se-á pelo seu valor, em moeda corrente".
66. Essa previsão vem de longa data, mesmo com alterações legislativas nas últimas décadas: "pelo contrário: no art. 1.543 do Código Civil, que se refere à restituição, põe-se a restituição em natura antes da indenização em dinheiro" (MIRANDA, Francisco Cavalcanti Pontes de. *Tratado de Direito Privado*, cit., p. 27).
67. BITTAR, Carlos Alberto. *Reparação civil por danos morais*, cit., p. 212. Em previsão similar: "O dano moral, assim como algumas espécies, mesmo, de dano material, não precisa ser recomposto necessariamente mediante *indenização em dinheiro*" (FRANÇA, Rubens Limongi. Reparação do dano moral. *Revista dos Tribunais*, v. 631, mai. 1988, p. 33).

Pela importância, também é preciso mencionar que, diante da máxima proteção da pessoa humana nos seus múltiplos aspectos existenciais, não há espaço à ideia de que um eventual mecanismo somente pode ser considerado quando houver previsão tipificada no ordenamento jurídico.

O argumento – que, em rigor, deixa de atentar ao fato de que tampouco a pecúnia aparece como resposta legislativa para a hipótese de dano extrapatrimonial – já foi empregado como fundamento central para obstaculizar o recurso a medidas específicas de reparação. A discussão cresceu em relevância após o julgamento da ADPF nº 130/DF pelo Supremo Tribunal Federal em 2009, quando se definiu a não recepção da Lei nº 5.250/67 ("Lei de imprensa") pela Constituição da República de 1988.

Em síntese, ao lado de outras previsões, essa legislação contava com a indicação de medidas específicas para a reparação de danos,[68] de forma que a retirada dos dispositivos legais do ordenamento jurídico fez com que surgisse a tese, acolhida por parte da jurisprudência, de que esses mecanismos não monetários não possuiriam mais fundamento direto na legislação, não podendo, assim, ser aludidos no direito brasileiro.[69]

Todavia, apesar de o raciocínio funcionar como fio condutor de algumas decisões proferidas, não se pode descuidar da expressa ressalva havida no julgamento da ADPF nº 130/DF quanto à viabilidade de utilização das medidas com suporte em outras rotas jurídicas,[70] fato inclusive reportado por outros ministros da Corte Suprema nas decisões posteriores.[71]

---

68. É o caso do direito de resposta (arts. 29 a 36) e da publicação de sentença (art. 75).
69. TJRJ, 19ª C.C., Ap. Cív. 0485329-82.2015.8.19.0001, Rel. Des. Guaraci de Campos Vianna, j. 11/12/2018; STJ, 3ª T., AgInt no AREsp 1.120.731/RJ, Rel. Min. Marco Aurélio Bellizze, j. 05/06/2018; STJ, 3ª T., REsp 1.662.847/MG, Rel. Min. Nancy Andrighi, j. 10/10/2017.
70. "EFEITOS JURÍDICOS DA DECISÃO. Aplicam-se as normas da legislação comum, notadamente o Código Civil, o Código Penal, o Código de Processo Civil e o Código de Processo Penal às causas decorrentes das relações de imprensa. O direito de resposta, que se manifesta como ação de replicar ou de retificar matéria publicada é exercitável por parte daquele que se vê ofendido em sua honra objetiva, ou então subjetiva, conforme estampado no inciso V do art. 5º da Constituição Federal" (STF, Tribunal Pleno, ADPF 130/DF, Rel. Min Carlos Ayres Britto, j. 30/04/2009).
71. "Como assentado na decisão agravada, no julgamento da Arguição de Descumprimento de Preceito Fundamental n. 130, este Supremo Tribunal declarou não recepcionada pela Constituição da República de 1988 a Lei n. 5.250/1967. Decidiu ser a primazia da Constituição pelos direitos que dão concretude à liberdade de imprensa. Contudo, ocorrendo divulgação de notícia, o Poder Judiciário pode assegurar o

Logo, mais acertadas parecem ser as vozes que se levantam contra uma restrição ao emprego da via não pecuniária, emanadas pela doutrina,[72] pelo Superior Tribunal de Justiça[73] e pelo Supremo Tribunal Federal:

> Essa espécie de reparação é plenamente compatível com a Constituição, que assegura a indenização pelos danos morais (art. 5º, V e X, CF), mas não elege um meio determinado para seu ressarcimento. Mais do que isso, a busca de mecanismos que assegurem a tutela específica dos interesses extrapatrimoniais constitui um imperativo constitucional, que decorre do princípio da reparação integral dos danos sofridos e da prioridade conferida pela Carta de 88 à dignidade da pessoa humana. Afinal, os mecanismos de reparação *in natura* permitem a tutela mais efetiva dos direitos fundamentais, impedindo que sua satisfação fique exclusivamente a cargo da pecúnia. Como afirmou Anderson Schreiber, "*seria absurdo que a tutela dos interesses mais relevantes da ordem jurídica se concretizasse por instrumento de menor amplitude e efetividade*".[74]

---

direito de resposta, se for o caso, e assentar responsabilidades penal, civil e administrativa, entre outras consequências próprias do direito no Estado Democrático, que tem a responsabilidade entre os fundamentos básicos. Confira-se trecho do acórdão paradigmático [...]" (STF, 2ª T., AgRg na Rcl 17.196/SP, Rel. Min. Cármen Lúcia, j. 09/09/2014).

72. BRAGA NETTO, Felipe Peixoto; FARIAS, Cristiano Chaves de; ROSENVALD, Nelson. *Curso de Direito Civil*: Responsabilidade Civil, cit., p. 625-626.
73. "O direito de resposta, de esclarecimento da verdade, retificação de informação falsa ou à retratação, com fundamento na Constituição e na Lei Civil, não foi afastado; ao contrário, foi expressamente ressalvado pelo acórdão do Supremo Tribunal Federal na ADPF 130. Trata-se da tutela específica, baseada no princípio da reparação integral, para que se preserve a finalidade e a efetividade do instituto da responsabilidade civil (Código Civil, arts. 927 e 944)" (STJ, 4ª T., REsp 1.440.721/GO, Rel. Min. Isabel Gallotti, j. 11/10/2016).
74. STF, Tribunal Pleno, RE 580.252/MS, Rel. Min Teori Zavascki, Rel. p/ acórdão Min. Gilmar Mendes, j. 16/02/2017, grifos no original. Entre outros, também serve de exemplo o seguinte julgado dessa Corte: "Vale registrar, no ponto, que, embora se mostre inviável apoiar, com base na Lei nº 5.250/67 (art. 75), a determinação de fazer publicar sentença civil condenatória em veículo de comunicação social, em razão do julgamento proferido pelo Supremo Tribunal Federal na ADPF 130/DF (Ag 1.047.230--AgR-ED/RJ, Rel. Min. MARIA ISABEL GALLOTTI – Ag 1.359.707-ED/SP, Rel. Min. SIDNEI BENETI, v.g.), torna-se legítimo reconhecer, no entanto, a possibilidade de fundamentar em critérios diversos (que não aqueles contemplados na hoje insubsistente Lei de Imprensa) o juízo condenatório que impõe ao réu a

Portanto, à luz da necessidade de reparação da vítima e da tutela prioritária das situações jurídicas existenciais no ordenamento pátrio, mostra-se viável a implementação de medidas específicas orientadas à plena satisfação do interesse do lesado no caso concreto, ainda que não haja típica previsão na legislação. É essa a advertência de Pietro Perlingieri: "não se pode esconder-se atrás do fato de que não existe o instrumento típico, previsto expressamente para tutelar aquele interesse".[75]

Sobre a terceira objeção, relacionada à dificuldade de quantificar o dano moral e fixar a medida correspondente, o problema efetivamente reside na tormentosa dificuldade de aferição do dano quando ocorre uma ofensa à dignidade humana, também presente na fixação em pecúnia[76] – o que, vale dizer, não impede que o magistrado tenha que lidar com a tarefa com enorme frequência, diante dos milhões de litígios envolvendo esse gênero de debate.[77]

Por fim, a preocupação com o arbítrio judicial se apresenta como o argumento mais relevante em desfavor da reparação não pecuniária. Todavia,

---

publicação da sentença civil como instrumento adequado para conferir efetividade ao princípio da reparação integral do dano (AR 4.490--AgR/DF, Rel. Min. RICARDO VILLAS BÔAS CUEVA – REsp 1.263.973/DF, Rel. Min. RICARDO VILLAS BÔAS CUEVA), tal como o E. Superior Tribunal de Justiça tem assinalado ao analisar a matéria em causa: [...]" (STF, 2ª T., AgRg na Rcl 16.492/SP, Rel. Min. Celso de Mello, j. 02/09/2014).

75. PERLINGIERI, Pietro. *Perfis do Direito Civil*: introdução ao Direito Civil Constitucional. 3. ed. Trad. Maria Cristina De Cicco. Rio de Janeiro: Renovar, 2007, p. 157. O mesmo autor, em outra obra, afirma, categoricamente: "Acabou-se a época da taxatividade dos remédios" (PERLINGIERI, Pietro. Riflessioni finali sul danno risarcibile. In: GIANDOMENICO, Giovanni di (Coord.). *Il danno risarcibile per lesione di interessi legittimi*. Nápoles: ESI, 2004, p. 288).
76. Não por coincidência, diante de dissonantes decisões nesse campo, já se afirmou, em tom irônico, a existência de uma "loteria judicial" (VINEY, Geneviève. *Traité de droit civil* – les obligations, la responsabilité: conditions. Paris: L.G.D.J., 1982, p. 206-207). Igualmente, v. SEVERO, Sérgio. *Os danos extrapatrimoniais*. São Paulo: Saraiva, 1996, p. 197.
77. É o que constatou o ministro Luís Roberto Barroso no voto-vista proferido no RE 580.252/MS: "Eventual dificuldade no arbitramento do quociente de remição da pena em cada caso concreto não será, por evidente, uma peculiaridade deste mecanismo de reparação de danos. Na verdade, a dificuldade está na própria mensuração dos atributos humanos, ou seja, na necessidade de 'quantificar o inquantificável' que é inerente ao dano moral e está presente de igual modo (e mesmo de forma mais grave) na reparação pecuniária" (STF, Tribunal Pleno, RE 580.252/MS, Rel. Min Teori Zavascki, Rel. p/ acórdão Min. Gilmar Mendes, j. 16/02/2017).

O raciocínio perde força quando se lembra de que também há risco nas estipulações pela via monetária (basta pensar nos diversos casos de indenizações exorbitantes ou, em sentido oposto, marcadamente irrisórias).

No mais, a questão é suavizada diante da necessária observância, pelo julgador, das importantes garantias processuais presentes na Constituição da República e na legislação ordinária, responsáveis por facultar às partes diversas medidas e recursos, sobretudo em função dos princípios do contraditório e da ampla defesa.[78]

Além disso, vem a reforço a imposição expressa do dever de fundamentação ao julgador, encampada não só em sede constitucional (art. 93, IX, da Constituição da República),[79] mas também, e de forma contundente, no atual Código de Processo Civil (especialmente no art. 489, § 1º),[80] sendo esse um dos grandes elementos de modificação em relação à legislação anterior.[81]

---

78. Quanto ao tema, v. CABRAL, Antonio do Passo. *Nulidades no processo moderno*: contraditório, proteção da confiança e validade *prima facie* dos atos processuais. 2. ed. Rio de Janeiro: Forense, 2010, p. 207-229.
79. "Art. 93. Lei complementar, de iniciativa do Supremo Tribunal Federal, disporá sobre o Estatuto da Magistratura, observados os seguintes princípios: [...] IX – todos os julgamentos dos órgãos do Poder Judiciário serão públicos, e fundamentadas todas as decisões, sob pena de nulidade, podendo a lei limitar a presença, em determinados atos, às próprias partes e a seus advogados, ou somente a estes, em casos nos quais a preservação do direito à intimidade do interessado no sigilo não prejudique o interesse público à informação".
80. "Art. 489. [...] § 1º Não se considera fundamentada qualquer decisão judicial, seja ela interlocutória, sentença ou acórdão, que: I – se limitar à indicação, à reprodução ou à paráfrase de ato normativo, sem explicar sua relação com a causa ou a questão decidida; II – empregar conceitos jurídicos indeterminados, sem explicar o motivo concreto de sua incidência no caso; III – invocar motivos que se prestariam a justificar qualquer outra decisão; IV – não enfrentar todos os argumentos deduzidos no processo capazes de, em tese, infirmar a conclusão adotada pelo julgador; V – se limitar a invocar precedente ou enunciado de súmula, sem identificar seus fundamentos determinantes nem demonstrar que o caso sob julgamento se ajusta àqueles fundamentos; VI – deixar de seguir enunciado de súmula, jurisprudência ou precedente invocado pela parte, sem demonstrar a existência de distinção no caso em julgamento ou a superação do entendimento".
81. "Enorme novidade é trazida pelo CPC de 2015 no § 1º do dispositivo [art. 489], que quer concretizar a exigência do art. 93, IX, da CF, e, no plano codificado, o art. 11" (BUENO, Cassio Scarpinella. *Manual de direito processual civil*: inteiramente estruturado à luz do novo CPC – Lei n. 13.105, de 16-3-2015. São Paulo: Saraiva, 2015, p. 352).

Não suficiente, serão expostos, no último capítulo deste livro, alguns parâmetros para guiar o intérprete na aplicação das medidas não pecuniárias, justamente com o objetivo de fomentar um itinerário metodológico técnico e seguro para esse fim, apto a melhor viabilizar a utilização dessa sistemática e a coibir o surgimento de decisões extravagantes.

À luz de todas essas considerações, conclui-se que os supostos entraves à via não pecuniária são meramente ilusórios. Felizmente, essa percepção vem sendo gradualmente ampliada no mundo jurídico, a ponto de Carlos Nelson Konder e Pablo Renteria afirmarem que os mecanismos nesse campo "são valorizados pela melhor doutrina como meios mais adequados de satisfazer os anseios das vítimas e como forma de fazer frente ao processo de mercantilização das relações existenciais".[82]

Isso, em boa medida, advém não só de uma nova visão do dano moral, sob o renovado prisma da dignidade da pessoa humana, e de um processo de despatrimonialização do direito civil como um todo,[83] mas também a partir da constatação de que há significativas contraindicações à reparação pela via *pecuniária*, conforme enumera Anderson Schreiber:

> Como se viu, reparar danos morais exclusivamente com a entrega de dinheiro, para além da evidente insuficiência do remédio, provoca diversos efeitos nocivos, como (i) a propagação da lógica de que os danos morais podem ser causados desde que seja possível pagar por eles; (ii) o estímulo ao 'tabelamento' judicial das indenizações; (iii) a crescente 'precificação' dos atributos humanos; (iv) o incentivo a demandas frívolas, propostas de modo aventureiro, por pessoas que pretendem se valer de cada inconveniente ou aborrecimento social para conseguir uma indenização.[84]

As ponderações do autor, que congregam aspectos técnicos, práticos e axiológicos de relevo, são realmente valiosas para se identificar as perigosas consequências de uma reparação exclusivamente em dinheiro.

---

82. KONDER, Carlos Nelson; RENTERÍA, Pablo. A funcionalização das relações obrigacionais: interesse do credor e patrimonialidade da prestação. *Civilistica.com*. Rio de Janeiro, a. 1, n. 2, 2012, p. 16. Disponível em: <http://civilistica.com/a-funcionalizacao/>. Acesso em: 22 dez. 2020.
83. MORAES, Maria Celina Bodin de. A caminho de um direito civil constitucional. *Revista dos Tribunais*, a. 17, jul./set. 1993, p. 26.
84. SCHREIBER, Anderson. *Direito Civil e Constituição*, cit., p. 210.

Não é preciso mais que alguns minutos de pesquisa jurisprudencial para notar que o apreço irrestrito à necessidade de imposição de uma verba nas ações envolvendo danos extrapatrimoniais foi capaz de aflorar, nas últimas décadas, de forma nitidamente incompatível com a previsão de que a "indenização mede-se pela extensão do dano" (art. 944 do Código Civil), um tabelamento *oficial*[85] ou, ao menos, *oficioso*, por meio de uma parametrização velada dos valores arbitrados.[86]

Parte da doutrina especializada tem travado, nesse ponto, longa batalha com a realidade,[87] refletida, inclusive, na aprovação do enunciado nº 550,[88] da VI Jornada de Direito Civil,[89] mas é certo que esse problemático contexto

---

85. Em 15/09/2009, o Superior Tribunal de Justiça divulgou, em seu *site*, uma matéria com o título "STJ busca parâmetros para uniformizar valores de danos morais" e que indicava quantias indenizatórias a serem estabelecidas para hipóteses específicas, como "morte dentro de escola" (500 salários), "paraplegia" (600 salários) e "morte de filho no parto" (250 salários). A página foi retirada do ar, mas a íntegra do conteúdo pode ser localizada em: <http://www.tjrj.jus.br/c/document_library/get_file?uuid=d430dc70-a29d-44d4-a70d-03c58bf0d658&groupId=10136>. Acesso em: 22 dez. 2020. Também sobre o tema, veja-se que o Superior Tribunal de Justiça aprovou o enunciado sumular nº 281 exatamente para superar a limitação da reparação de danos morais constante na Lei de imprensa: "A indenização por dano moral não está sujeita à tarifação prevista na Lei de Imprensa".

86. "Contudo, os Ministros geralmente não revelam em que medida cada critério adotado influencia a valoração do dano moral. Por vezes, as indenizações por danos morais são fixadas de acordo com precedentes jurisprudenciais relativos ao mesmo bem jurídico violado, ignorando diversas peculiaridades do caso concreto, aproximando-se, dessa forma, de um tabelamento jurisprudencial" (COUTO, Igor Costa; SALGADO, Isaura. Pesquisa Jurisprudencial: Os critérios quantitativos do dano moral segundo a jurisprudência do STJ. Orientação: Maria Celina Bodin de Moraes. *Civilistica.com*, Rio de Janeiro, a. 2, n. 1, 2013, p. 16. Disponível em: <http://civilistica.com/criterios-stj/>. Acesso em: 22 dez. 2020).

87. BRAGA NETTO, Felipe Peixoto; FARIAS, Cristiano Chaves de; ROSENVALD, Nelson. *Curso de Direito Civil*: Responsabilidade Civil, cit., p. 332.

88. "A quantificação da reparação por danos extrapatrimoniais não deve estar sujeita a tabelamento ou a valores fixos".

89. As Jornadas de Direito Civil, promovidas desde 2002 pelo Conselho da Justiça Federal, tem por objetivo reunir "magistrados, professores, representantes das diversas carreiras jurídicas e estudiosos do Direito Civil para o debate, em mesa redonda, de temas sugeridos pelo novo Código Civil e aprovar enunciados que representem o pensamento da maioria dos integrantes de cada uma das diversas comissões (Parte Geral, Direito das Obrigações, Direito das Coisas, Direito de Empresa, Direito de Família e Direito das Sucessões)". Disponível em: <https://www.cjf.jus.br/cjf/

sofreria arrefecimento com uma maior atenção às múltiplas possibilidades trazidas pela sistemática não monetária.

A chamada "precificação dos atributos humanos" também conclama a atenção do jurista para uma questionável lógica comercial no trato dos indivíduos e das situações existenciais, que, por sua natureza e prevalência hierárquica no ordenamento jurídico, deveriam ser tuteladas de forma diferenciada.[90]

As outras duas pontuações, referentes à premeditação do dano moral que pode ser financeiramente administrado e à propositura das chamadas demandas frívolas, contemplam um enfoque sobretudo pragmático e aparentam se complementar para um catastrófico quadro de assoberbamento do Judiciário.

Isso porque, se, do ponto de vista do ofensor, a avaliação acerca do cometimento de um dano pode ser relegada a um cálculo atuarial, capaz de confirmar a (reprovável) lucratividade com a prática de um ato ilícito,[91] do ponto de vista da vítima, em subversão do que se pretende com um adequado acesso à Justiça (e da ampliação de recursos para esse fim, como a existência dos próprios Juizados Especiais), o ajuizamento da ação pode ser o pontapé de um percurso, com baixo ou nenhum risco, para a busca de um valor sabidamente injustificado.[92]

---

corregedoria-da-justica-federal/centro-de-estudos-judiciarios-1/publicacoes-1/jornadas-cej/compilacaoenunciadosaprovados-jornadas-1-3-4.pdf>. Acesso em: 22 dez. 2020.

90. Nesse sentido, são ricas as lições de Gustavo Tepedino: "Há de se separar a lógica proprietária da lógica da pessoa humana: o ter do ser. Tal promíscua superposição acaba por impedir a promoção dos valores existenciais, reduzindo-os aos paradigmas das relações patrimoniais, no âmbito das quais o conceito de direito subjetivo foi construído a partir da dualidade entre sujeito e objeto. Na categoria do ser, todavia, não existe semelhante bipartição, uma vez que a pessoa encerra, a um só tempo, o elemento subjetivo e objetivo da relação. O Direito brasileiro atribui relevância especial às relações não-patrimoniais, em razão da superioridade axiológica da dignidade da pessoa humana no texto constitucional, a exigir o reconhecimento de garantias e tutelas diferenciadas, traduzidas no plano da regulamentação" (TEPEDINO, Gustavo. Itinerário para um imprescindível debate metodológico. *Revista Trimestral de Direito Civil*, Rio de Janeiro, v. 35, jul./set. 2008, p. 3).

91. TJDFT, 2ª T.R., Rec. In. 07005590320178070016, Rel. Juiz João Luís Fischer Dias, j. 17/05/2017.

92. É o que, por exemplo, apontou o Tribunal de Justiça do Rio de Janeiro no julgamento do seguinte recurso: TJRJ, 27ª C.C., Ap. Cív. 019389-30.2014.8.19.0210, Rel. Des. Antonio Carlos dos Santos Bitencourt, j. 13/04/2016. Além disso, esse quadro já levou a doutrina a se referir à existência de estímulo a "sentimentos mercenários" (GUEDES, Gisela Sampaio da Cruz; TERRA, Aline de Miranda Valverde. A repersonalização do direito civil e suas repercussões na responsabilidade civil, cit., p. 485).

A inflamável conjugação desses fatores é, em parte, responsável pelos alarmantes dados que têm sido divulgados pelo Conselho Nacional de Justiça. Para exemplificar, foram contabilizados, somente no ano de 2020, milhões de processos judiciais voltados à discussão de danos morais, o que confere ao tema assento privilegiado na categoria dos objetos de maior litigiosidade no Judiciário.[93]

Em rica complementação a esse já propício contexto para a reavaliação do método pecuniário de reparação, Adriano Pessoa da Costa e Gina Vidal Marcílio Pompeu assinalam a existência de um quinto e de um sexto empecilho: há casos em que a vítima dispõe de elevada fortuna, pelo que a indenização não representará conforto algum; e a vítima, mesmo em caso de vitória na demanda judicial, pode ficar sem a reparação, na hipótese de o ofensor não possuir recursos para arcar com a quantia arbitrada.[94]

Sobre a primeira das duas situações, é emblemática a recente notícia de que a atriz Gwyneth Paltrow, após colidir contra o veículo de terceiro e ser demandada em processo com pleito milionário, teria também movido uma ação, mas com pedido indenizatório correspondente a apenas *um dólar*, sob a alegação de que "a resolução desta contra-acusação demonstrará que o réu (Sanderson) colidiu com a Sra. Paltrow e, mesmo assim, a culpou por isso em uma tentativa de explorar sua fama e riqueza".[95]

Claramente, a pretensão, que faz recordar situação análoga havida com a atriz Brigitte Bardot[96] e remonta aos primórdios da jurisprudência francesa

---

93. No relatório divulgado pelo Conselho Nacional de Justiça a respeito do ano de 2020 ("Justiça em números"), além da identificação específica de milhões de ações sobre o tema, consta a seguinte declaração na página 241: "o assunto 'indenização por dano moral' (direito civil/responsabilidade civil) é um nó presente em diversos tribunais. Os assuntos 'responsabilidade do fornecedor/indenização por dano moral e obrigações/espécies de contratos' são nós centrais dentro do mapa, o que significa que, em quase todos os tribunais é uma causa frequentemente acionada na Justiça". Disponível em: <https://www.cnj.jus.br/wp-content/uploads/2020/08/WEB-V3-Justi%C3%A7a-em--N%C3%BAmeros-2020-atualizado-em-25-08-2020.pdf>. Acesso em: 03 abr. 2021.
94. COSTA, Adriano Pessoa da; POMPEU, Gina Vidal Marcílio. Corte Interamericana de Direitos Humanos e desmonetarização da responsabilidade civil. *Civilistica.com*, Rio de Janeiro, a. 5, n. 2, 2016, p. 10. Disponível em: <https://civilistica.emnuvens.com.br/redc/article/view/257>. Acesso em: 22 dez. 2020.
95. Disponível em: <https://istoe.com.br/gwyneth-paltrow-pede-indenizacao-de-us-1--a-homem-que-a-acusou-em-acidente/>. Acesso em: 22 dez. 2020.
96. "Uma das mulheres mais fotografadas do mundo, aquela cuja imagem era bastante para forçar, há alguns anos, muita gente a usar tranquilizantes, aquela cujas iniciais

em matéria de reparação por dano moral[97] e aos "*nominal damages*" do direito inglês,[98] é estritamente simbólica: diante do vastíssimo patrimônio da atriz, o recebimento de valores fixados em juízo em nada se prestaria à reparação da lesão provocada, pelo que a investida é praticamente uma medida de protesto, que, longe da preocupação patrimonial, visa tão somente à chancela judicial acerca do dano sofrido, como uma espécie de reprovação social em relação à ofensa cometida.

Em acréscimo, ainda se poderia referir a um possível sétimo obstáculo, também relacionado à dificuldade de satisfação do crédito, mas por conta de um esforço de blindagem patrimonial por parte do executado, o que, lamentavelmente, não é incomum na realidade dos tribunais.

Como se nota, para além da impertinência das objeções tradicionalmente associadas aos meios não pecuniários de reparação, verifica-se que a desenfreada utilização do dinheiro como solução às milhões de demandas propostas é, no mínimo, digna de severas críticas.

Tem-se atualmente, então, não só o reconhecimento inconteste da compatibilidade dos mecanismos específicos com o ordenamento jurídico brasileiro, como também um cenário propício ao aprofundamento do debate acerca do percurso a ser prioritariamente traçado na hipótese de reparação de danos extrapatrimoniais.

1.3. A via não pecuniária como prioritária no ordenamento jurídico

Se bem assimilado o conteúdo da reparação não pecuniária do dano moral e compreendidas as relevantes justificativas à sua aceitação no ordenamento nacional, é bastante provável que surja uma nova indagação: qual o espaço reservado à temática no sistema jurídico?

---

já diziam tudo, BB, por sinal, não muito esquiva à publicidade, moveu contra *Jours de France* uma ação de indenização a que deu o valor simbólico de um franco, por ter publicado quatro fotografias apanhadas na intimidade de uma de suas propriedades" (CHAVES, Antônio. Direito à própria imagem. *Revista da Faculdade de Direito da Universidade de São Paulo*, v. 67, 1972, p. 68. Disponível em: <http://www.revistas.usp.br/rfdusp/article/view/66643>. Acesso em: 23 dez. 2020).

97. MORAES, Maria Celina Bodin de. *Danos à pessoa humana*: uma leitura civil-constitucional dos danos morais, cit., p. 267.
98. "São as indenizações que têm somente caráter simbólico (um shilling por exemplo), aplicadas quando do ato ilícito não surge nenhum dano material. Tem por finalidade afirmar o direito violado assim também não deixando impune o culpado" (LOPEZ, Teresa Ancona. *O Dano estético*: responsabilidade civil. 2. ed. São Paulo: Revista dos Tribunais, 1999, p. 32).

Para uma correta avaliação, no entanto, a questão precisará ser vista sob três enfoques complementares: um primeiro centrado na orientação legislativa; um segundo atento às mudanças havidas na esfera reparatória, em especial a partir da ampliação dos danos ressarcíveis; e, por último, um terceiro ligado aos objetivos maiores da responsabilidade civil.

Quanto ao primeiro deles, uma investigação no campo legal levará, sem maiores dificuldades, ao art. 947 do Código Civil, um dos poucos dispositivos presentes no Capítulo "Da indenização" e que assim prevê: "se o devedor não puder cumprir a prestação na espécie ajustada, substituir-se-á pelo seu valor, em moeda corrente".

A disposição é praticamente idêntica à do antigo art. 1.534 do Código Civil de 1916 (houve apenas supressão da parte final na codificação atual),[99] figurando, nas palavras de Clóvis Beviláqua, como "um preceito geral, que abrange a inexecução da obrigação, em geral".[100]

A despeito de a passagem remeter a uma lógica que operaria exclusivamente na esfera da responsabilidade civil contratual, atualmente, à vista de que o direito civil, "afastando-se da sua clássica inspiração patrimonialista, vem, cada vez mais, substituindo o ressarcimento pecuniário pela efetiva satisfação do interesse real do credor",[101] tem se admitido, de modo recorrente, que a instrução serve de bússola para qualquer gênero de reparação.

Clóvis do Couto e Silva, em reforço a essa lógica, sinaliza, em primeiro lugar, que "apesar da inexistência em certos casos de uma disposição a respeito, a obrigação primeira é de realizar a reparação *in natura* [...] observe-se que o princípio da reparação *in natura* é muito importante em matéria de dano 'extrapatrimonial'",[102] para depois concluir com a afirmação taxativa de que "o Código Civil brasileiro adotou o princípio da reparação *in natura* no art. 1.534".[103]

---

99. "Art. 1.534. Se o devedor não puder cumprir a prestação na espécie ajustada, substituir-se-á pelo seu valor, em moeda corrente, no lugar onde se execute a obrigação".
100. BEVILÁQUA, Clóvis. *Código Civil dos Estados Unidos do Brasil*. v. 5, t. 2, Rio de Janeiro: Francisco Alves, 1926, p. 315.
101. BARBOZA, Heloisa Helena; MORAES, Maria Celina Bodin de; TEPEDINO, Gustavo (Orgs.). *Código Civil Interpretado Conforme a Constituição da República*. v. II. 2. ed. Rio de Janeiro: Renovar, 2012, p. 873.
102. SILVA, Clóvis Veríssimo do Couto e. O conceito de dano no direito brasileiro e comparado. *Revista dos Tribunais*, v. 667, mai. 1991, p. 8.
103. *Ibid.*, p. 334.

Em sentido análogo, Paulo de Tarso Vieira Sanseverino, já na vigência da codificação de 2002, menciona que "a preferência do Código Civil brasileiro também é pela reparação do dano *in natura*, pelo menos na execução específica de uma obrigação"[104] e que "o enunciado do art. 947 refere-se precipuamente à execução específica de obrigações nascidas de negócio jurídico, embora possa ser aplicado também na responsabilidade extracontratual".[105]

Apesar de ressaltar as dificuldades de materialização da previsão, ainda aplaude as qualidades do sistema de reparação específica, que consistiria, "em um plano ideal, como mais perfeito e completo do que o da indenização pecuniária".[106]

A preferência do ordenamento também é destacada por Claudio Luiz Bueno de Godoy, ao comentar o art. 947 do Código Civil: "o dispositivo, como já o fazia o CC anterior, assenta o caráter subsidiário, substitutivo e sub-rogatório que tem a indenização pecuniária".[107] Em seguida, especificamente em relação à reparação do dano moral, prossegue afirmando que "também se tem defendido a necessidade de procurar, em resposta à sua ocorrência, ao agravo perpetrado, fórmulas ou medidas não pecuniárias".[108]

A bem da verdade, esse caráter subsidiário da indenização monetária já era referido entre nós, há muito, por Pontes de Miranda, para quem "a pretensão à indenização, se a reparação em natura não pode ser feita, ou não seria satisfatória, exerce-se para se haver a quantia em dinheiro que valha o dano sofrido, material ou imaterial".[109]

De acordo com o autor, o "pedido pode dirigir-se à restauração em natura, e somente quando haja dificuldade extrema ou impossibilidade de se restaurar em natura, é que, em lugar disso, se há de exigir a indenização em dinheiro".[110]

A justificativa para essa opção também é explicada, de maneira categórica, por Paulo Mota Pinto: "é justamente por a indemnização em via específica

---

104. SANSEVERINO, Paulo de Tarso Vieira. *Princípio da reparação integral*: indenização no Código Civil, cit., p. 37.
105. *Ibid.*, p. 38.
106. *Ibid.*, p. 39.
107. AMORIM, José Roberto Neves et al. *Código Civil comentado*: doutrina e jurisprudência. 4. ed. Barueri: Manole, 2010, p. 946.
108. *Ibid.*, p. 947.
109. MIRANDA, Francisco Cavalcanti Pontes de. *Tratado de Direito Privado*, cit., p. 27.
110. *Ibid.*, p. 28.

facultar ao lesado uma tutela mais perfeita, que se prevê a sua *prioridade em relação à indemnização por equivalente*".[111]

Todo esse contexto repercutiu na VII Jornada de Direito Civil, promovida pelo Conselho da Justiça Federal em setembro de 2015, e levou à aprovação do enunciado nº 589, relacionado à interpretação da cláusula geral prevista no *caput* do art. 927 do Código Civil: "a compensação pecuniária não é o único modo de reparar o dano extrapatrimonial, sendo admitida a reparação in natura, na forma de retratação pública ou outro meio".[112]

Conquanto o enunciado não guarde a contundência das passagens anteriormente citadas, traduz, especialmente pela menção a "outro meio", a consolidação doutrinária em torno da ausência de restrições à escolha de mecanismos reparatórios, o que franqueia o estabelecimento de um sem-número de medidas não pecuniárias para fins de reparação do dano moral.

Aliás, esse posicionamento não se revela uma particularidade brasileira, como indica Geneviève Viney:

> *La plupart des systèmes juridiques aujourd'hui en vigueur admettent que la responsabilité civile ne débouche pas nécessairement sur une condamnation à payer des dommages-intérêts. Ils reconnaissent que la victime peut notamment se voir reconnaître le droit d'imposer au responsable un comportement positif ou une abstention.*[113]

---

111. PINTO, Paulo Mota. *Interesse contratual negativo e interesse contratual positivo.* v. 2. Coimbra: Coimbra Editora, 2008, p. 1.489.

112. As justificativas para a submissão desse enunciado também são dignas de registro: "Não há, no Código Civil, norma que imponha a indenização pecuniária como meio exclusivo para reparação do dano extrapatrimonial. Causado dano desta natureza, nasce para o ofensor a obrigação de reparar (art. 927), o que deverá ocorrer na forma de uma compensação em dinheiro e/ou de ressarcimento in natura, conforme tem admitido a doutrina (por todos: SCHREIBER, Anderson. Reparação Não-Pecuniária dos Danos Morais. In: Gustavo Tepedino e Luiz Edson Fachin (Org.). Pensamento crítico do Direito Civil brasileiro. Curitiba: Juruá, 2011). No plano constitucional, tal entendimento revela-se compatível com o quanto dispõe o art. 5º, inc. V, que, dirigido ao ofendido, assegura o direito de resposta, além de indenização em função do dano causado. Por último, o ressarcimento in natura revela-se compatível com uma lógica de despatrimonialização da responsabilidade civil, de modo a garantir ao ofendido a reparação integral do dano, o que nem sempre é alcançado mediante simples pagamento em dinheiro". Disponível em: <https://www.cjf.jus.br/enunciados/enunciado/834>. Acesso em: 23 dez. 2020.

113. "A maioria dos sistemas jurídicos atualmente em vigor admite que a responsabilidade civil não resulta necessariamente em uma condenação ao pagamento de uma

Com efeito, outros países, influentes sobre a nossa formação e cultura jurídica, também apresentam quadro similar nesse quesito.[114]

Para ilustrar, o ordenamento civil português possui disposição categórica sobre o assunto, presente no seu art. 566: "a indemnização é fixada em dinheiro, sempre que a reconstituição natural não seja possível, não repare integralmente os danos ou seja excessivamente onerosa para o devedor".

Com base nesse dispositivo legal, Inocêncio Galvão Telles registra que "o resultado que deve primacialmente visar-se é o da reconstituição natural ou indemnização específica, só sendo legítimo recorrer à indemnização pecuniária quando a primeira seja de excluir por algumas das razões apontadas".[115]

Na Alemanha, o cenário não é diferente, diante da determinação do § 249 do *Bürgerliches Gesetzbuch* (BGB): *"wer zum Schadensersatz verpflichtet ist, hat den Zustand herzustellen, der bestehen würde, wenn der zum Ersatz verpflichtende Umstand nicht eingetreten wäre"*.[116]

O *Allgemeines bürgerliches Gesetzbuch* (ABGB), na Áustria, segue o mesmo posicionamento: *"um den Ersatz eines verursachten Schadens zu leisten, muß Alles in den vorigen Stand zurückversetzt, oder, wenn dieses nicht thunlich ist, der Schätzungswerth vergütet werden"* (§ 1.323, primeira parte).[117]

---

indenização por perdas e danos. Permite-se que a vítima possa ver reconhecido o direito de impor ao ofensor um comportamento positivo ou uma abstenção" (VINEY, Geneviève. *Traité de droit civil* – les obligations, la responsabilité: effets. Paris: L.G.D.J., 1988, tradução livre).

114. Em realidade, mesmo na hipótese de países que não contam com disposição explícita a respeito, como a Espanha, não é incomum a admissão do recurso à via específica: *"nuestro sistema legal, aun sin previsión expresa alguna por parte del legislador, con carácter general, tradicionalmente admite que la reparación del daño se puede llevar a cabo de dos formas: en forma específica o por equivalente económico"* (GUTIÉRREZ, Paloma Tapia. *La reparación del daño en forma específica*: el puesto que ocupa entre los medios de tutela del perjudicado. Madrid: Dykinson, 2013, p. 27-28). Tradução livre: "nosso sistema legal, ainda que sem previsão expressa por parte do legislador, com caráter geral, tradicionalmente admite que a reparação do dano possa ser levada a cabo de duas formas: em forma específica ou por equivalente econômico".

115. TELLES, Inocêncio Galvão. *Direito das obrigações*. 7. ed. Coimbra: Coimbra Editora, 1997, p. 209.

116. Tradução livre: "O devedor está obrigado a restabelecer a situação que existiria se as circunstâncias que o obrigam a indenizar não tivessem ocorrido".

117. Tradução livre: "Para compensar qualquer dano causado, tudo deve ser restaurado ao seu estado original. Caso isto não seja possível, um valor estimado deve ser restituído".

De forma similar, é o que também prevê o art. 1.803 do *Código Civil* da Argentina: *"el resarcimiento de daños consistirá en la reposición de las cosas a su estado anterior, excepto si fuera imposible, en cuyo caso la indemnización se fijará en dinero. También podrá el damnificado optar por la indemnización en dinero"*.[118]

Ao fim e ao cabo, essa opção legislativa adotada pelo Brasil e alinhada à cena jurídica de diversos países se mostra propícia a uma reflexão acerca dos mecanismos de reparação do dano extrapatrimonial, sobretudo quando se admite que, embora o sistema tenha sido pensado a partir da subsidiariedade do método monetário, não é isso que demonstram os dados de realidade, posto que é a "indenização em dinheiro, não a restituição *in natura* que está a ocupar o 'papel central nas modalidades de reparação'".[119]

Chega-se, com isso, à segunda abordagem necessária à compreensão da posição da reparação específica do dano moral dentro do universo jurídico. De fato, a inflexível opção pelo dinheiro como solução para hipóteses variadas tem sido a tônica na rotina dos tribunais, mesmo diante de um exponencial crescimento dos danos ressarcíveis ao longo do tempo,[120] como decorrência da erosão dos tradicionais filtros de reparação.

Hoje, já se nota que a culpa, outrora elemento indispensável para efeito de responsabilização civil, não só passa por verdadeira revolução em sua natureza, como vê reduzida sua aparição na solução do caso concreto.[121] Em movimento similar, flexibiliza-se a costumeira exigência de nexo causal entre a conduta do ofensor e o dano, aumentando o raio de alcance da pretensão

---

118. Tradução livre: "O ressarcimento de danos consistirá na reposição das coisas ao seu estado anterior, exceto se for impossível, caso em que a indenização será fixada em dinheiro. Também poderá o lesado optar pela indenização em dinheiro".
119. MARTINS-COSTA, Judith. *Comentários ao novo Código Civil*: do inadimplemento das obrigações, cit., p. 95-96. Na mesma linha, ASSIS, Araken de. Liquidação do dano, cit., p. 12; e SANSEVERINO, Paulo de Tarso Vieira. *Princípio da reparação integral*: indenização no Código Civil, cit., p. 40.
120. SCHREIBER, Anderson. *Novos paradigmas da Responsabilidade Civil*: da erosão dos filtros da reparação à diluição dos danos, cit., p. 81-114.
121. Quanto à natureza, confira-se a seguinte passagem doutrinária: "Preocupações com a consciência da lesão ao direito alheio, com a previsibilidade do dano e com a reprovabilidade moral da conduta praticada esmoreceram diante das dificuldades de concreta demonstração destes aspectos, culminando com a consagração da chamada *culpa objetiva*" (Ibid., p. 34). Sobre a diluição da sua presença, contribuíram de forma definitiva a previsão de hipóteses típicas de responsabilidade objetiva no Código Civil e, sobretudo, a existência de uma cláusula geral de responsabilidade civil por atividade de risco (art. 927, parágrafo único, desse diploma normativo).

reparatória.¹²² Caminhou-se, enfim, para uma franca abertura de fronteira em direção ao reconhecimento de novos interesses lesados.

Longe do que se tem acompanhado, essa conjuntura deveria trazer, por via de consequência, um instigante questionamento, consistente em se avaliar se os remédios disponíveis são suficientes para essa "universal ampliação da ressarcibilidade".¹²³ A dúvida é mesmo pertinente, já que não se mostra razoável admitir novos interesses jurídicos à luz da tábua axiológica do ordenamento e desconsiderar a sua forma de tutela no caso concreto.

Como resultado a essa ponderação, parece não haver outra conclusão além da que é chegado o momento de um passo adicional, o da correlata expansão dos meios reparatórios.¹²⁴ Tudo a reboque da ideia de que "toda a transformação pela qual a responsabilidade civil vem passando nos últimos séculos pode-se resumir na ideia de ampliação do acesso da vítima à reparação".¹²⁵

A bem da verdade, se, diferentemente de outros tempos, não figura mais "imprescindível a previsão de direitos subjetivos para a tutela dos interesses individuais; qualquer situação jurídica subjetiva e o próprio interesse juridicamente relevante em si considerado podem ser protegidos pela via indenizatória",¹²⁶ importa igualmente reconhecer a ruptura de obstáculos

---

122. "A gradual perda de rigor na apreciação do nexo de causalidade, extraída de tantos expedientes empregados pela jurisprudência, com maior ou menor apoio na doutrina, efetivamente assegura às vítimas em geral a reparação dos danos sofridos. Até aqui, o que vem sendo apontado como relativização da prova do nexo causal parece legitimar-se por aquilo que já foi denominado como o 'imperativo social da reparação'" (*Ibid.*, p. 76).
123. *Ibid.*, p. 81.
124. É contundente a opinião de Anderson Schreiber acerca da questão: "Durante os últimos dois séculos, a responsabilidade civil foi aprimorada e remodelada sempre a partir das suas causas (culpa e risco). É hora de repensar as suas conseqüências" (SCHREIBER, Anderson. *Direito Civil e Constituição*, cit., p. 219).
125. ANDRIGHI, Fátima Nancy. Fundamentos atuais da responsabilidade na ordem civil-constitucional: o papel da jurisprudência na concretização das cláusulas gerais. In: MARTINS, Guilherme (Coord.). *Temas de responsabilidade civil*. Rio de Janeiro: Lumen Juris, 2012, p. 158.
126. SILVA, Rodrigo da Guia; SOUZA, Eduardo Nunes de. Notas sobre a autonomia funcional da responsabilidade civil. In: MATOS, Ana Carla Harmatiuk; TEIXEIRA, Ana Brochado; TEPEDINO, Gustavo (Coords.). *Direito Civil, Constituição e unidade do sistema*: Anais do Congresso Internacional de Direito Civil Constitucional – V Congresso do IBDCivil. Belo Horizonte: Fórum, 2019, p. 168.

frente à necessidade de se reparar adequadamente os numerosos danos exibidos em sociedade.

Dessa forma, também as mudanças recentes na reparação civil, com alargamento das lesões aptas a receber uma resposta do direito vigente, induzem à necessidade de uma reformulação dos métodos reparatórios que supere o indistinto arbitramento de uma quantia para qualquer hipótese, não se podendo admitir uma reprodução automática de práticas incompatíveis com os interesses reconhecidos pelo ordenamento jurídico.[127]

A terceira e última abordagem essencial ao debate sobre o lugar ocupado pela reparação específica no âmbito das lesões extrapatrimoniais dialoga diretamente com as funções da responsabilidade civil. Afinal, a prescrição de determinado remédio deve ser talhada aos objetivos maiores do ambiente onde está inserido.

A imersão nesse contexto impressiona pelas consideráveis transformações nas últimas décadas, a comprovar a tese de que a responsabilidade civil no Brasil, impulsionada pela atipicidade e abertura do sistema[128] (especialmente diante das cláusulas gerais no *caput* e no parágrafo único do art. 927 do Código Civil),[129] é mesmo uma ciência altamente cambiante, burilada, de forma permanente, a partir dos dados da realidade.[130]

Sem perder de vista o entendimento de que "o fundamento principal da responsabilidade civil, desde os romanos, reside no *neminem laedere*, a saber, em não lesar ou ofender a pessoa ou o patrimônio do outro",[131] atualmente, atenta-se ao fato de que a "normatividade dos princípios constitucionais e a definitiva consagração da tutela de interesses existenciais e coletivos, conquistas

---

127. V., nesse mesmo sentido, DANTAS BISNETO, Cícero. A insuficiência do modelo reparatório exclusivamente pecuniário no âmbito das lides familiares. *Revista Nacional de Direito de Família e Sucessões*, n. 31, jul./ago. 2019, p. 22.
128. SANSEVERINO, Paulo de Tarso Vieira. *Princípio da reparação integral*: indenização no Código Civil, cit., p. 206. Também sobre o assunto, v. SILVA, Rodrigo da Guia; SOUZA, Eduardo Nunes de. Notas sobre a autonomia funcional da responsabilidade civil, cit., p. 168-169.
129. "Art. 927. Aquele que, por ato ilícito (arts. 186 e 187), causar dano a outrem, fica obrigado a repará-lo. Parágrafo único. Haverá obrigação de reparar o dano, independentemente de culpa, nos casos especificados em lei, ou quando a atividade normalmente desenvolvida pelo autor do dano implicar, por sua natureza, risco para os direitos de outrem".
130. SILVA, Rodrigo da Guia; SOUZA, Eduardo Nunes de. Notas sobre a autonomia funcional da responsabilidade civil, cit., p. 169.
131. LÔBO, Paulo. *Direito civil*: obrigações, cit., p. 327.

da ciência jurídica contemporânea, ampliaram imensamente o objeto protegido pelo direito em face da atuação lesiva".[132]

Também se destaca, pela importância, a paradigmática mudança de enfoque do ato ilícito para o dano injusto, traduzida na célebre expressão "giro conceitual", de Orlando Gomes,[133] a apontar o deslocamento da tradicional atenção à situação do ofensor para a tutela especial da vítima, que passa a ocupar posição central na solução do caso concreto.

Em suma, a ressignificação dos institutos de direito civil, aliada a exigências trazidas pelas profundas alterações na realidade social, com a disseminação de novos riscos a partir do desenvolvimento tecnológico,[134] vem demandando uma avaliação sobre o próprio papel do Direito frente ao reconhecimento desses danos.[135]

Nessa esteira, associa-se à responsabilidade civil, de um modo geral, as seguintes funções: *reparatória*, voltada à sistemática para a reparação dos prejuízos experimentados pelo ofendido; *preventiva*, para afastar a ocorrência de novas lesões ou impedir um eventual alargamento do dano já ocorrido; e *punitiva*, como mecanismo sancionatório, ainda que em âmbito civil, das ofensas cometidas.[136]

---

132. SCHREIBER, Anderson. *Novos paradigmas da Responsabilidade Civil*: da erosão dos filtros da reparação à diluição dos danos, cit., p. 4.
133. GOMES, Orlando. Tendências modernas na teoria da responsabilidade civil. In: DI FRANCESCO, José Roberto Pacheco (Org.). *Estudos em homenagem ao Professor Silvio Rodrigues*. São Paulo: Saraiva, 1989. p. 295. Em sede estrangeira, v. LORENZO, Miguel Frederico de. *El daño injusto en la Responsabilidad Civil*. Buenos Aires: Abeledo-Perrot, 1997.
134. MORAES, Maria Celina Bodin de. Risco, solidariedade e responsabilidade objetiva. *Revista dos Tribunais*, a. 95, v. 854, dez. 2006, p. 18-19.
135. NORONHA, Fernando. *Direito das obrigações*. v. 1, São Paulo: Saraiva, 2003, p. 542-543.
136. "A função originária e primordial da responsabilidade civil, portanto, é a reparatória (de danos materiais) ou compensatória (de danos extrapatrimoniais). Mas outras funções podem ser desempenhadas pelo instituto. Dentre essas, avultam as chamadas funções punitiva e dissuasória. É possível condensar essa tríplice função em três expressões: reparar (ou compensar), punir e prevenir (ou dissuadir)" (FACCHINI NETO, Eugênio. Da responsabilidade civil no novo código. *Revista do TST*, Brasília, v. 76, n. 1, jan./mar. 2010, p. 28).

Na medida em que não há, diferentemente do que ocorre no ordenamento argentino,[137] uma previsão expressa quanto às funções da responsabilidade civil, crescem, nos últimos anos, estudos de relevo sobre o assunto, sobretudo no que toca à existência e às manifestações das funções *preventiva*[138] e *punitiva*.[139]

Essa rica conjuntura chega, é verdade, com certo atraso ao Brasil, dado que a filosofia liberal, tão arraigada no direito privado, relegava o instituto da responsabilidade civil a um segundo plano no ordenamento, reduzindo o

---

137. "*Artículo 1708. Funciones de la responsabilidad. Las disposiciones de este Título son aplicables a la prevención del daño y a su reparación*". Tradução livre: "Artigo 1708. Funções da responsabilidade. As disposições deste Título são aplicáveis à prevenção do dano e à sua reparação".
138. Sobre a função preventiva, não se costuma controverter sobre o diálogo com os princípios da prevenção e da precaução, que atuam para impedir a consecução de atos lesivos (viés dissuasório). As dúvidas, em realidade, estão centradas sobre a extensão dos instrumentos forjados para essa tutela inibitória, havendo, até mesmo, defensores de uma responsabilidade civil sem dano. Para uma visão crítica nesse particular, remeta-se a RODRIGUES, Cássio Monteiro. *A certeza do dano como limite de atuação da função preventiva da responsabilidade civil*. Dissertação de Mestrado em Direito Civil. Universidade do Estado do Rio de Janeiro, Rio de Janeiro, 2019.
139. Mais polêmica, todavia, parece ser a existência de uma função punitiva da responsabilidade civil, apesar da larga disseminação na esfera jurisprudencial (v. TJRJ, 10ª C.C., Ap. Cív. 0315375-38.2015.8.19.0001, Rel. Des. Celso Luiz de Matos Peres, j. 27/02/2019; e STJ, 4ª T., AgRg no AREsp 633.251/SP, Rel. Min. Raul Araújo, j. 05/05/2015). Mediante a implementação de uma lógica tipicamente penal à esfera civil, a função se prestaria, a despeito de previsão legislativa e para além da fixação da reparação adequada à lesão, a também sancionar o agente que incorreu na prática do dano. Não são poucas as críticas doutrinárias a essa perspectiva: "os problemas das indenizações punitivas, tal como atualmente aplicadas no Brasil, foram muito bem explicitados pela Profa. Maria Celina Bodin de Moraes e podem ser assim resumidos: (i) uma vez que não prevista em lei, a indenização punitiva implicaria em punição sem prévia cominação legal, conferindo um cheque em branco para o juiz cível ferir o princípio da tipicidade (*nullum crimen, nulla poena sine lege*); (ii) vários atos geradores de dano moral também são crimes, o que acarretaria um *bis in idem*, especialmente com a previsão de sanção pecuniária no direito penal (Lei nº 9.714/98); (iii) tramitando na vara cível, a ação segue os mecanismos processuais/recursais do direito processual civil, sem as garantias típicas do procedimento penal; (iv) o efeito punitivo é mitigado no âmbito civil porque nem sempre o responsável é o culpado (como nos casos de seguro de dano) e, nestes casos, o verdadeiro culpado não será punido" (SAVI, Sérgio. *Responsabilidade civil e enriquecimento sem causa*. O lucro da intervenção. São Paulo: Atlas, 2012, p. 82). Ainda sobre o tema, v. MORAES, Maria Celina Bodin de. *Danos à pessoa humana*: uma leitura civil-constitucional dos danos morais, cit., p. 193-264.

alcance das pretensões reparatórias e frustrando o surgimento de novas aplicabilidades nessa seara:

> No sistema de direito privado a responsabilidade civil inicialmente se colocou de forma residual aos seus pilares institucionais: contratos e propriedade. Visava ela atender as situações por eles não reguladas, basicamente com a função de disciplinar a alocação das perdas que derivavam das atividades humanas econômicas, com a proteção do *status quo* dos indivíduos atingidos por ilícitos por elas desencadeados. Portanto, a responsabilidade, tal e qual a conhecemos hoje, consolida-se ao curso da modernidade como o "reverso da liberdade", no sentido do ressarcimento dos danos decorrentes da circulação de bens e obrigações. [...] No ideário liberal, a melhor forma de demarcar a tensão entre os polos em oposição seria a mínima intervenção na atividade econômica e a resolução *a posteriori* dos conflitos mediante a obrigação de reparar danos, objetivo da justiça comutativa, aristotélica e tomística.[140]

Vigia, desse modo, uma compreensão de que reparação e responsabilidade civil nada mais seriam do que dois lados de uma mesma moeda,[141] ambas destinadas à tutela do momento patológico da relação, para retorno da vítima ao estado anterior ao dano ou, ao menos, ao cenário mais próximo possível.

Embora hoje redimensionada a partir de uma nova ordem axiológica, a responsabilidade civil ainda conta, segundo maioria expressiva em doutrina,[142]

---

140. BRAGA NETTO, Felipe Peixoto; FARIAS, Cristiano Chaves de; ROSENVALD, Nelson. *Curso de Direito Civil*: Responsabilidade Civil, cit., p. 38.
141. Serve de exemplo a comparação entre os verbetes "reparação do dano" e "responsabilidade civil" no dicionário jurídico da Academia Brasileira de Letras Jurídicas: "REPARAÇÃO DO DANO. Dir. Obr. Ressarcimento para efeito de consertar ou atenuar um dano causado a outrem, em sua pessoa ou patrimônio [...] RESPONSABILIDADE CIVIL. Dir. Obr. Imposição de reparar o dano causado a outrem, quer em razão da obrigação assumida (*inexecução obrigacional*), quer por inobservância da norma jurídica (*responsabilidade extracontratual*)" (SIDOU, J. M. Othon (Org.). *Dicionário Jurídico*: Academia Brasileira de Letras Jurídicas. 2. ed. Rio de Janeiro: Forense Universitária, 1991, p. 488).
142. Como exceção a esse posicionamento, alguns autores pontuam que, em primeiro lugar, é preciso prevenir a ocorrência de lesões. A esse respeito, v. ITURRASPE, Jorge Mosset; PIEDECASAS, Miguel A. *Código Civil comentado*: responsabilidade civil – artículos 1.066 a 1.136. Buenos Aires: Rubinzal-Culzoni Editores, 2003, p. 296;

com a prevalência da função reparatória sobre as demais, por estar vinculada à sua finalidade fundamental.[143]

O entendimento é reforçado, em sede legislativa, pela transparente diretriz do *caput* do art. 944 do Código Civil, que determina ser a totalidade do dano, em regra, a medida da indenização correspondente.

A perspectiva também é compartilhada em solo estrangeiro: "*ha de indemnizarse en general la totalidad del daño originado al perjudicado por el acaecimiento generador de responsabilidad para el causante del daño*".[144]

Extrai-se, nesse ponto, uma fórmula que tem conformado a própria estrutura da responsabilidade civil e a criação de novas categorias nesse setor, que consiste na reparação integral do dano, como descreve Maita María Naveira Zarra:

> *Este principio, conocido también en su expresión latina "restitutio in integrum", se dirige a lograr la más perfecta equivalencia entre los daños sufridos y la reparación obtenida por el perjudicado, de tal manera que éste quede colocado en una situación lo más parecida posible a aquélla en la que se encontraría si el hecho dañoso no hubiera tenido lugar.*[145]

---

e MARTON, G. *Les fondements de la responsabilité civile*. Paris: Librairie du Recueil Sirey, 1938, p. 347-348.

143. "Os modos de reparação dos prejuízos ligam-se à função primordial da responsabilidade civil, devendo-se tentar, na medida do possível, recolocar o prejudicado, ainda que de forma apenas aproximativa, na situação em que se encontraria caso o ato danoso não houvesse ocorrido" (SANSEVERINO, Paulo de Tarso Vieira. *Princípio da reparação integral*: indenização no Código Civil, cit., p. 34). De igual modo, SEVERO, Sérgio. *Os danos extrapatrimoniais*, cit., p. 187; NORONHA, Fernando. *Direito das obrigações*, cit., p. 437; e VINEY, Geneviève. As tendências atuais do Direito da Responsabilidade Civil. In: TEPEDINO, Gustavo (Org.). *Direito civil contemporâneo*: novos problemas à luz da legalidade constitucional – Anais do Congresso Internacional de Direito Civil-Constitucional da Cidade do Rio de Janeiro. São Paulo: Atlas, 2008, p. 54-55.

144. "Em geral, é preciso indenizar a totalidade do dano gerado à vítima em função do evento que enseja a responsabilidade do causador do dano" (LARENZ, Karl. *Derecho de obligaciones*, cit., p. 196, tradução livre).

145. "Este princípio, também conhecido pela expressão latina 'restitutio in integrum', se dirige a alcançar a mais perfeita equivalência entre os danos sofridos e a indenização obtida pelo prejudicado, de tal maneira que este seja colocado na situação mais parecida possível com aquela em que se encontraria se o evento danoso não tivesse ocorrido" (ZARRA, Maita María Naveira. *El resarcimiento del daño en la responsabilidad civil extracontractual*, cit., p. 161, tradução livre).

Independentemente da controversa qualidade de princípio que lhe tem sido atribuída por parte significativa da literatura jurídica,[146] isto é, como expressão de um "mandamento de otimização" reconhecido pelo sistema pátrio,[147] tornou-se preceito indissociável do universo jurídico, servindo de norte, com grande frequência, para a atividade judicante.[148]

Em estudo dedicado a essa temática, Paulo de Tarso Vieira Sanseverino, além de afirmar que a reparação integral seria uma exigência de justiça comutativa,[149] esclarece que o conceito reúne, a um só tempo, três diferentes funções basilares, a saber: "a) reparação da totalidade do dano (função compensatória); b) vedação de enriquecimento injustificado do lesado (função indenitária); c) avaliação concreta dos prejuízos efetivamente sofridos (função concretizadora)".[150]

É dizer, sua atuação se reveste de destacada importância na tutela do interesse jurídico no caso concreto, sintetizada no aforismo "*tout le dommage, mais rien que le dommage*".[151]

---

146. Ao examinar essa perspectiva, Anderson Schreiber afirma que "esta noção foi consagrada pela doutrina sob a fórmula de um 'princípio da reparação integral do dano', embora sua natureza principiológica seja, no mínimo, duvidosa" (DELGADO, Mário; MELO, Marco Aurélio Bezerra de; SCHREIBER, Anderson; SIMÃO, José Fernando; TARTUCE, Flávio. *Código Civil comentado*: doutrina e jurisprudência. 1. ed. Rio de Janeiro: Forense, 2019, p. 629). Essa posição, conquanto incomum na doutrina, traz instigante reflexão, inclusive se considerado que a noção técnica do que seria um princípio jurídico o coloca como norma independente, ou seja, não permite que seja enquadrado como mera expressão ou reforço de uma previsão legislativa, o que poderia, em alguma medida, contrastar com o conteúdo comumente conferido à reparação integral.

147. ALEXY, Robert. *Teoria dos direitos fundamentais*. Trad. Virgílio Afonso da Silva. São Paulo: Malheiros, 2008, p. 90.

148. Para que se dimensione, uma breve pesquisa jurisprudencial no Superior Tribunal de Justiça com a locução "reparação integral" retorna uma quantidade de mais de cento e setenta acórdãos. Já no Tribunal de Justiça do Rio de Janeiro, foram localizadas sessenta e seis decisões apenas no ano de 2020.

149. "A reparação do dano injustamente causado constitui uma exigência de justiça comutativa, como já fora vislumbrado por Aristóteles na Ética a Nicômaco, devendo ser a mais completa possível, o que se chama, modernamente, de princípio da reparação integral do dano" (SANSEVERINO, Paulo de Tarso Vieira. *Princípio da reparação integral*: indenização no Código Civil, cit., p. 34).

150. Ibid., p. 57.

151. "Todo o dano, nada mais que o dano" (VINEY, Geneviève. *Traité de droit civil* – les obligations, la responsabilité: effets, cit., p. 81, tradução livre).

Se é verdade que a reparação integral encontra pacífica acolhida em doutrina e jurisprudência no que toca ao dano material, o mesmo não se pode dizer em relação à sua aplicação no âmbito do dano moral. Ao que se vê, parte da doutrina tem apresentado séria resistência à transposição, ainda que com os devidos ajustes, de uma orientação historicamente patrimonial ao campo dos interesses existenciais.

É o caso de Sérgio Severo, ao afirmar, com apoio nas objeções manifestadas por Geneviève Viney e Basil Markesinis,[152] que "constata-se uma incompatibilidade lógica [...] uma vez que o dano extrapatrimonial não pode ser reparado de forma integral, daí o caráter satisfativo da reparação".[153]

Segundo seu entendimento, "a partir de uma concepção de que não se trata de um princípio absoluto, pode-se adequar a satisfação à realidade fática a partir de critérios que possam assegurar a segurança jurídica e a igualdade dos jurisdicionados".[154] Com efeito, para esses autores, adotar entendimento distinto implicaria na tentativa de *reparar o irreparável*.[155]

---

152. MARKESINIS, Basil; VINEY, Geneviève. *La réparation du dommage corporel*: essai de comparaison des droits anglais et français. Paris: Economica, 1985, p. 139-140.

153. SEVERO, Sérgio. *Os danos extrapatrimoniais*, cit., p. 202. De forma parecida, em território estrangeiro: "*cuando nos enfrentamos a la apreciación de los daños no patrimoniales, se evidencia que tales perjuicios recaen sobre intereses de las personas, que son, por naturaleza, insustituibles e insusceptibles de equivalencia pecuniaria, dificultades estas que impiden in radice alcanzar una equivalencia entre el perjuicio y su reparación. Los daños extrapatrimoniales quedan, así, al margen de la restitutio in integrum, puesto que tales daños carecen de un módulo o valor de referencia o comparación, lo que determina que su valoración quede remitida a la libre discrecionalidad de los órganos judiciales*" (ZARRA, Maita María Naveira. *El resarcimiento del daño en la responsabilidad civil extracontractual*, cit., p. 164). Tradução livre: "Quando nos deparamos com a avaliação de danos não patrimoniais, fica evidente que tais prejuízos recaem sobre interesses existenciais, que são, por natureza, insubstituíveis e insuscetíveis de equivalência pecuniária, o que impede seja alcançada uma equivalência entre o prejuízo e a reparação. Os danos extrapatrimoniais restam, assim, à margem de uma reparação integral, posto que tais danos carecem de um módulo ou valor de referência ou comparação, o que determina que a sua avaliação seja remetida à livre discricionariedade dos órgãos judiciais".

154. SEVERO, Sérgio. *Os danos extrapatrimoniais*, cit., p. 202.

155. "*A vrai dire, il est impossible de 'réparer' l'irréparable: quelle est la valeur en soi d'une amputation, d'une paralysie, d'une cécité, d'une souffrance?*" (LAMBERT-FAIVRE, Yvonne; PORCHY-SIMON, Stéphanie. *Droit du Dommage Corporel*: Systèmes d'indemnisation. 7. ed. Paris: Dalloz, 2015, p. 24). Tradução livre: "Para dizer a

Todavia, o posicionamento tem se descolado de outras grandes vozes, que afirmam a plena aplicabilidade da reparação integral também nesse âmbito[156] ou, ao menos, a sua aplicabilidade mitigada.[157]

Sem embargo, a funcionalização das tradicionais estruturas do direito tem dado lugar a formulações que, se não necessariamente modificam a solução a ser adotada no caso concreto, certamente redesenham a metodologia a ser empregada para a satisfação do interesse juridicamente protegido.

Nesse sentido, Carlos Edison do Rêgo Monteiro Filho, à luz da necessidade de uma tutela qualitativamente diversa em relação às situações existenciais, defende que tanto o dano material como o dano moral deverão ser objeto de uma integral reparação, mas sob fundamentos distintos. Enquanto o primeiro surgiria, em essência, em razão do direito de propriedade, o segundo derivaria do preceito nuclear de cuidado com a dignidade da pessoa humana em seus variados aspectos.[158]

---

verdade, é impossível 'reparar' o irreparável: qual é o valor, em si, de uma amputação, de uma paralisia, de uma cegueira, de um sofrimento?".

156. Cite-se, como exemplo, Carlos Alberto Ghersi: "*La valuación del daño moral no está sujeta a cánones estrictos; corresponde a los jueces establecer prudentemente el quantum indemnizatorio tomando en cuenta su función resarcitoria, el principio de reparación integral, la gravedad de la lesión espiritual sufrida y el hecho generador de la responsabilidad, sin que quepa establecer ninguna relación forzosa entre el perjuicio material y el moral*" (GHERSI, Carlos Alberto. *Teoría general de la reparación de daños*. Buenos Aires: Editorial Astrea, 1997, p. 384). Tradução livre: "A avaliação do dano moral não está sujeita a cânones estritos; compete aos juízes fixar prudentemente o valor indenizatório, levando em consideração sua função ressarcitória, o princípio da reparação integral, a gravidade da lesão existencial sofrida e o evento gerador de responsabilidade, não sendo o caso de se estabelecer qualquer paralelo entre o dano material e o moral".

157. SANSEVERINO, Paulo de Tarso Vieira. *Princípio da reparação integral*: indenização no Código Civil, cit., p. 269-270.

158. "Erigida a fundamento da República (art. 1º, III), a dignidade da pessoa humana se irradia prioritária e necessariamente por todo o ordenamento e consagra a plena compensação dos danos morais (art. 5º, V e X), fundamento extrapatrimonial da reparação integral. De modo que o sistema traçado pelo constituinte, além de promover, com a necessária prioridade, os valores existenciais, repudia qualquer atentado à sua integridade, forjando assim cláusula geral de tutela que embasa o mecanismo sancionatório a assegurar, em sua totalidade, a compensação dos danos extrapatrimoniais. Noutro giro, a perspectiva patrimonial da reparação integral parece fundamentar-se no direito de propriedade (art. 5º, XXII). A indenização, sob a perspectiva da reparação integral, consiste em expediente pelo qual a vítima procura reaver o patrimônio que efetivamente perdeu ou deixou de lucrar, na exata

Diversamente dos demais, Cícero Dantas Bisneto, ao estudar a temática da reparação não monetária dos danos morais, endossa a afirmação de Olivier Moréteau acerca do "mito do ressarcimento pleno"[159] e advoga pela inaplicabilidade de um princípio da reparação integral aos interesses existenciais.

Segundo o seu entendimento, haveria, em realidade, a incidência de um "princípio da reparação adequada", que, na qualidade de "pedra angular do sistema de reparação de danos não patrimoniais", estaria apto a "ofertar a tutela mais apropriada à concretização da proteção do direito da personalidade afrontado no caso concreto".[160]

Em síntese, por tudo que se viu até o momento, é possível concluir que: (i) a responsabilidade civil se presta, primordialmente (ou, no mínimo, com destacada atenção), à reparação de danos provocados; e (ii) independentemente do caminho metodológico adotado, busca-se, também quanto às lesões extrapatrimoniais, a reparação mais efetiva possível.

Essas ponderações orientam a interpretação sistemática do art. 947 do Código Civil e permitem a extração de toda a sua carga normativa.[161] Como

---

    medida da extensão do dano sofrido. Como se costuma afirmar, busca-se retornar as partes ao estado anterior ao desequilíbrio suscitado com a ocorrência da lesão, ao chamado *status quo ante*, ou seja, ao estado no qual se encontrariam caso não tivessem experimentado, ativa e passivamente, o dano" (MONTEIRO FILHO, Carlos Edison do Rêgo. Limites ao princípio da reparação integral no direito brasileiro. *Civilistica.com*, Rio de Janeiro, a. 7, n. 1, 2018, p. 3. Disponível em: <http://civilistica.com/limites-ao-principio-da-reparacao-integral/>. Acesso em: 30 dez. 2020).

159. MORÉTEAU, Olivier. Basic questions of tort law from a french perspective. In: KOZIOL, Helmut (Coord.). *Basic questions of tort law from a comparative perspective*. Viena: Jan Sramek Verlag, 2015, p. 89.

160. DANTAS BISNETO, Cícero. *Formas não monetárias de reparação do dano moral*: uma análise do dano extrapatrimonial à luz do princípio da reparação adequada, cit., p. 173-174.

161. Sobre o tema: "o formalismo aqui apontado, voltado essencialmente para o texto do enunciado normativo, faz com que o intérprete restrinja-se ao dispositivo isolado, sem o esforço necessário para garantir a coerência e harmonia com o restante do sistema, especialmente com os princípios superiores que o regem e imantam, olvidando a ideia fundamental de que toda interpretação é sistemática, pois 'não se interpreta o direito em tiras'" (KONDER, Carlos Nelson. Distinções hermenêuticas da constitucionalização do direito civil: o intérprete na doutrina de Pietro Perlingieri. *Revista da Faculdade de Direito – UFPR*, Curitiba, v. 60, n. 1, jan./abr. 2015, p. 203. Disponível em: <https://revistas.ufpr.br/direito/article/view/38442>. Acesso em: 30 dez. 2020). Também são emblemáticas as palavras de Pietro Perlingieri a respeito: "a norma nunca está sozinha, mas existe e exerce a sua função dentro do ordenamento, e

consequência, será possível constatar o paradoxo que existe entre a identificação da função reparatória como primária na responsabilidade civil e a afirmação que chega a ser lugar-comum em matéria de dano moral, de que somente se pode fazer referência a um "'caráter compensatório' para a vítima, que receberá uma soma que lhe proporcione prazeres como contrapartida do mal sofrido".[162]

Representativa nesse sentido é uma das passagens na obra de Clayton Reis na qual se afirma que "todos os autores brasileiros, como os alienígenas, são unânimes em admitir o caráter meramente compensatório dos danos morais, ao contrário do caráter indenizatório da reparação dos danos patrimoniais".[163] Mais adiante, o autor apresenta outra afirmação enfática: "pelo consenso dos civilistas, conforme ensina Gasperi, o dinheiro é o modo, único aliás, de reparação dos danos extrapatrimoniais".[164]

Surpreendentemente, saiu-se, de um extremo ao outro: a outrora veemente objeção à fixação de uma quantia no campo da lesão extrapatrimonial deu lugar, pouco tempo depois, a uma praticamente irrestrita devoção ao dinheiro no campo reparatório.[165]

Esse posicionamento, velho conhecido da cátedra de responsabilidade civil, encerra a premissa de que o dano moral seria apenas *compensável*,[166] figurando a pecúnia como o meio apto à "realização de inúmeros interesses,

---

    o seu significado muda com o dinamismo e a complexidade do próprio ordenamento; de forma que se impõe uma interpretação evolutiva da lei" (PERLINGIERI, Pietro. *O direito civil na legalidade constitucional*. Rio de Janeiro: Renovar, 2008, p. 617).

162. PEREIRA, Caio Mário da Silva. *Responsabilidade Civil*, cit., p. 75. Em sentido análogo: LÔBO, Paulo. *Direito civil*: obrigações, cit., p. 362; NORONHA, Fernando. *Direito das obrigações*, cit., p. 437-438 e 569; CAVALIERI FILHO, Sergio. *Programa de Responsabilidade Civil*, cit., p. 91.

163. REIS, Clayton. *Dano moral*, cit., p. 88.

164. *Ibid.*, p. 89. Ao discorrer sobre a matéria, o autor ainda acena com o reconhecimento de um (atualmente bastante controverso) caráter punitivo da reparação do dano moral, ao afirmar que "a pecúnia constitui-se em uma penalidade das mais significativas ao lesionador em nosso mundo capitalista e consumista, já que o bolso é a 'parte mais sensível do corpo humano'" (*Ibid.*, p. 90-91).

165. A questão já foi notada na esfera jurisprudencial: "Em suma, partiu-se da negação mesmo em caráter subsidiário da compensação financeira para o exagero, igualmente inadmissível, de sua transformação em fonte primária e inexorável de reparação a danos de tal ordem" (TJSP, 2ª C.D.P., Ap. Cív. 0004371-28.2009.8.26.0281, Rel. Des. Fabio Tabosa, j. 19/10/2010).

166. Entre tantos outros, v. LÔBO, Paulo. *Direito civil*: obrigações, cit., p. 362.

como derivativos dos danos suportados".[167] Vê-se, portanto, que o remédio empregado confessadamente não se presta a reparar o dano (sequer se relaciona a essa situação), servindo, em verdade, à satisfação de *outros* eventuais interesses do ofendido.

Por detrás do raciocínio, há ainda uma crença, estimulada por fatores culturais, sociológicos e econômicos, de que o dinheiro é, em qualquer hipótese, a melhor solução disponível. O dinheiro seria, segundo a icônica ilustração de Carlos Gide, a "lâmpada de Aladim", já que, no seu entender, "pode substituir qualquer outra riqueza e basta alguém possuí-lo para que se possa proporcionar tudo o que deseja".[168]

Trata-se, em rigor, de questão complexa, como revelam estudos realizados em campos extrajurídicos: "na condição de obtenção de poder, o dinheiro ilusiona a onipotência narcísica, dissimulando a falta inerente ao humano, dando o indicativo de que tudo pode proporcionar".[169]

Curiosamente, não são poucos os autores que apontam essa desconfortável falta de paralelismo entre *lesão* e *remédio*, ainda que pouco tenha sido modificado nesse tocante ao longo dos anos.

Mesmo em tempos mais remotos, já havia alusão a esse descompasso, como demonstra o trecho abaixo da obra de Adriano De Cupis:

> *El que ha sufrido un daño no patrimonial, no puede con el equivalente pecuniario alcanzar un resultado final que se acerque a la situación anterior; o sea, que el dinero no le permite obtener un bien semejante al correspondiente a la integridad de su cuerpo, ni remediar su reputación dañada o volver a lograr la tranquilidad de espíritu que tenía con su reputación anterior. Sólo podrá alcanzar con dinero, aquellas ventajas*

---

167. BITTAR, Carlos Alberto. *Reparação civil por danos morais*, cit., p. 211. Em lição similar, confira-se PINTO, Paulo Mota. *Interesse contratual negativo e interesse contratual positivo*, cit., p. 115.
168. GIDE, Carlos. *Compendio d'Economia Política*. 2. ed. Trad. F. Contreiras Rodrigues. Livraria do Globo: Porto Alegre, 1931, p. 206.
169. HENRIQUES, Rogério da Silva Paes; SILVA, Lillian Nathalie Oliveira da. Representações simbólicas do dinheiro na obra freudiana. *Cadernos de Psicanálise (CPRJ)*, v. 39, n. 37, jul./dez. 2017, p. 180. Disponível em: <http://cprj.com.br/ojs_cprj/index.php/cprj/article/view/12>. Acesso em: 23 dez. 2020. Também sobre o tema, confira-se: MOREIRA, Alice; TAMAYO, Álvaro. Escala de significado do dinheiro: desenvolvimento e validação. *Psicologia: Teoria e Pesquisa*, v. 15, n. 2, 1999, p. 93-105. Disponível em: <http://www.scielo.br/scielo.php?pid=S0102-37721999000200002&script=sci_abstract&tlng=pt>. Acesso em: 23 dez. 2020.

> *y satisfacciones personales que puedan compensarlo en otros aspectos de su vida, procurando que el balance de su felicidad personal recupere nuevamente su equilibrio general y total.*[170]

No país, Wilson Melo da Silva, após assinalar que a reação primeira à ocorrência de um dano moral seria a profunda indignação "que nos agitaria o íntimo e, secretamente, ter-se-ia o insopitável anelo de uma vindita sangrenta contra o causador da nossa desgraça ou de nossa vergonha",[171] menciona que, para fugir ao "barbaresco", a reparação ocorre pela "*via indireta* do dinheiro, que apareceria assim, na espécie, não como um fim em si, mas como um meio tendente à obtenção daquelas sensações outras, positivas, de euforia e contentamento, capazes de aplacar a dor do lesado".[172]

Também é o caso de Cristiano Chaves de Farias, Felipe Peixoto Braga Netto e Nelson Rosenvald, que afirmam a intenção de se "compensar o lesado, mesmo que de forma imperfeita, pois o valor estipulado não apaga o prejuízo, nem o faz desaparecer do mundo dos fatos, mas satisfaz a uma finalidade".[173]

Aliás, o último dos três autores, em outro trabalho, chega a afirmar que o "dinheiro é incapaz de desfazer perdas graves e parece mesmo uma piada

---

170. "Aquele que tenha sofrido um dano não patrimonial não pode com o equivalente pecuniário alcançar o resultado final que se aproxime da situação anterior; ou seja, o dinheiro não lhe permite obter um bem semelhante ao correspondente à integridade do seu corpo, nem remediar a sua reputação lesada ou fazer com que volte a atingir a tranquilidade de espírito que tinha com a reputação anterior. O dinheiro só permitirá a obtenção daquelas vantagens e satisfações pessoais que possam compensá-lo em outros aspectos da sua vida, de forma a buscar que o nível da sua felicidade pessoal recupere novamente o seu equilíbrio geral e total" (DE CUPIS, Adriano. *El daño*: teoría general de la responsabilidad civil, cit., p. 766, tradução livre).
171. SILVA, Wilson Melo da. *O dano moral e sua reparação*. 3. ed. Rio de Janeiro: Forense, 1983, p. 578-579.
172. *Ibid.*, p. 584. Em sentido similar: "A pleno rigor, a *compensação* imputada ao agente não consiste, nem pode consistir, na eliminação de um prejuízo e das suas consequências e não tem função expiatória. Visa, como esclarece A. von Tuler, a proporcionar uma *satisfação* (*vantagem*) ao ofendido, a acalmar o sentimento de vingança inato ao homem" (GOMES, Orlando. Tendências modernas na teoria da responsabilidade civil, cit., p. 298).
173. BRAGA NETTO, Felipe Peixoto; FARIAS, Cristiano Chaves de; ROSENVALD, Nelson. *Curso de Direito Civil*: Responsabilidade Civil, cit., p. 276.

cruel dizer que uma condenação pecuniária possa restituir a integridade de uma pessoa seriamente lesada".[174]

Como se observa, se, por um lado, não há mais dúvida de que a vítima necessita de uma tutela adequada diante de uma lesão extrapatrimonial, por outro, mantém-se a pecúnia como resposta, sob o argumento de que "*a falta de cosa mejor el dinero sirve en esta vida para curar muchas heridas*".[175]

A visão, é verdade, amoldava-se à concepção de dano moral de ordem subjetiva, pela impossibilidade de se cogitar uma reparação para a *dor na alma*. Todavia, sob viés mais atual, ainda que subsista o impedimento ao retorno à fase pré-lesão, é plenamente possível que a *aproximação* com vistas a reparar a ofensa, em prol do cuidado com a dignidade humana e dos interesses existenciais em análise, ocorra melhor com uma medida não pecuniária do que com a entrega de um capital.

Nesse ponto, cabe considerar que, se a função precípua da responsabilidade civil é *reparar* – e, por todos os comentários até aqui, não se vislumbra uma alternativa a essa premissa –, parece ser o caso de se buscar um efetivo mecanismo de reparação, em vez de um produtor de *status, bem-estar e felicidade*.[176]

---

174. ROSENVALD, Nelson. Responsabilidade civil: compensar, punir e restituir. *Revista IBERC*, Minas Gerais, v. 2, n. 2, abr./jun. 2019, p. 1. Disponível em: <https://revistaiberc.emnuvens.com.br/iberc/article/view/48>. Acesso em: 29 dez. 2020.
175. "Na falta de coisa melhor o dinheiro serve nesta vida para curar muitas feridas" (CAPITANT, Henri; COLIN, Ambrosio. *Curso elemental de derecho civil*. t. 3, 2. ed. Madrid: Reus, 1943, p. 818, tradução livre).
176. As palavras de Anderson Schreiber são determinantes sobre o tema: "O dinheiro se mostrará sempre insuficiente. Os juristas, entretanto, acostumaram-se com essa insuficiência, repetindo, a todo tempo, que o dano moral não é 'reparado', mas apenas 'compensado' pela indenização atribuída à vítima. Contra esse muro erguido artificialmente entre a 'reparação' e a 'compensação', chocam-se todas as tentativas de avanço. Advogados, defensores públicos e, especialmente, juízes não deveriam contentar-se com essa construção. Se é certo que o dano à personalidade da vítima não pode ser inteiramente reparado, isso não isenta o jurista de buscar todos os meios para chegar o mais perto possível de uma reparação integral. Nada justifica o imobilismo que tem imperado nesse campo. Ninguém nega que a indenização em pecúnia é resposta insuficiente. Ninguém se empenha, contudo, em buscar novos meios de reparação. A postura revela-se ainda mais grave a partir da constatação de que oferecer à vítima unicamente uma indenização pecuniária não significa apenas atribuir-lhe um remédio insuficiente para reparar o dano moral sofrido, mas também dar margem a uma série de efeitos negativos que decorrem da exclusividade da resposta monetária" (SCHREIBER, Anderson. *Direito Civil e Constituição*, cit., p. 207).

Por mais inusitada que possa parecer a afirmação, deveria ser inclusive mais fácil, do ponto de vista eminentemente técnico, optar por mecanismos não pecuniários no ordenamento jurídico brasileiro (mesmo diante da maior dificuldade para implementação no caso concreto), posto que dedicados a uma efetiva reparação, do que por uma soma em dinheiro, que flagrantemente não serve a essa finalidade.

Em outros termos, na esteira da contemporânea visão acerca do instituto do dano moral e da responsabilidade civil, é preciso perseguir não um paliativo à vítima, como espécie de trazer conforto em razão do prejuízo sofrido, mas uma solução que, em vez de tangenciar o dano, se preste, em boa medida, a reparar efetivamente o prejuízo havido tanto quanto possível.

Pode ser, de fato, que não se consiga a concretização de uma medida que ocupe essa função em determinados casos, para o que não restaria saída a não ser a fixação de uma cifra. Para todas as outras hipóteses, em linha com a fundamental salvaguarda dos interesses existenciais, convém caminhar por outra rota.

2
O ESTADO DA ARTE DA REPARAÇÃO NÃO PECUNIÁRIA DO DANO MORAL

SUMÁRIO: 2.1. Exemplos na legislação brasileira e as formas não pecuniárias de reparação já consolidadas. 2.2. A jurisprudência brasileira aquém do esperado. 2.2.1. Um exame do voto-vista no recurso extraordinário 580.252/MS. 2.2.2. Outras decisões proferidas em sede nacional. 2.3. A experiência da Corte Interamericana de Direitos Humanos. 2.4. Aspectos instigantes: cumulação com a reparação pecuniária, discricionariedade do intérprete e aplicação de ofício.

Enquanto o primeiro capítulo se destina, em síntese, a explicar a base dogmática da reparação não pecuniária dos danos morais, a fim de detalhar essa importante sistemática da reparação civil, apta a ocupar papel decisivo nos litígios pulverizados no país, esse segundo busca apresentar aquilo que se pode chamar de "estado da arte" com relação à temática.

Com isso em vista, os próximos itens serão dedicados à exposição da fotografia legislativa e jurisprudencial nessa seara, firme em indicar que, embora as referências às medidas não pecuniárias sejam mais frequentes do que se imagina, ainda se pode alcançar maior projeção no direito brasileiro.

De um modo geral, como se abordou sucintamente, costuma-se creditar à reparação não pecuniária uma interessante aplicação nas hipóteses que dizem respeito à violação à honra, ordinariamente mediante o emprego de um direito de resposta ou a partir da concessão de uma retração. É dizer, em não poucos casos, há grande consenso dos estudiosos e dos envolvidos, atestado pelo incremento de pleito dessa ordem nas demandas propostas, de que a reparação específica seria mais eficaz do que a via monetária.

Todavia, a pretensão desse capítulo vai além. Procura demonstrar, sobretudo a partir de exemplos não percebidos com o destaque merecido, que não há fundamento para um encastelamento da reparação não pecuniária na esfera do dano à honra.[1] Ao contrário, a experiência frutífera nesse particu-

---

1. Vale ver que esse quadro já foi notado no campo doutrinário: "Não obstante seja o meio não monetário mais comumente empregado na reparação de lesões à honra e

lar, consolidada não só em território nacional, mas também, e há muito, no estrangeiro,[2] demonstra o elevadíssimo potencial que a sistemática possui para reparar danos extrapatrimoniais de origens mais diversas.[3]

Com esse mesmo propósito, também serão vistas decisões paradigmáticas da Corte Interamericana de Direitos Humanos, que possui extenso acervo de debates sobre lesões extrapatrimoniais, e tem empregado, de forma assídua, mecanismos não pecuniários para a solução dos casos examinados.

Já na parte final, a abordagem se aproximará de um necessário diálogo com aspectos práticos relevantes para a aplicação da reparação específica no caso concreto. Nesse ponto, a intenção será demonstrar, sobretudo, que a normativa processual não só permite a forma de tutela aqui proposta, por meio de expedientes próprios, como facilita o recurso a esses instrumentos reparatórios.

É momento, portanto, de ampliar o debate.

2.1. Exemplos na legislação brasileira e as formas não pecuniárias de reparação já consolidadas

Já se disse que a explícita previsão de formas não monetárias de reparação é prescindível para o emprego dessa sistemática no caso concreto. Entretanto, isso não afasta – sobretudo pela adoção do sistema jurídico da *civil law* no

---

  à imagem, motivo pelo qual os manuais acabem por mencionar unicamente, ainda que superficialmente, a retratação e a publicação de sentença, como formas de reparação natural, certo é que a via específica apresenta-se profícua também em outras searas, como nas relações de consumo, no direito de família e no âmbito juslaboral" (DANTAS BISNETO, Cícero. *Formas não monetárias de reparação do dano moral:* uma análise do dano extrapatrimonial à luz do princípio da reparação adequada, cit., p. 237-238).
2. "Se a reação psicológica interna provocada pela injúria é irreparável, já as suas consequências exteriores são, por vezes, susceptíveis de reparação. Assim, o lesado pode reclamar pela via civil a recolha dum cartaz injurioso, por vezes podendo também exigir perante o tribunal que o ofensor se retrate publicamente e reconheça a sua honorabilidade contanto a reparação não vise o escopo de humilhar o culpado" (FISCHER, Hans Albert. *A reparação dos danos no direito civil.* Trad. António de Arruda Ferrer Correia. São Paulo: Saraiva, 1938, p. 279-280).
3. É o que, felizmente, já começa a sinalizar a doutrina: "o voto do Ministro Barroso bem demonstra não só a importância do tema, mas a miríade de possibilidades de reparação *in natura* para além das medidas de retratação e/ou publicação de sentença condenatória. Ao propósito, como já se observou, a reparação *in natura* tem vocação expansiva" (GUEDES, Gisela Sampaio da Cruz; TERRA, Aline de Miranda Valverde. A repersonalização do direito civil e suas repercussões na responsabilidade civil, cit., p. 488).

Brasil e pela longeva tradição patrimonialista na esfera privada – a facilitação de manejo dessas medidas na hipótese de expressa previsão legal, principalmente quando disciplinado o *iter* ao seu correto emprego.

Nesse sentido, o presente item, calcado na máxima de que a reparação não pecuniária deve funcionar, tanto quanto possível, como resposta às lesões extrapatrimoniais, visa a demonstrar que essa via não apenas já era referida, há muito, em sede legislativa, mas especialmente o fato de que se caminha, em diversos campos, para a atribuição de remédios não pecuniários como solução aos problemas colhidos em sociedade.

Uma das categóricas comprovações de que os mecanismos não monetários eram, mesmo que sem a ênfase atual, mencionados explicitamente em normativas variadas, é a incursão no conteúdo de uma legislação que remonta ao período imperial no país.

Precisamente em setembro de 1830, sob as ordens de Dom Pedro I, foi publicada uma nova lei, que se voltava ao "abuso da liberdade da imprensa". No rol dos seus oitenta e sete artigos, figurava o de número trinta e cinco, que assim dispunha para o caso em que um agente incorresse em abuso de imprensa: "se a decisão fôr affirmativa, a sentença condemnará o réo na pena correspondente, ordenando a suppressão das peças denunciadas".

Como se nota, a *mens legis* era bastante transparente, determinando a retirada do material de circulação no afã de que a lesão fosse imediatamente cessada e de que a medida servisse para chancelar uma reprovação ao teor do que foi divulgado.

Mais adiante, novos regramentos surgiram nesse campo, como o Decreto nº 24.776/1934 ("Regula a liberdade de imprensa e dá outras providências"), cujo art. 35 mencionava que qualquer pessoa, física ou jurídica, "atingida em sua reputação e boa fama, por publicação feita em jornal ou periódico contendo ofensas ou referência de fato inverídico ou errôneo, tem o direito de exigir do respectivo gerente que retifique a aludida publicação". Sobre essa disposição, Pontes de Miranda já lecionava:

> Embora por inserção de resposta, há, aí, indenização em natura, se houve ofensa à reputação e boa fama. Tal retificação, de que é autor o ofendido, não se confunde com a *retratação*, feita pelo ofensor, quando o ofendido exerce a *pretensão à indenização em natura* (= pretensão à retratação de manifestações públicas que ofendam a honra de outrem ou lhe diminuam o crédito).[4]

---

4. MIRANDA, Francisco Cavalcanti Pontes de. *Tratado de Direito Privado*, cit., p. 27.

Bem antes, portanto, daquela que ficou conhecida como a Lei de Imprensa (Lei nº 5.250/67), o ordenamento jurídico apontava medidas para a tutela do dano à honra. Ainda assim, se os desígnios legislativos com a sua edição foram duramente criticados ao tempo da sua vigência[5] – o que culminou com a "não recepção em bloco da Lei 5.250 pela nova ordem constitucional"[6] – suas previsões sobre os mecanismos dirigidos à reparação do dano, com um capítulo dedicado à regulação do direito de resposta (arts. 29 a 36)[7] e um dispositivo específico sobre a publicação de sentença condenatória (art. 75),[8] eram vistas com certo festejo.[9]

No mais, embora todos esses mecanismos tenham surgido em épocas marcadas pelo autoritarismo no país, fato é que as propostas originárias foram redimensionadas ao longo dos anos para uma aplicação em defesa dos direitos da personalidade e do melhor interesse da vítima.

---

5. "A Lei de Imprensa (Lei nº 5.250/67) nunca foi vista com olhos simpáticos pela doutrina, em razão de sua origem: os tristes anos da ditadura militar. Além desse vício de origem, ela se mostrava pouco técnica, sendo, de fato, defeituosa em múltiplos pontos. A jurisprudência, atenta a isso, vinha reescrevendo muita das suas exigências" (BRAGA NETTO, Felipe Peixoto; FARIAS, Cristiano Chaves de; ROSENVALD, Nelson. *Curso de Direito Civil*: Responsabilidade Civil, cit., p. 621).
6. STF, Tribunal Pleno, ADPF 130/DF, Rel. Min Carlos Ayres Britto, j. 30/04/2009.
7. Para ilustrar, confira-se o *caput* do art. 29: "Tôda pessoa natural ou jurídica, órgão ou entidade pública, que fôr acusado ou ofendido em publicação feita em jornal ou periódico, ou em transmissão de radiodifusão, ou a cujo respeito os meios de informação e divulgação veicularem fato inverídico ou, errôneo, tem direito a resposta ou retificação".
8. "Art. 75. A publicação da sentença cível ou criminal, transitada em julgado, na íntegra, será decretada pela autoridade competente, a pedido da parte prejudicada, em jornal, periódico ou através de órgão de radiodifusão de real circulação ou expressão, às expensas da parte vencida ou condenada".
9. O trecho a seguir bem demonstra essa situação: "É comum no direito brasileiro a crítica à falta de efetividade ou eficácia de determinados direitos previstos na Constituição, pela vagueza de seu conteúdo, pela ausência de lei regulamentadora, ou por outros motivos. Definitivamente, não é esse o caso do direito de resposta. A lei nº 5.250/67 (lei de imprensa) regulamentava o direito de resposta, definindo prazos e procedimento, e vigorou até abril de 2009, quando então o STF concluiu o julgamento da ADPF 130, declarando a lei incompatível com a Constituição de 1988" (LEITE, Fábio Carvalho. Por uma posição preferencial do direito de resposta nos conflitos entre liberdade de imprensa e direito à honra. *Civilistica.com*, Rio de Janeiro, a. 7, n. 2, 2018, p. 2. Disponível em: <http://civilistica.com/por-uma-posicao-preferencial-do-direito-de-resposta-nos-conflitos-entre-liberdade-de-imprensa-e-direito-a-honra/>. Acesso em: 29 dez. 2020).

Tanto assim que, posteriormente, o direito de resposta ganhou assento de ordem constitucional, na qualidade de garantia fundamental diante de um *agravo* perpetrado (art. 5º, V, da Constituição da República de 1988).[10] Além disso, tornou-se objeto de relevo para a proteção de importantes posições jurídicas no contexto eleitoral, em prol do ofendido e da sociedade em geral, como engrenagem inerente à preservação do Estado democrático de Direito, especialmente por permitir o acesso dos cidadãos à verdade (e, assim, promover a livre formação da convicção política e a participação no debate público).[11]

Não por coincidência, a Lei nº 9.504/97 ("Estabelece normas para as eleições"), tal qual havia ocorrido com a Lei de Imprensa, reservou espaço para um minucioso regimento sobre o direito de resposta (art. 58, com nove parágrafos, e art. 58-A).[12] Aliás, esse último dispositivo, incluído pela Lei nº 12.034/09, bem demonstrava a proeminência do instrumento no trato das lesões cometidas, ao indicar que "os pedidos de direito de resposta e as representações por propaganda eleitoral irregular em rádio, televisão e internet tramitarão preferencialmente em relação aos demais processos em curso na Justiça Eleitoral".

Para arrematar, foi promulgada, recentemente, inteira legislação devotada ao procedimento de direito de resposta e de retificação (Lei nº 13.188/15), tutelando ambos os instrumentos nos quatorze dispositivos ali presentes. Todavia, cabe a observação de que o faz apenas no tocante ao ambiente jornalístico, conforme disposto na ementa da legislação,[13] pelo que não se presta a situações outras que desbordem de ofensas veiculadas em reportagens dos

---

10. "Art. 5º. [...] V – é assegurado o direito de resposta, proporcional ao agravo, além da indenização por dano material, moral ou à imagem".
11. "A democracia não é somente o governo 'do povo', mas também o governo 'em público'. Por isso a democracia deve ser o regime da verdade, no sentido da plena possibilidade do conhecimento dos fatos por parte de todos. Porque somente assim os cidadãos são postos em condições de fiscalizar e julgar os seus representantes e de participar do governo da coisa pública" (RODOTÀ, Stefano. O direito à verdade. Trad. Maria Celina Bodin de Moraes e Fernanda Nunes Barbosa. *Civilistica.com*, Rio de Janeiro, a. 2, n. 3, jul./set. 2013, p. 14. Disponível em: <http://civilistica.com/o-direito-a-verdade/>. Acesso em: 29 dez. 2020).
12. A título exemplificativo: "Art. 58. A partir da escolha de candidatos em convenção, é assegurado o direito de resposta a candidato, partido ou coligação atingidos, ainda que de forma indireta, por conceito, imagem ou afirmação caluniosa, difamatória, injuriosa ou sabidamente inverídica, difundidos por qualquer veículo de comunicação social".
13. "Dispõe sobre o direito de resposta ou retificação do ofendido em matéria divulgada, publicada ou transmitida por veículo de comunicação social".

agentes de comunicação, como no caso de retratação pública que teria origem em insultos nas mídias sociais.

Nessas outras hipóteses, tal como ocorrerá em casos diversos, como os que envolvem pedido de publicação de sentença condenatória, a tutela não se dará com base em disposição legal específica, mas no dever geral de reparar o dano, a partir da cláusula geral contida no *caput* do art. 927 do Código Civil, na esteira do posicionamento que restou consolidado no enunciado nº 589 da VII Jornada de Direito Civil (v. item 1.3).

Vê-se, enfim, que o campo do dano à honra, assim como ocorre no estrangeiro,[14] tem se notabilizado pelo elevado apreço por instrumentos não pecuniários de reparação, máxime a partir do direito de resposta e de uma retratação na modalidade pública. Visto em ambiente *micro*, o cenário é digno de verdadeiros aplausos, por encampar, em larga medida, uma forma de tutela que melhor atende aos interesses da vítima em uma infinidade de episódios. Todavia, tirante esse específico ambiente, o quadro geral indica que há bastante espaço para ampliação do uso da sistemática na responsabilidade civil como um todo.

Como alento, o futuro se mostra promissor. Além de crescer em referências, nos trabalhos acadêmicos e nos tribunais, a menção a outras medidas como a já indicada publicação de sentença condenatória[15] e a retratação privada (especificamente voltada a situações em que a simples retomada da questão na esfera pública, mesmo que em caráter de *retratação*, é capaz de amplificar

---

14. PERLINGIERI, Pietro. *Perfis do Direito Civil*: introdução ao Direito Civil Constitucional, cit., p. 187-189.
15. Outros ordenamentos jurídicos têm adotado esse expediente por expressa previsão legal, como o espanhol, em que a *Ley Orgánica* 1/1982 indica o seguinte em seu *artículo noveno, dos*: "*La tutela judicial comprenderá la adopción de todas las medidas necesarias para poner fin a la intromisión ilegítima de que se trate y restablecer al perjudicado en el pleno disfrute de sus derechos, así como para prevenir o impedir intromisiones ulteriores. Entre dichas medidas podrán incluirse las cautelares encaminadas al cese inmediato de la intromisión ilegítima, así como el reconocimiento del derecho a replicar, la difusión de la sentencia y la condena a indemnizar los perjuicios causados*". Tradução livre: "A tutela judicial compreenderá a adoção de todas as medidas necessárias para pôr fim à interferência ilegítima em questão e restabelecer o pleno gozo de direitos à vítima, assim como para prevenir ou impedir novas interferências. Entre essas medidas estão incluídas as cautelares destinadas a cessar imediatamente a interferência ilegítima, assim como o direito de resposta, a divulgação da sentença e a condenação a indenizar os prejuízos causados".

a lesão havida, como acontece com a violação à privacidade),[16] a lógica não monetária tem sido progressivamente empregada pelo legislador como remédio aos danos promovidos em uma multiplicidade de áreas do universo jurídico.

O Marco Civil da Internet (Lei nº 12.965/2014) registra, por exemplo, no seu art. 19, que o provedor de aplicações de internet, diante de danos decorrentes de conteúdo gerado por terceiros, deverá, após ordem judicial específica, "tornar indisponível o conteúdo apontado como infringente".[17]

E, se há elevada polêmica no que diz respeito a essa previsão legal,[18] objeto, atualmente, de disputa sobre a sua constitucionalidade (v. recurso extraordinário 1.037.396/SP), a verdade é que as controvérsias estão centradas, em boa medida, não na opção pelo mecanismo não pecuniário de reparação (*indisponibilidade de conteúdo*), mas sim na exigência de judicialização prévia, que dificulta o rápido acesso ao remédio talhado à lesão gerada.[19] Em outras

---

16. É o que assinala Anderson Schreiber: "A retratação pública não é, contudo, compatível com todas as espécies de lesão existencial. Sua efetividade é elevada na reparação de lesões à honra, mas o mesmo não se pode dizer de lesões à privacidade, quando a vítima prefere, no mais das vezes, manter o conflito em sigilo, de modo a evitar chamar ainda maior atenção para o fato integrante da sua vida privada. Nesses casos, a retratação pode ser privada, registrada nos próprios autos ou em correspondência dirigida à vítima. A aplicação da medida exige, em tais hipóteses, redobrada sensibilidade e permanente atenção aos anseios do autor da demanda reparatória. A modalidade (pública ou privada), a extensão e a própria forma de retratação devem ser controladas pelo Poder Judiciário, a fim de evitar a burla à condenação imposta" (SCHREIBER, Anderson. *Manual de direito civil contemporâneo*, cit., p. 643).
17. Na íntegra: "Com o intuito de assegurar a liberdade de expressão e impedir a censura, o provedor de aplicações de internet somente poderá ser responsabilizado civilmente por danos decorrentes de conteúdo gerado por terceiros se, após ordem judicial específica, não tomar as providências para, no âmbito e nos limites técnicos do seu serviço e dentro do prazo assinalado, tornar indisponível o conteúdo apontado como infringente, ressalvadas as disposições legais em contrário".
18. Para uma análise detalhada acerca do assunto, v. QUEIROZ, João Quinelato de; SOUZA, Eduardo Nunes de. Breves notas sobre a responsabilidade civil dos provedores de aplicações de internet na perspectiva civil-constitucional. *Revista de Direito, Governança e Novas Tecnologias*, Porto Alegre, v. 4, n. 2, jul./dez. 2018, p. 61-82. Disponível em: <https://www.indexlaw.org/index.php/revistadgnt/article/view/4684/pdf>. Acesso em: 29 dez. 2020.
19. "Dispensando-se a ordem judicial específica e contentando-se com a mera notificação extrajudicial para caracterizar a responsabilidade civil solidária dos provedores, em caso de omissão, pode-se dar concretude à proteção de direitos extrapatrimoniais dos usuários vítimas de conteúdos ofensivos gerados na Internet, evitando assim, danos irreversíveis para a dignidade das vítimas" (*Ibid.*, p. 79).

palavras, a efetividade da medida imposta pela legislação é reconhecida em tal grau que um dos principais questionamentos ao dispositivo reside justamente na obstaculização ao seu emprego.

A Lei nº 13.709/2018, conhecida como "Lei Geral de Proteção de Dados", igualmente invoca os meios não pecuniários para lidar com os danos relacionados ao tratamento de dados pessoais.[20] Assim se verifica com o disposto no art. 18, responsável por indicar que o titular dos dados pessoais tem direito a obter do controlador, a qualquer momento e mediante requisição, entre outros, a "correção de dados incompletos, inexatos ou desatualizados" (inciso III) e a "anonimização, bloqueio ou eliminação de dados desnecessários, excessivos ou tratados em desconformidade com o disposto nesta Lei" (inciso IV).

Ainda, como grande prova da eficácia dos meios não pecuniários para fazer frente às lesões extrapatrimoniais nos mais diversos âmbitos, nota-se, também em sede legislativa, não só o diálogo com feixes de interesses individuais, mas também com os de ordem coletiva. A versatilidade da sistemática, que pode, de forma exitosa, assumir as vezes de providência de caráter transindividual, é retratada no art. 60 do Código de Defesa do Consumidor, que regula o dever de contrapropaganda quando houver a veiculação de publicidade enganosa ou abusiva por parte do fornecedor.[21]

O art. 25 do Projeto de Lei nº 5.139/09 ("Disciplina a ação civil pública para a tutela de interesses difusos, coletivos ou individuais homogêneos, e dá

---

20. "[A LGPD] consagra medidas e procedimentos que podem ser adotados pelo titular de dados ou que devem ser implementados pelo agente de tratamento, com vistas a efetivar a tutela da privacidade e, mais do que isso, mensurar a extensão da tutela desse direito. Trata-se, na perspectiva antes exposta, da previsão de remédios para a tutela da privacidade – os quais, como visto, voltam-se não apenas a sanar violações como, igualmente, a prevenir lesões e viabilizar o próprio exercício do direito" (SILVA, Rodrigo da Guia; SOUZA, Eduardo Nunes de. Tutela da pessoa humana na lei geral de proteção de dados pessoais: entre a atribuição de direitos e a enunciação de remédios. *Pensar*, Fortaleza, v. 24, n. 3, jul./set. 2019, p. 10. Disponível em: <https://periodicos.unifor.br/rpen/article/view/9407/pdf>. Acesso em: 29 dez. 2020).
21. "Art. 60 do CDC. A imposição de contrapropaganda será cominada quando o fornecedor incorrer na prática de publicidade enganosa ou abusiva, nos termos do art. 36 e seus parágrafos, sempre às expensas do infrator. § 1º A contrapropaganda será divulgada pelo responsável da mesma forma, frequência e dimensão e, preferencialmente no mesmo veículo, local, espaço e horário, de forma capaz de desfazer o malefício da publicidade enganosa ou abusiva".

outras providências"), em deliberação no Congresso Nacional,[22] é ainda mais ambicioso, assumindo explícita preferência por essa forma reparatória como resposta às lesões havidas na esfera transindividual:

> Art. 25 do Projeto de Lei nº 5.139/09. Na ação reparatória dos danos provocados ao bem indivisivelmente considerado, sempre que possível e independentemente de pedido do autor, a condenação consistirá na prestação de obrigações específicas, destinadas à reconstituição do bem, mitigação e compensação do dano sofrido. Parágrafo único. Dependendo das características dos bens jurídicos afetados, da extensão territorial abrangida e de outras circunstâncias, o juiz poderá determinar, em decisão fundamentada e independentemente do pedido do autor, as providências a serem tomadas para a reconstituição dos bens lesados, podendo indicar, entre outras, a realização de atividades tendentes a minimizar a lesão ou a evitar que se repita.

Esse movimento de valorização da sistemática não monetária em sede legislativa tem sido visto também fora do país, inclusive por países que não a adotam como forma prioritária em seus ordenamentos jurídicos.

Como um dos exemplos, o Código das Obrigações suíço, no seu art. 49, a despeito de não fazer expressa referência a uma medida específica, alberga, de modo amplo, os mecanismos não pecuniários de reparação para ofensa a direitos da personalidade, apontando que a Corte poderá ordenar a satisfação do interesse por outros meios distintos ou em adição à compensação monetária.[23]

O *Codice Civile* italiano possui disposição análoga, que orienta o ali chamado *risarcimento in forma specifica*, no sentido de que "*il danneggiato può chiedere la reintegrazione in forma specifica, qualora sia in tutto o in parte possibile*" (art. 2.058).[24]

---

22. Confira-se: <http://www.camara.gov.br/proposicoesWeb/fichadetramitacao?idProposicao=432485>. Acesso em: 30 dez. 2020.
23. No original: "*1. Any person whose personality rights are unlawfully infringed is entitled to a sum of money by way of satisfaction provided this is justified by the seriousness of the infringement and no other amends have been made. 2. The court may order that satisfaction be provided in another manner instead of or in addition to monetary compensation.*" Disponível em: <https://www.admin.ch/opc/en/classified-compilation/19110009/201704010000/220.pdf>. Acesso em: 30 dez. 2020.
24. Tradução livre: "Art. 2058. Compensação específica: A parte lesada pode solicitar a reintegração de forma específica, se for total ou parcialmente possível".

A bem da verdade, mesmo na França, em que a pecúnia ainda ocupa lugar central na reparação civil, está em tramitação um importante projeto de lei para implementar reformas na seara da responsabilidade civil. Entre outras previsões, dois dispositivos fazem expressa referência à forma de reparação específica, orientando a aplicação em juízo.[25]

De ordem mais abrangente, o Parlamento Europeu, ao se deparar com as diversas questões despertadas pela interação dos seres humanos com mecanismos de inteligência artificial, um dos nichos mais atuais e controversos na cena jurídica,[26] editou a Resolução de 16 de fevereiro de 2017, que contém recomendações à Comissão de Direito Civil sobre Robótica (2015/2103-INL).[27] Entre as variadas previsões, figura uma especificamente dirigida aos danos extrapatrimoniais, cuja explícita diretriz é de que "não [se] deve, em caso

---

25. Veja-se o que consta no art. 1.260: "*La réparation en nature doit être spécifiquement propre à supprimer, réduire ou compenser le dommage*". Tradução livre: "A reparação em natura deve ser aplicada especificamente para suprimir, reduzir ou compensar o dano". Em seguida, o artigo 1.261 indica o seguinte: "*La réparation en nature ne peut être imposée à la victime. Elle ne peut non plus être ordonnée en cas d'impossibilité ou de disproportion manifeste entre son coût pour le responsable et son intérêt pour la victime. Sous les mêmes réserves, le juge peut également autoriser la victime à prendre elle-même les mesures de réparation en nature aux frais du responsable. Celui-ci peut être condamné à faire l'avance des sommes nécessaires*". Tradução livre: "A reparação em natura não pode ser imposta à vítima. Tampouco pode ser ordenada na hipótese de impossibilidade ou desproporção manifesta entre o custo para o seu responsável e o interesse da vítima. Sujeito às mesmas reservas, o juiz pode autorizar a vítima a reparar em natura às custas do responsável. Ele pode ser condenado a adiantar as quantias necessárias". A íntegra do projeto está disponível em: <http://www.justice.gouv.fr/publication/Projet_de_reforme_de_la_responsabilite_civile_13032017.pdf>. Acesso em: 30 dez. 2020.
26. A seguinte passagem deixa evidente essa afirmação: "Essa rápida inserção de robôs nos relacionamentos sociais, naturalmente, aciona uma série de questionamentos jurídicos. Qual é a natureza jurídica dos robôs inteligentes? Teriam eles direitos próprios? Seriam dotados de personalidade jurídica?" (ANDRADE, Norberto Nuno Gomes de; DONEDA, Danilo Cesar Maganhoto; MENDES, Laura Schertel; SOUZA, Carlos Affonso Pereira de. Considerações iniciais sobre inteligência artificial, ética e autonomia pessoal. *Pensar*, Fortaleza, v. 23, n. 4, out./dez. 2018, p. 8. Disponível em: <https://periodicos.unifor.br/rpen/article/view/8257>. Acesso em: 30 dez. 2020).
27. A íntegra da Resolução pode ser encontrada em: <https://www.europarl.europa.eu/doceo/document/TA-8-2017-0051_PT.html>. Acesso em: 30 dez. 2020.

algum, limitar as formas de compensação que podem ser disponibilizadas à parte lesada".[28]

Como se observa, há relevantes dados legislativos, no Brasil e no estrangeiro, em prol do emprego dos meios não pecuniários para o enfrentamento de sortidas lesões extrapatrimoniais.

Ainda que pouca atenção seja dispensada a essa conjuntura – possivelmente por conta da alta plasticidade desses mecanismos,[29] que assumem feições distintas para cada seara (como uma massa de modelar à espera do formato que surgirá do seu manuseio) – verifica-se que não há razão para subestimar a capacidade da sistemática de tutelar, por inúmeros meios, os interesses existenciais das vítimas.

2.2. A jurisprudência brasileira aquém do esperado

Em terreno jurisprudencial, o momento divisor de águas com relação à matéria ocorreu há quase 30 anos, a partir de um julgamento que marcou o noticiário brasileiro e trouxe a público, com alta dose de transparência, as virtudes da sistemática não pecuniária.

Era uma terça-feira comum, em março de 1994, quando Cid Moreira, famoso apresentador do Jornal Nacional, iniciou uma leitura de um discurso de mais de três minutos elaborado por Leonel Brizola, graças a um direito de resposta ordenado em ação judicial vitoriosa contra a TV Globo.[30]

Naquele dia, o telespectador ouviu, com perplexidade, frases altamente pejorativas direcionadas às Organizações Globo e ao seu personagem maior, Roberto Marinho, tais como as seguintes: "fui acusado na minha honra e, pior, apontado como alguém de mente senil. Ora, tenho 70 anos, 16 a menos que o meu difamador, Roberto Marinho, que tem 86 anos. Se esse é o conceito que

---

28. Confira-se, na íntegra, a disposição de nº 52: "Considera que, qualquer que seja a solução jurídica aplicável à responsabilidade civil pelos danos causados por robôs em casos que não sejam de danos patrimoniais, o futuro instrumento legislativo não deve, em caso algum, limitar o tipo ou a extensão dos danos a serem indenizados, nem deve limitar as formas de compensação que podem ser disponibilizadas à parte lesada, pelo simples facto de os danos não terem sido provocados por um agente não humano".
29. É o que esclarece Adriano De Cupis, ao indicar que, diferentemente da via pecuniária, a reparação específica *oferece a mais variada gama de figuras* (DE CUPIS, Adriano. *El daño*: teoria general de la responsabilidad civil, cit., p. 824).
30. A íntegra do vídeo encontra-se disponível em: <https://www.youtube.com/watch?v=dVln407XqH4&t=>. Acesso em: 30 dez. 2020.

tem sobre os homens de cabelo branco, que o use para si" e "tudo na Globo é tendencioso e manipulado".

A transmissão foi o ápice de uma batalha judicial que durou cerca de dois anos, em uma das pioneiras demandas sobre o direito de resposta no país. Como resultado, foi responsável por alavancar novas reflexões no universo jurídico, alargando as fronteiras dos instrumentos reparatórios no direito vigente.

Não há notícia de pergunta desse gênero a Leonel Brizola, mas é bastante provável que, se questionado sobre a preferência entre receber numerário vultoso ou esclarecer o seu posicionamento, por meio de palavras cuidadosamente escolhidas para serem lidas no horário nobre e em programa jornalístico recorde de audiência em âmbito nacional, a opção ficaria com a segunda. E assim seria pelo fato de figurar como a forma mais apta a reparar o dano gerado.[31]

Há, desde esse caso, considerável avanço, bem refletido nos números nos Tribunais.[32] Basta ver que, ao pesquisar pela expressão "direito de resposta", o Tribunal de Justiça do Rio de Janeiro computa, atualmente, mais de trezentas decisões, sendo apenas três delas anteriores a 1994. No Superior Tribunal de Justiça, são cerca de cem acórdãos a respeito, todos a partir de 1992. É o que também se verifica com a busca envolvendo a locução "retratação pública", que localiza cerca de cinquenta decisões no Tribunal de Justiça do Rio de Janeiro, sendo a primeira de 1996 (embora chame atenção o resultado inferior a dez acórdãos no Superior Tribunal de Justiça).

---

31. É o que aponta Paulo Lôbo: "O exercício do direito de resposta, na forma da Lei n. 13.188/2015, pode ser muito mais satisfatório para o lesado, por seu efeito simbólico, que a reparação pecuniária, a qual terá função complementar" (LÔBO, Paulo. *Direito civil:* obrigações, cit., p. 361).
32. O expediente utilizado no precedente foi, inclusive, reproduzido em outras decisões, como a do Tribunal de Justiça de São Paulo em 2007, que analisou um pedido de reparação por danos morais em função de matéria jornalística que associou um desembargador a uma quadrilha de autoridades presa na "Operação Anaconda": "imponho à TV GLOBO a obrigação de divulgar a nota de esclarecimento ao público, a ser lida pelo apresentador do 'JORNAL NACIONAL', em abertura de bloco, no prazo de até três (3) dias, automaticamente contados da data do trânsito em julgado desta decisão. [...] O texto deve ser redigido pelo interessado e submetido ao crivo deste Relator NO PRAZO DE DEZ (10) DIAS. Sem prejuízo disso, visando dar celeridade e indicar a forma e tempo a ser despendido com o texto em apreço, permito-me sugerir o seguinte: [...]" (TJSP, 7ª C.D.P., Ap. Cív. 9126394-26.2005.8.26.0000, Rel. Des. José Carlos Ferreira Alves, j. 30/03/2007).

Apesar desse incremento de decisões a respeito de mecanismos reparatórios não monetários, ainda há longo caminho a ser percorrido nesse tocante, conforme demonstrarão os dois itens a seguir.

Em um primeiro momento, serão esmiuçadas as particularidades do julgamento do RE 580.252/MS, oportunidade em que o Supremo Tribunal Federal debateu a possibilidade de estabelecimento da sistemática em sede de repercussão geral, como forma de tratar questões relacionadas à situação carcerária no país.

Após, o enfoque será o exame de decisões nacionais pulverizadas nas quais a via não pecuniária de reparação do dano moral foi adotada e que servem de bem-sucedido modelo para emprego em outras tantas hipóteses quanto se possa imaginar.

2.2.1. Um exame do voto-vista no recurso extraordinário 580.252/MS

A questão posta em julgamento no RE 580.252/MS, à qual foi atribuída repercussão geral em 2011,[33] consistia em avaliar a produção de danos morais por parte do Estado em relação a detentos sujeitos a celas superlotadas e a condições carcerárias indignas.

Em síntese, o processo foi movido pela Defensoria Pública em favor de um indivíduo condenado a vinte anos de reclusão e objetivava, diante do dano extrapatrimonial sofrido, a condenação do Estado do Mato Grosso do Sul ao pagamento de um salário mínimo por mês até que cessasse a violação cometida.

Inicialmente, o pedido foi afastado pelo juiz de primeiro grau, mas o entendimento foi reformado em apelação, estipulando-se uma quantia fixa ao demandante, correspondente a R$ 2.000,00. Em seguida, houve interposição de embargos infringentes e ocorreu nova reviravolta no tribunal local: o colegiado decidiu reafirmar a improcedência do pleito formulado, com fundamento na tese da reserva do possível. Era essa, portanto, a posição vigente no momento em que o assunto foi remetido ao STF.

O recurso foi incluído na pauta de julgamento de 03/12/2014, momento em que o ministro relator, Teori Zavascki, encaminhou seu voto no sentido do restabelecimento do acórdão da apelação e, consequentemente, da verba arbitrada pelo tribunal local. Após ser acompanhado pelo ministro Gilmar Mendes, houve pedido de vista dos autos pelo ministro Luís Roberto Barroso.

---

33. Disponível em: <http://redir.stf.jus.br/paginadorpub/paginador.jsp?docTP= AC&docID=623918>. Acesso em: 30 dez. 2020.

O voto-vista foi levado na sessão realizada em 06/05/2015, contendo itinerário decisório consideravelmente diverso de todos que haviam sido traçados para o caso até então. Em didático passo a passo, apresentado em cinco capítulos, o ministro Luís Roberto Barroso explicou por que a via da reparação não pecuniária, uma temática com rara menção jurisprudencial, poderia servir como melhor solução aos problemas constatados.

Depois de uma breve introdução e um resumo do caso, o ministro começou seu voto afirmando que adotaria integralmente as premissas fixadas no voto do ministro relator, no sentido de que o argumento de reserva do possível não se prestaria a afastar a responsabilidade civil do Estado, sob pena de se "negar a uma minoria estigmatizada a titularidade de seus direitos mais elementares à integridade física e moral", legitimando uma "concepção *desigualitária* a respeito da dignidade humana, que nega aos presos o seu valor intrínseco, como se não se tratasse de seres humanos".

Ato contínuo, informou que seria necessário buscar um caminho alternativo à pecúnia.

Isso, porque, por um lado, o preso "continuará submetido às mesmas condições desumanas e degradantes após a condenação do Estado", de modo que o "dinheiro que lhe será entregue terá pouca serventia para minorar as lesões existenciais sofridas".

Por outro, à luz do caráter consequencialista da decisão,[34] a "reparação monetária muito provavelmente acarretará a multiplicação de demandas idênticas e de condenações dos Estados", levando a um abalo financeiro substancial ao erário e colocando em xeque a própria disponibilidade de recursos para transformação dos crônicos problemas do sistema prisional.[35]

---

34. "[...] a expressão consequencialismo jurídico será utilizada em um sentido extremamente amplo, i. e., como qualquer programa teórico que se proponha a condicionar, ou qualquer atitude que condicione explícita ou implicitamente a adequação jurídica de uma determinada decisão judicante à valoração das consequências associadas à mesma e às suas alternativas" (SCHUARTZ, Luis Fernando. Consequencialismo Jurídico, Racionalidade Decisória e Malandragem. *Revista de Direito Administrativo*, n. 248, 2008, p. 130-131).
35. "Considerando-se que nossas prisões acomodam atualmente cerca de 560 mil presos, indenizar cada um deles, ainda que no reduzido valor de R$ 2 mil, produziria um gasto de mais de R$ 1 bilhão. E o dispêndio de recursos não se limitaria a esse montante, na medida em que cada novo preso seria potencialmente merecedor da indenização, uma vez que não há no horizonte perspectiva de contenção da crise prisional. [...]Nesse caminho, não se pode tratar com indiferença as preocupações com o erário, principalmente porque, em última instância, a disponibilidade de

A seguir, descreveu o que convencionou chamar de "situação calamitosa" (dadas as inúmeras deficiências estruturais e de gestão do sistema prisional, que culminam na ausência da assistência prescrita nos arts. 10 e 11 da Lei de Execução Penal),[36] com patente violação à Constituição da República,[37] o que "não atende aos objetivos das políticas de segurança pública ou aos interesses da sociedade na redução da criminalidade", apesar do altíssimo gasto público a esse título.[38]

O voto seguiu com a demonstração de que, em boa medida, esse é um problema presente em diversos países espalhados pelo globo, de modo que as experiências estrangeiras exitosas, como a opção do governo italiano pela remição de pena em caso de condições carcerárias desumanas, poderiam ser elucidativas a respeito do melhor enfrentamento da questão.

Além disso, registrou a necessidade de uma atuação coordenada dos três Poderes, a fim de que se possa "implementar um conjunto complexo e planejado de medidas", para combate das três principais causas da crise do sistema prisional: "(i) a superlotação, (ii) a lógica do hiperencarceramento, e (iii) as deficiências na estruturação e funcionamento dos presídios".

Fixadas essas premissas, o ministro passou a pavimentar a escolha por uma via distinta da compensação em dinheiro.

---

recursos é essencial para que os Estados sejam capazes de implementar uma solução sistêmica para remediar a atual crise prisional".

36. "Art. 10. A assistência ao preso e ao internado é dever do Estado, objetivando prevenir o crime e orientar o retorno à convivência em sociedade. Parágrafo único. A assistência estende-se ao egresso".
"Art. 11. A assistência será: I – material; II – à saúde; III – jurídica; IV – educacional; V – social; VI – religiosa".

37. "Esse quadro constitui grave afronta à Constituição Federal, envolvendo a violação a diversos direitos fundamentais dos presos, como a dignidade da pessoa humana (art. 1º, III), a integridade física e moral (art. 5º, XLIX), a vedação à tortura e ao tratamento desumano ou degradante (art. 5º, III), a proibição de sanções cruéis (art. 5º, XLVII, 'e'), a intimidade e a honra (art. 5º, X) e os direitos sociais à educação, saúde, alimentação, trabalho e moradia (art. 6º)".

38. A questão é melhor explicitada na seguinte passagem do voto: "Não bastasse, a política de encarceramento em massa é extremamente onerosa aos cofres públicos. De acordo com informações do Depen, mesmo nas condições precárias atuais, os Estados gastam, em média, cerca de R$ 2 mil por mês para a manutenção de cada detento. Já o custo médio de construção de cada nova vaga é de R$ 43.835,20, no regime fechado, e R$ 24.165,19, no semiaberto. Dessa forma, para zerar o atual déficit de vagas, seria necessário investir mais de R$ 10 bilhões somente na construção de presídios".

O primeiro acerto do raciocínio empreendido nesse tocante foi reconhecer a existência do dano moral a partir da radical violação à dignidade da pessoa humana.[39] Os demais vieram logo depois da indicação de responsabilidade civil objetiva do Estado na hipótese e da reiteração do descabimento da tese da reserva do possível, com a exposição, em cerca de vinte páginas, sobre os fundamentos e as vantagens da reparação não pecuniária.

Seguiu-se, então, com as objeções à via monetária (tanto aquelas específicas sobre a matéria *sub judice*, referidas no início do voto, quanto as críticas universais, mencionadas por Anderson Schreiber),[40] e com a precisa percepção de que, "de modo paradoxal, a única resposta que se tem oferecido a lesões a interesses extrapatrimoniais é uma indenização em dinheiro".

Assim, com o intuito de "buscar um mecanismo de reparação específica das lesões existenciais causadas aos detentos que seja capaz de recuperar, tanto quanto possível, as condições mínimas de dignidade que lhes foram subtraídas", o ministro externou que a solução estaria na aplicação, por analogia, do art. 126 da Lei de Execução Penal.[41] À via pecuniária restaria um papel subsidiário, apenas para os casos em que não fosse possível a remição, como naqueles em que a pena já tiver sido integralmente cumprida.

Conforme apresentado, esse entendimento seria perfeitamente compatível com o ordenamento brasileiro por três diferentes razões. A uma, por uma lógica estruturante, em que há valoração, de forma diversa, do tempo que é cumprido em condições normais em relação àquele que é cumprido sob conjuntura degradante (*ratio* similar à que constava, à época, nos arts. 40, § 4º, III, e 201, § 1º, da Constituição da República, a respeito da concessão de aposentadoria

---

39. "Diante do retrato do sistema carcerário brasileiro, revelado acima, parece também incontroverso que a situação de parcela considerável dos presos no país, mantidos em celas superlotadas, insalubres e em condições degradantes, atinge radicalmente a sua dignidade. É, assim, causadora de um dano moral".
40. "Ela gera uma tendência à *precificação* dos direitos da personalidade e da própria dignidade da pessoa humana e induz à adoção de um cálculo utilitarista, de custos e benefícios, na produção dos danos. Se o valor das indenizações for menor que o preço atribuído às qualidades humanas, 'melhor' prosseguir com a conduta lesiva do que impedir a ocorrência do dano. Nessa lógica de mercado, ofensas morais passam a ser admitidas desde que se possa arcar com o custo correspondente. Ainda, a compensação estritamente financeira estimula demandas oportunistas – a 'indústria do dano moral' –, nas quais a invocação de interesses existenciais volta-se tão-somente à obtenção de lucros".
41. "Art. 126. O condenado que cumpre a pena em regime fechado ou semiaberto poderá remir, por trabalho ou por estudo, parte do tempo de execução da pena".

especial). A duas, pela adequação da sua forma, eis que "o tempo de liberdade, fora das condições degradantes das prisões, torna-se, portanto, uma reparação muito mais efetiva que o dinheiro". A três, pelo acerto do seu modo de execução, que segue a lógica do instituto da remição penal.

Também assinalou que essa forma de reparação atende aos imperativos constitucionais, como decorrência do princípio da reparação integral e da dignidade da pessoa humana,[42] e que há posição de precedência desse caminho ao da reparação em dinheiro.[43]

Em suma, o ministro atentou, com minuciosa exatidão, aos caracteres fundamentais sobre a matéria, para concluir que "a solução é melhor em termos de responsabilidade fiscal, é melhor para o sistema prisional e é melhor para o preso".

Ao final, após considerações processuais, sobretudo a de que o debate sobre a remição ficará a cargo do juiz da execução penal, anunciou, em analogia ao art. 126 da Lei de Execução Penal e ao art. 4º da Portaria Conjunta Depen/CJF nº 276/2012, o método matemático para essa tarefa: "[contagem do tempo de remição] à razão de 1 dia de pena a cada 3 a 7 dias de encarceramento em condições degradantes, a depender da gravidade dos danos morais sofridos nessas circunstâncias".

Como degrau derradeiro antes da conclusão do voto, o caso concreto foi apreciado, momento em que se afirmou que a remição da pena, a ser avaliada pelo juiz da execução penal, além de ser medida aplicável ao litígio, não ofenderia o princípio da congruência, ainda que o pedido autoral tenha sido o de recebimento de um salário mensal, pois "o direito material do autor a ser

---

42. "Essa espécie de reparação é plenamente compatível com a Constituição, que assegura a indenização pelos danos morais (art. 5º, V e X, CF), mas não elege um meio determinado para seu ressarcimento. Mais do que isso, a busca de mecanismos que assegurem a tutela específica dos interesses extrapatrimoniais constitui um imperativo constitucional, que decorre do princípio da reparação integral dos danos sofridos e da prioridade conferida pela Carta de 88 à dignidade da pessoa humana".

43. "O ressarcimento na forma específica tampouco é novidade. Ele sempre esteve presente no campo da responsabilidade civil, inclusive em uma posição de precedência em relação à reparação em dinheiro. Basta conferir a redação do art. 947 do Código Civil, que, ao dispor sobre a indenização, prevê [...] Mesmo no campo do direito das obrigações, que ostenta caráter patrimonial, já se reconhece de forma unânime a primazia da solução in natura, conferindo ao dinheiro papel subsidiário. A exemplo, o Código de Processo Civil, em seus arts. 461 e 461-A, prevê expressamente que [...]".

tutelado não é o recebimento de dinheiro, mas a efetiva reparação das lesões suportadas".

Este último ponto, relacionado à decretação de ofício da reparação não pecuniária do dano moral, aparenta ser o aspecto mais controverso do voto elaborado pelo ministro. Embora tenha sido citada doutrina processual a favor do posicionamento, há importante discussão, a ser aprofundada no item 2.4 deste livro, se o magistrado poderia fixar a medida unicamente de acordo com a sua avaliação, isto é, independentemente de pedido e sem ouvir as partes.

Nada obstante, a tese foi assim sugerida:

> O Estado é civilmente responsável pelos danos, inclusive morais, comprovadamente causados aos presos em decorrência de violações à sua dignidade, provocadas pela superlotação prisional e pelo encarceramento em condições desumanas ou degradantes. Em razão da natureza estrutural e sistêmica das disfunções verificadas no sistema prisional, a reparação dos danos morais deve ser efetivada preferencialmente por meio não pecuniário, consistente na remição de 1 dia de pena por cada 3 a 7 dias de pena cumprida em condições atentatórias à dignidade humana, a ser postulada perante o Juízo da Execução Penal. Subsidiariamente, caso o detento já tenha cumprido integralmente a pena ou não seja possível aplicar-lhe a remição, a ação para ressarcimento dos danos morais será fixada em pecúnia pelo juízo cível competente.

Contudo, o voto não foi acompanhado pela maioria do plenário. Depois de novo pedido de vista, dessa vez feito pela ministra Rosa Weber, o julgamento do recurso somente foi retomado em fevereiro de 2017, tendo a Corte, de forma majoritária, adotado caminho consideravelmente diverso do voto-vista:

> Vistos, relatados e discutidos estes autos, acordam os ministros do Supremo Tribunal Federal, em sessão plenária, sob a presidência da ministra Cármen Lúcia, na conformidade da ata do julgamento e das notas taquigráficas, apreciando o Tema 365 da Repercussão Geral, por maioria, conhecer do extraordinário e dar-lhe provimento, nos termos do voto do Relator, para: (a) restabelecer o juízo condenatório da apelação, vencidos Roberto Barroso, Luiz Fux e Celso de Mello que lhe davam provimento, mas adotavam a remição como forma indenizatória; e, (b) fixar a tese: *"Considerando que é dever do Estado, imposto pelo sistema normativo, manter em seus presídios os padrões mínimos de humanidade previstos no ordenamento jurídico, é de sua*

responsabilidade, nos termos do art. 37, § 6º da Constituição, a obrigação de ressarcir os danos, inclusive morais, comprovadamente causados aos detentos em decorrência da falta ou insuficiência das condições legais de encarceramento" (grifos no original).

O resultado final pode ser visto com algum lamento, em razão da perda concomitante de duas significativas oportunidades.

A primeira residia no fato de que se estava diante de uma das pautas mais complexas e urgentes do Brasil, que é a questão carcerária, e, lamentavelmente, não se consegue vislumbrar como o posicionamento firmado conseguirá contribuir para a sua modificação – ao menos, não de forma profunda.

A segunda tem relação com a alta expectativa que havia, amplificada pelo lapso temporal de quase dois anos entre o voto do ministro Luís Roberto Barroso e o da ministra Rosa Weber, de que fossem confirmadas, ao final, as taxativas diretrizes sobre a reparação não pecuniária do dano moral, incluindo a sua condição preferencial no ordenamento nacional.[44]

De todo modo, mesmo com a derrota, o voto-vista, amplamente divulgado na mídia,[45] não só serviu para demonstrar a potencialidade da reparação específica,[46] como tem impulsionado a adoção dessa sistemática em outras hipóteses, na qualidade de verdadeiro norte para os tribunais espalhados pelo país.

---

44. O assunto já havia sido enfrentado no STJ, com alguma profundidade, em 2011, nos autos do REsp nº 959.565/SP, da relatoria do ministro Paulo de Tarso Vieira Sanseverino, mas o posicionamento firmado, à unanimidade, não foi suficiente para alavancar, de modo mais contundente, a opção pela reparação não pecuniária (STJ, 3ª T., REsp 959.565/SP, Rel. Min. Paulo de Tarso Vieira Sanseverino, j. 24/05/2011).
45. Confira-se, ilustrativamente: <https://www.conjur.com.br/2015-mai-06/barroso-sugere-reduzir-pena-presos-cadeia-superlotada>; <http://g1.globo.com/politica/noticia/2015/05/ministro-do-stf-propoe-diminuir-pena-de-preso-em-condicao-degradante.html>; e <https://www.migalhas.com.br/Quentes/17,MI220089,11049-Ministro+Barroso+sugere+remicao+de+pena+para+reparacao+de+dano+a>. Acesso em: 30 dez. 2020.
46. Nesse sentido, v. GUEDES, Gisela Sampaio da Cruz; TERRA, Aline de Miranda Valverde. A repersonalização do direito civil e suas repercussões na responsabilidade civil, cit., p. 488; e MAGALHÃES, Fabiano Pinto de. Responsabilidade civil do estado por danos morais causados a presos em decorrência de violações à sua dignidade, provocadas por superlotação prisional e condições desumanas ou degradantes de encarceramento e a imposição de medida reparatória não pecuniária, por meio da remição de parte do tempo de pena, em analogia ao art. 126 da lei de execução penal. *Revista Brasileira de Direito Civil*, v. 4, abr./jun. 2015, p. 150. Disponível em: <https://rbdcivil.ibdcivil.org.br/rbdc/article/view/104/100>. Acesso em: 26 dez. 2020.

2.2.2. Outras decisões proferidas em sede nacional

Como se viu na abertura deste capítulo, não é de hoje que a reparação não monetária do dano moral tem sido mencionada na esfera jurisprudencial. Felizmente, cada vez mais se relega ao passado a visão que indicava, diante de situações como um pedido de desagravo, ser isso "um tanto metafísico, em face do artigo 5º, X, da Constituição Federal, que expressamente se refere à indenização".[47]

Ilustrações a respeito não faltam na Corte Superior e nos Tribunais de Justiça espalhados pelo país, embora seja possível dizer que parte significativa das decisões ainda está concentrada no campo do direito à honra.

Um relevante julgamento desse gênero foi o REsp nº 1.440.721/GO, quando o Superior Tribunal de Justiça examinou um pedido de retratação relacionado à publicação de um livro que conteria falsas afirmações, de cunho eugênico e racista, atribuídas a um então deputado federal.[48]

O voto da relatora, Ministra Maria Isabel Gallotti, a exemplo do que já havia ocorrido com o voto do ministro Paulo de Tarso Vieira Sanseverino na AR nº 4.490/DF,[49] encampou noções caras à sistemática não monetária, como a referência de que o "direito ao esclarecimento da verdade, retificação de informação inverídica ou à retratação, com fundamento na Lei Civil, não foi, ao meu sentir, afetado pelo acórdão na ADPF 130", e de que a reparação específica seria a forma que "mais se coaduna com o princípio da reparação integral, consagrado em nossa doutrina e jurisprudência pátrias".

Em razão disso, definiu, com o apoio dos demais integrantes do colegiado, que "o caráter gravemente ofensivo das afirmações falsas imputadas ao autor, e sua ampla divulgação na mídia escrita, televisiva e virtual, justificam

---

47. TJRJ, 4ª C.C., Ap. Cív. 0005826-13.1997.8.19.0000, Rel. Des. Fernando Whitaker, j. 18/12/1997.
48. STJ, 4ª T., REsp 1.440.721/GO, Rel. Min. Maria Isabel Gallotti, j. 11/10/2016.
49. Entre outras passagens, consta o seguinte: "[...] a publicação de sentença, que é o objeto da discussão da presente ação rescisória, constitui modalidade de reparação natural, que se insere no âmbito do princípio da reparação integral do dano. Assim, a circunstância de ter restado revogado o art. 56 da Lei de Imprensa pela Constituição Federal de 1988, conforme reconhecido de forma definitiva pelo Supremo Tribunal Federal no julgamento da ADPF n. 130/DF, não representa óbice à determinação de publicação de sentença em demandas ajuizadas apenas com fundamento no Código Civil, inclusive de forma cumulada com a indenização por danos morais" (STJ, 2ª S., AR 4.490/DF, Rel. Min. Ricardo Villas Bôas Cueva, j. 24/10/2012).

a retratação determinada pelo acórdão recorrido, como forma de restabelecimento da verdade".

Outra publicação de livro chamou não só atenção do Superior Tribunal de Justiça, como da mídia em geral,[50] especialmente por conta do personagem que se situava no polo ativo da ação, o ministro Gilmar Mendes.[51] Basicamente, o litígio versava sobre a reparação de danos morais gerados por menções nada honrosas à figura do ministro na obra denominada "Operação Banqueiro: as provas secretas da Operação Satiagraha", como a sua suposta parcialidade no julgamento dos envolvidos.

Na oportunidade, além de confirmar a fixação de montante correspondente a cem mil reais em favor do autor, a título de compensação pela lesão extrapatrimonial, a Corte foi incitada a debater o pleito de "publicação do inteiro teor da decisão condenatória e da petição inicial nas futuras edições do livro e em revista de grande circulação".

Ao se deter sobre a matéria, o colegiado afirmou, à unanimidade, que, apesar de a Terceira Turma do STJ já ter se posicionado desfavoravelmente à possibilidade de publicação de decisão condenatória, as novas reflexões nesse particular inclinariam o Poder Judiciário a "reformular sua visão e dar um passo à frente, abrandando a natureza essencialmente patrimonialista da responsabilidade civil, e buscando a reparação do dano, em toda a sua extensão, firme no disposto no art. 944 do nosso Código Civil".

Em seguida, em meio à ampla referência à sistemática no Brasil e no estrangeiro, o Superior Tribunal de Justiça ordenou a necessidade de se publicar, nas próximas edições do livro, "a íntegra do acórdão condenatório proferido pelo TJDFT ao final de cada exemplar, com a mesma fonte e no mesmo tamanho padrão de todo o corpo da obra literária".

Outras decisões, intimamente relacionadas ao direito à honra,[52] somam-se aos exemplos acima para demonstrar a impressionante variedade de instrumentos reparatórios que tem sido destacada nesse âmbito.

---

50. Confira-se: <https://www.jota.info/paywall?redirect_to=//www.jota.info/coberturas-especiais/liberdade-de-expressao/gilmar-mendes-stj-livro-12022019> e <https://www.conjur.com.br/2019-fev-12/jornalista-publicar-condenacao-edicao-livro>. Acesso em: 26 dez. 2020.
51. STJ, 3ª T., REsp 1.771.866/DF, Rel. Min. Marco Aurélio Bellizze, j. 12/02/2019.
52. A alta capacidade reparatória dos meios não pecuniários nessa área tem sido anunciada tanto no Brasil quanto no estrangeiro, conforme se verifica em: CECCHERINI, Grazia. *Risarcimento del danno e riparazione in forma specifica*. Milano: Giuffrè, 1989, p. 71.

É o que se deduz de um julgamento havido em 2005 no Tribunal de Justiça de São Paulo, relativo a uma inscrição indevida em cadastro de restrição ao crédito pela instituição bancária demandada.[53]

Ao discorrer sobre o pedido de publicação de esclarecimentos sobre o ocorrido em jornal da Comarca da Capital e do domicílio do autor, a 3ª Câmara de Direito Privado "A" afirmou que "este tipo de medida insere-se no âmbito da reparação *in natura*, que se mostra especialmente adequada em termos de reparação de dano moral" e, além disso, que a escolha por uma via não monetária integra o "âmbito amplo do conceito de indenização, sendo perfeitamente compatível com o nosso sistema jurídico".

Ordenou-se, então, a "publicação de comunicado à praça, em jornal de grande circulação na Comarca da Capital e no domicílio do autor, dando conta da abertura irregular da conta corrente, cancelamento dos talonários de cheques, com a devida identificação".

Um outro elucidativo acórdão pode ser extraído da jurisprudência do Tribunal de Justiça do Rio de Janeiro, no bojo da demanda proposta pela atriz Letícia Birkheuer em face da Editora O Dia S/A.[54] Ao analisar a alegação de que a parte ré teria publicado seguidas matérias "com intuito difamatório" a respeito da requerente, a 13ª Câmara Cível houve por bem "condenar os demandados na obrigação de retirada imediata da internet das matérias indicadas pela ofendida".

Essa característica também é bem explorada na ação movida por Gilberto Gil, Chico Buarque e Caetano Veloso em face de Thimoteo Cavalcanti Albuquerque de Sá, vereador do município de Angra dos Reis, e de Francine Santos Lacerda Pontes, que seria a responsável por um canal no *YouTube* chamado "Verdade Política".

A discussão judicial consistia em alegadas ofensas direcionadas aos demandantes, inclusive proferidas da tribuna da Câmara dos Vereadores. E, apesar da existência de pedidos condenatórios tanto de ordem pecuniária quanto de ordem não pecuniária, a demanda foi resolvida em audiência de mediação, na qual os requerentes desistiram do recebimento de uma verba em favor da adoção de uma série de obrigações de fazer destinadas a reparar a lesão, assim listadas em ata:

---

53. TJSP, 3ª C.D.P. "A", Ap. Cív. 155.449-4/0-00, Rel. Des. Eneas Costa Garcia, j. 03/06/2005.
54. TJRJ, 13ª C.C., Ap. Cív. 0034390-66.2015.8.19.0001, Rel. Des. Mauro Pereira Martins, j. 26/07/2017.

1.1) compromete-se o primeiro Réu, Thimoteo Cavalcanti Albuquerque de Sá, [a] realizar uma gravação de áudio-vídeo, mediante texto apresentado pelos autores, e promover a veiculação respectiva nas mídias sociais "Facebook", "Instagram", "Twitter", "Youtube" e "Whatsapp – (grupo da câmara dos vereadores de Angra dos Reis)", bem como compromete-se a enviar por "Whatsapp" para o patrono dos autores, para o número (21) 999876876, no prazo de 48 horas (quarenta e oito horas), da entrega do texto pelos autores; 1.2) Compromete-se a segunda Ré a publicar a gravação de Áudio-vídeo referida na cláusula anterior 1.1, no canal do "Youtube" chamado VERDADE POLÍTICA, mediante título expresso pelos autores, no prazo de 48 horas (quarenta e oito horas), após o recebimento do Áudio-Vídeo a ser enviado pelos autores, comprometendo-se, ainda, a colocar legenda no referido Áudio-vídeo, correspondente ao texto falado, bem como deverá conter a íntegra do texto na descrição do vídeo.[55]

A bem da verdade, há certa coerência no amplo desenvolvimento de mecanismos não monetários na esfera do dano à honra, já que, entre outras searas, destaca-se pelo frequente enfrentamento de pedidos com esse teor nas últimas décadas.[56]

---

55. A composição, firmada no processo nº 0258870-22.2018.8.19.0001, que tramitou perante a 30ª Vara Cível da Comarca da Capital do Rio de Janeiro, gerou, de fato, a gravação de um novo vídeo, no qual o réu declarou o seguinte: "No ano passado, como vereador, li uma carta de um eleitor na tribuna da Câmara de Vereadores de Angra dos Reis acusando Chico Buarque, Caetano Veloso e Gilberto Gil, entre outros, de receber uma bolsa ditatura no valor de R$ 33.763,00, além de acusá-los de não pagar imposto de renda [...] Chico Buarque, Caetano Veloso e Gilberto Gil jamais buscaram a concessão desses benefícios. Por isso, reitero o meu pedido de desculpas por ter lido a carta em um momento acalorado, não sendo verificada a veracidade dos insultos, acusações e xingamentos que li". A íntegra está disponível em: <https://www.youtube.com/watch?v=mnyB9GoPcnA&t=2s>. Acesso em: 30 dez. 2020.

56. O esforço nesse ambiente específico costuma ser lembrado na literatura sobre o tema: *"Cuando nos ocupamos de la reparación debida al ofendido por un ataque al honor, señalábamos que la neutralización del daño sólo puede obtenerse a través de medidas que debiliten o neutralicen el agravio. Entre ellas prestamos atención preferente a la reparación neutralizadora por excelencia: la publicación de sentencia condenatoria o de la retractación del ofensor"* (ZANNONI, Eduardo A. *El daño en la responsabilidad civil*, cit., p. 397-398). Tradução livre: "Quando nos ocupamos da reparação devida ao ofendido por um ataque à honra, indicávamos que a neutralização do dano só

De todo modo, não deixa de ser notável o fato de que, diante de uma mesma hipótese fática (como a violação à honra), pode haver uma infinidade de instrumentos que se prestam a tutelar os interesses da vítima. Outra vez mais, a observação serve para confirmar a ampla flexibilidade da reparação específica, cuja forma será delimitada apenas *in concreto*, à vista das particularidades do caso.

Sem embargo, tendo em vista o especial intuito de se realçar as potencialidades da sistemática não pecuniária, algumas interessantes decisões, que passaram ao largo de uma maior evidência em outros universos jurídicos, merecem ser referidas no presente momento.

Uma delas, que já é fruto de relativo consenso no Tribunal de Justiça de Santa Catarina,[57] é a hipótese de desaparecimento de restos mortais em cemitério público. Em casos tais, algumas famílias têm solicitado perante o Judiciário a realização de diligências atinentes à localização da ossada e a um novo sepultamento, com a restituição do jazigo ao seu estado anterior.[58]

Para que se veja uma dessas decisões, a 1ª Câmara de Direito Público, em 21/03/2017, esteve diante de situação na qual os autores alegaram que, ao visitar o cemitério, surpreenderam-se com o túmulo violado do ente querido, fato que não foi sanado mesmo diante da instauração de um procedimento administrativo.

Na ocasião, o colegiado catarinense entendeu pela comprovação do evento danoso, relacionado à "limpeza do cemitério público sem a prévia notificação

---

pode ser obtida por meio de medidas que enfraqueçam ou neutralizem a ofensa. Entre elas, chamamos maior atenção à reparação neutralizadora por excelência: a publicação da sentença condenatória ou da retratação do ofensor".

57. TJSC, 2ª C.D.P., Ap. Cív. 0330807-90.2015.8.24.0023, Rel. Des. Cid Goulart, j. 20/06/2017; TJSC, 1ª C.D.P., Ap. Cív. 0000132-75.2007.8.24.0064, Rel. Des. Carlos Adilson Silva, j. 21/03/2017; e TJSC, 3ª C.D.P., Ap. Cív. 2008.079419-4, Rel. Des. Wilson Augusto do Nascimento, j. 23/02/2010.

58. No estrangeiro, esse direito também já foi enfaticamente destacado: "[...] *es importante deternernos en otra forma de agravio moral a quienes sobreviven a la persona fallecida. Se trata del sentimiento social, que hunde sus raíces en lo ético y religioso, de respeto por el cadáver de personas. Ello se traduce, por una parte, en el derecho que se reconoce a los deudos para dar sepultura a los restos mortales del fallecido*" (ZANNONI, Eduardo A. *El daño en la responsabilidad civil*, cit., p. 377). Tradução livre: "[...] é importante mencionar outra forma de ofensa moral aos que sobrevivem ao falecido. Trata-se do sentimento social, que funda suas raízes no ético e no religioso, de respeito pelo cadáver das pessoas. Isso se traduz, em parte, no direito que se reconhece aos enlutados de sepultar os restos mortais do falecido".

ou autorização dos familiares sobre a retirada das sepulturas e restos mortais". Assim, após apontar o desrespeito à memória do falecido e de sua família, foi confirmada, à unanimidade, a sentença de procedência dos pedidos, responsável por impor à municipalidade o dever de "localizar e guardar em um terreno no Cemitério de Barreiros (Nossa Senhora das Dores) os restos mortais de Gildo Antonio José Alexandre".[59]

Na Comarca de Camaçari, no estado da Bahia, também foi visto um exemplo incomum de reparação específica. A lide versava sobre um pedido de reparação de danos morais em virtude de um incêndio ocorrido nas dependências de uma das lojas da sociedade incluída no polo passivo, que levou a óbito a esposa do autor.[60]

Em audiência de conciliação realizada no dia 09/05/2019, o autor informou que, a título de reparação pela lesão sofrida, aceitaria receber o valor proposto pela contraparte, "com a condição de que a representante da parte ré e o seu causídico abraçassem o autor, em um gesto de solidariedade e conforto". Assim foi feito e, nas palavras dos patronos do demandante, "o cliente se sentiu ótimo! Mais do que valor em dinheiro, pôde restaurar um pouco de sua paz e dignidade".[61]

Um outro julgamento digno de registro ocorreu no Tribunal de Justiça de São Paulo, nos autos de um agravo de instrumento contra uma decisão que indeferiu parcialmente a petição inicial, por conta das obrigações de fazer pleiteadas para a reparação dos danos morais. Resumidamente, sob a alegação de que teria sido vítima de tentativa de homicídio por parte de policiais militares, o autor pretendia a construção de um monumento em homenagem às vítimas da violência estatal e um pedido de desculpas do Estado de São Paulo.[62]

---

59. TJSC, 1ª C.D.P., Ap. Cív. 0000132-75.2007.8.24.0064, Rel. Des. Carlos Adilson Silva, j. 21/03/2017.
60. Cuida-se do processo nº 0506543-34.2017.8.05.0039, que tramitou perante a 1ª Vara dos feitos Relativos às Relações de Consumo, Cíveis e Comerciais da Comarca de Camaçari/BA.
61. Disponível em: <https://m.migalhas.com.br/quentes/302097/acordo-preve-que--preposto-de-empresa-e-advogado-abracem-autor-que>. Acesso em: 28 dez. 2020.
62. Para uma análise aprofundada sobre o pedido de desculpas como mecanismo hábil à reparação dos danos morais, confira-se: BERRYMAN, Jeffrey. Mitigation, apology and the quantification of non-pecuniary damages. *Oñati Socio-Legal Series*, v. 7, n. 3, 2017, p. 528-546. Disponível em: <https://ssrn.com/abstract=3029460>. Acesso em: 28 dez. 2020.

Na oportunidade, a 9ª Câmara de Direito Público, apesar de confirmar que o "autor carece de legitimação ativa para pleitear em nome próprio a construção do monumento em homenagem a terceiros, vítimas incertas de violência estatal" (isto é, o descabimento foi adotado por um aspecto processual), entendeu pelo provimento parcial do recurso, já que a "apresentação formal de pedido de desculpas, abstratamente considerada, tem respaldo e não é vedada pelo ordenamento jurídico. Embora incomum, não constitui nenhum absurdo".[63]

Tampouco se pode deixar de comentar a instigante hipótese que esteve diante do Tribunal Regional Federal da 3ª Região, em ação movida, de forma conjunta, pelo Ministério Público Federal e duas Associações Civis[64] em face da Rede Record de Televisão e da Rede Mulher de Televisão.[65]

Em síntese, à conta de ofensas que teriam sido perpetradas contra religiões de origem africana, requereu-se um direito de resposta coletivo, que consistiria na "exibição de 30 (trinta) programas televisivos, com duração de duas horas cada, a serem exibidos em 30 (trinta) dias consecutivos, no horário das 21 às 23 horas [...] pelas emissora-rés".

Inicialmente, o Tribunal examinou, em sede de apelação, se a medida imposta em sentença desbordaria dos limites objetivos da demanda. Isso, porque, na origem, o juiz determinou, além da exibição dos programas, a veiculação de "pelo menos 3 (três) chamadas aos telespectadores na véspera ou no próprio dia da exibição, uma pela manhã, outra no período da tarde e outra nas primeiras horas do período noturno".

Deixando evidente a necessidade de tutelar, da melhor forma, o direito em disputa,[66] a 6ª Turma indicou que, como "o intuito principal do direito de resposta é o de alcançar o maior número possível de telespectadores em âmbito

---

63. TJSP, 9ª C.D.P., Ag. 0314246-79.2010.8.26.0000, Rel. Des. Décio Notarangeli, j. 25/08/2010. Mais adiante, porém, os pedidos foram julgados improcedentes, por não ter sido confirmada a autoria dos agentes estatais com relação aos danos indicados na ação (TJSP, 9ª C.D.P., Ap. Cív. 0017536-41.2010.8.26.0562, Rel. Des. Décio Notarangeli, j. 04/02/2015).
64. Instituto Nacional de Tradição e Cultura Afro-Brasileira (INTECAB) e Centro de Estudos das Relações de Trabalho e Desigualdades (CEERT).
65. TRF-3ª R., 6ª T., Ap. Cív. 0034549-11.2004.4.03.6100/SP, Rel. Des. Consuelo Yoshida, j. 05/04/2018.
66. Essa importante questão processual, relacionada à margem de discricionariedade do intérprete para a aplicação dos meios não pecuniários de reparação, será devidamente aprofundada adiante, no item 2.4.

nacional, mostra-se plenamente razoável e proporcional a fixação de chamadas televisivas conforme realizada na sentença".

Na sequência, mencionando o direito fundamental de crença e a importância da tolerância religiosa no ordenamento nacional, confirmou a sentença prolatada em 1ª instância, submetendo cada uma das rés à exibição de quatro programas em duas oportunidades distintas (um total de oito transmissões com intervalo de sete dias entre elas), em horários equivalentes aos programas em que praticadas as lesões e sempre precedidas de três chamadas aos telespectadores.[67]

Esses últimos julgados, com soluções talvez nunca imaginadas por boa parte da comunidade jurídica, demonstram que, a despeito de um desenvolvimento ainda incipiente de medidas não monetárias de reparação do dano moral em ambientes outros que não o da lesão à honra, a vítima pode ser adequadamente reparada por essa via.

Por fim, vale ver que, em outras decisões, como a proferida pela 14ª Câmara Cível do Tribunal de Justiça do Rio de Janeiro,[68] a lógica não pecuniária tem sido invocada não para efeito de estipulação de uma eventual medida, e sim como forma de avaliar se eventual providência *já* adotada pelo ofensor repercute sobre o pedido de arbitramento de compensação em dinheiro.

---

67. Um outro dado interessante sobre o julgado é que o Tribunal ainda delimitou parâmetros para essas transmissões, em sede de embargos de declaração opostos contra a sentença: "a) ABRANGÊNCIA DO EXERCÍCIO DO DIREITO DE RESPOSTA: Os programas contendo as manifestações dos autores, a título do exercício do Direito de Resposta, deverão ser exibidos com a mesma abrangência territorial dos programas em que praticadas as ofensas reconhecidas pela sentença. b) PARÂMETROS PARA A PRODUÇÃO DOS PROGRAMAS A SEREM EXIBIDOS A TÍTULO DE DIREITO DE RESPOSTA: Os programas a serem exibidos a título de direito de resposta deverão priorizar um CONTEÚDO INFORMATIVO e CULTURAL conducente a esclarecer aspectos sobre a origem, tradições, organização, seguidores, divindades em que acreditam, rituais e outros elementos informativo-culturais relativos às religiões vilipendiadas pela programação que a decisão reconheceu como a elas ofensivas. Noutros termos, os programas a serem veiculados devem se orientar pelo propósito de 'recompor a verdade', relativamente às distorções verificadas na programação considerada ofensiva, a respeito das religiões de origem africanas. Com esses parâmetros, anoto que eventuais ajustes serão feitos sob a supervisão do Ministério Público Federal, mediante controle judicial, na fase de cumprimento da tutela específica".
68. TJRJ, 14ª C.C., Ap. Cív. 0030099-90.2015.8.19.0205, Rel. Des. Plinio Pinto Coelho Filho, j. 07/03/2018.

Em resumo, a parte autora perseguia lucros cessantes e uma reparação por danos morais em razão de ter sido, durante uma manobra brusca, arremessada ao chão do coletivo da parte ré. O voto, acolhido à unanimidade, considerou o fato de que o motorista conduziu a vítima ao hospital e mencionou que "a atitude, ainda, pode caracterizar numa reparação não pecuniária e imediata de um dano extrapatrimonial, pois o pronto apoio ao acidentado reduz suas penúrias decorrentes do sinistro".

Em outro caso, também do Tribunal de Justiça do Rio de Janeiro, a 9ª Câmara Cível registrou que a "demandada depreendeu esforços a fim de compensar o dano, através do competente pedido reiterado de desculpas, além de afastar o funcionário despreparado", de modo que inexistiria razão para uma reparação em pecúnia.[69]

Em posicionamento similar, a 23ª Câmara de Direito Privado do Tribunal de Justiça de São Paulo, ao tratar de uma ação movida por supostos danos gerados por um *overbooking*, indicou que a companhia aérea agiu para minimizar a lesão, "oferecendo ao autor voo para o dia seguinte, além de hospedagem em hotel de luxo e numerário suficiente a garantir que em tal período de espera ele se mantivesse em perfeitas condições de higiene e bem-estar".[70]

A seu ver, isso implicaria "em verdadeira reparação, ainda que parcial, do transtorno experimentado por seu passageiro, conforme recente entendimento proposto e aprovado como 'Enunciado 589' na VII Jornada de Direito Civil".

Por fim, uma hipótese mais gravosa esteve diante do crivo do Tribunal de Justiça de São Paulo. Em síntese, a parte ré teria sido responsável por veicular, equivocadamente, a informação de que o autor seria corresponsável por um furto ocorrido na casa do seu genitor.[71]

Em primeiro grau de jurisdição, o magistrado acolheu o pedido compensatório referente aos danos morais, estipulando o pagamento de vinte salários mínimos, e rejeitou o requerimento de publicação da sentença na imprensa. Todavia, devolvida a matéria à segunda instância, a 2ª Câmara de Direito Privado interpretou a dinâmica fática de maneira distinta.

---

69. TJRJ, 9ª C.C., Ap. Cív. 0025889-28.2008.8.19.0209, Rel. Des. Rogerio de Oliveira Souza, j. 14/12/2010.
70. TJSP, 23ª C.D.P., Ap. Cív. 1020890-18.2014.8.26.0562, Rel. Des. Paulo Roberto de Santana, j. 11/11/2015.
71. TJSP, 2ª C.D.P., Ap. Cív. 0004371-28.2009.8.26.0281, Rel. Des. Fabio Tabosa, j. 19/10/2010.

Em seu voto, o desembargador relator fez, inicialmente, longo apanhado sobre a reparação não pecuniária dos danos morais, afirmando que "para além de simples alternativa, a reposição em espécie [deve] ser vista inclusive como hipótese preferencial". Ato contínuo, tendo em vista a espontânea retratação da parte ré dois dias após o incidente, ressaltou que a medida foi efetiva e "cumpriu em tempo hábil o propósito de esclarecer ao público-alvo o erro havido, não permitindo cogitar, nas circunstâncias, de qualquer dano residual à honra do autor passível de reparação pecuniária autônoma".

Como se observa em todos esses últimos casos, o raciocínio apresentado não deixa de ser pertinente, já que, ao se pretender a restauração do estado anterior tanto quanto possível,[72] eventuais providências adotadas pelo lesante que contribuam para essa situação devem, com razão, ser consideradas pelo intérprete.[73]

No mais, à luz do que se examinou na jurisprudência brasileira, já se nota um avanço no acolhimento da reparação específica dos danos morais. Entretanto, na medida em que a expectativa é um prestígio em patamar superior, não há dúvida de que referências fora da órbita nacional podem servir como significativa fonte de inspiração para a expansão dos horizontes.

2.3. A experiência da Corte Interamericana de Direitos Humanos

O certo grau de resistência dos tribunais nacionais quanto ao acolhimento e à imposição de obrigações de fazer e não fazer para efeitos reparatórios, amparado em argumentos já debatidos e na dificuldade de implementação de medidas, pode gerar a impressão de que seria realmente difícil imaginar um universo jurídico em que a reparação específica não seja coadjuvante.

Longe desse perfil, a Corte Interamericana de Direitos Humanos, confrontada com graves lesões extrapatrimoniais de origens diversas, vem demonstrando,

---

72. "A reparação tem por finalidade restabelecer o estado anterior à lesão" (PEREIRA, Caio Mário da Silva. *Responsabilidade Civil*, cit., p. 437).
73. A questão já foi referida, ainda que em outro contexto, por Gianfranco Bronzetti: "De outra parte, por certo não se pode contestar que na liquidação do dano não patrimonial o juiz deve levar em consideração todos os elementos que possam ter agido sobre a entidade do dano moral e, portanto, também as eventuais vantagens proporcionadas à pessoa ofendida pelo ilícito, examinando se no caso aquela vantagem poderia repercutir em sentido benéfico sobre o sofrimento moral, atenuando-o ou mesmo eliminando-o" (BRONZETTI, Gianfranco. La compensatio lucri cum damno. *Archivio della responsabilità civile e dei problemi generali del danno*, 1967, p. 749, tradução livre).

a partir de posições vanguardistas em termos de mecanismos reparatórios não monetários nas últimas décadas, que a impressão mais se deve ao desenvolvimento de uma rígida cultura pecuniária no campo da responsabilidade civil do que a efetivos óbices jurídicos.

Instituído para interpretar e aplicar a Convenção Americana sobre Direitos Humanos de 1969, também chamada de "Pacto de San José da Costa Rica", o tribunal possui inúmeras sentenças que se prestam a ilustrar essa imagem, como o julgamento de um assassinato de centenas de indígenas, ocorrido na década de oitenta na Guatemala, no qual se "impôs ao país diligências para o fortalecimento da cultura maia, mediante a implementação de políticas públicas de difusão das tradições e da memória daquele grupo social".[74]

E, mesmo se tratando de um tribunal regional de proteção de Direitos Humanos (tais como a Corte Europeia de Direitos Humanos e a Corte Africana de Direitos Humanos e dos Povos), o impacto das suas decisões é amplo, na medida em que as sentenças prolatadas, além de inapeláveis (art. 67),[75] vinculam os países signatários (art. 68, 1)[76] e contam com mecanismos próprios de supervisão do cumprimento pelos Estados condenados (art. 65).[77]

Especialmente no que toca ao Brasil, apesar de a Constituição da República de 1988 trazer, no seu art. 4º, II, a menção à "prevalência dos direitos humanos" nas relações internacionais, a adesão ao Pacto somente aconteceu em 1992.[78] Tardou ainda mais seis anos para que se declarasse "como obrigatória e de pleno direito a competência da Corte Interamericana de Direitos Humanos, em todos os casos relacionados com a interpretação ou aplicação da Convenção Americana sobre Direitos Humanos".[79]

---

74. COSTA, Adriano Pessoa da; POMPEU, Gina Vidal Marcílio. Corte Interamericana de Direitos Humanos e desmonetarização da responsabilidade civil, cit., p. 15.
75. "Art. 67. A sentença da Corte será definitiva e inapelável. Em caso de divergência sobre o sentido ou alcance da sentença, a Corte interpretá-la-á, a pedido de qualquer das partes, desde que o pedido seja apresentado dentro de noventa dias a partir da data da notificação da sentença".
76. "Art. 68. 1. Os Estados-Partes na Convenção comprometem-se a cumprir a decisão da Corte em todo caso em que forem partes".
77. "Art. 65. A Corte submeterá à consideração da Assembléia Geral da Organização, em cada período ordinário de sessões, um relatório sobre suas atividades no ano anterior. De maneira especial, e com as recomendações pertinentes, indicará os casos em que um Estado não tenha dado cumprimento a suas sentenças".
78. A situação foi veiculada no Decreto nº 678/1992.
79. "O Governo da República Federativa do Brasil declara que reconhece, por tempo indeterminado, como obrigatória e de pleno direito a competência da Corte

Desde então, mais de dez casos envolvendo o Brasil foram submetidos à Corte, tendo havido absolvição do Estado em apenas uma oportunidade ("Nogueira de Carvalho e outro *vs.* Brasil").[80]

A primeira das hipóteses analisadas em que o Brasil esteve diretamente relacionado ocorreu no caso que ficou conhecido como "Ximenes Lopes *vs.* Brasil". O trabalho dos cinco juízes que compunham o colegiado consistia em avaliar a situação de um indivíduo portador de deficiência mental que teria sido exposto a maus-tratos em um centro psiquiátrico, chegando a óbito três dias depois da internação.

Ao decidir favoravelmente à condenação, a primeira menção, assim como tem ocorrido com outras decisões, consistiu na autoproclamação de que a "Sentença constitui *per se* uma forma de reparação", em postura que se alinha à tese de que a confirmação da reprovabilidade da conduta pelos órgãos julgadores figura como valioso instrumento à tutela das vítimas.[81]

Na sequência, sob o expresso argumento de que a compensação econômica não seria adequada para parte das violações havidas,[82] a Corte determinou a publicação dos fatos e da parte resolutiva da sentença em jornal de ampla circulação nacional, além da manutenção de um programa de formação e

---

Interamericana de Direitos Humanos, em todos os casos relacionados com a interpretação ou aplicação da Convenção Americana sobre Direitos Humanos, em conformidade com o artigo 62, sob reserva de reciprocidade e para fatos posteriores a esta declaração". Disponível em: <https://www.cidh.oas.org/basicos/portugues/d.Convencao_Americana_Ratif..htm>. Acesso em: 28 dez. 2020.

80. À época, a Corte apreciou hipótese relativa à falta de investigação e punição de um suposto grupo de extermínio de que fariam parte policiais civis e outros funcionários estatais ("meninos de ouro") e entendeu que "não ficou demonstrado que o Estado tenha violado no presente caso os direitos às Garantias Judiciais e à Proteção Judicial". Disponível em: <http://www.corteidh.or.cr/docs/casos/articulos/seriec_161_por.pdf>. Acesso em: 28 dez. 2020.

81. Disponível em: <http://www.corteidh.or.cr/docs/casos/articulos/seriec_149_por.pdf>. Acesso em: 28 dez. 2020.

82. "A Corte estima que neste caso não é pertinente ordenar o pagamento de compensação econômica a título de dano imaterial pela violação dos artigos 8.1 e 25.1 da Convenção Americana, levando em conta que esta sentença constitui, *per se*, uma forma de reparação e considerando que os atos ou obras de alcance ou repercussão públicos especificados nos seguintes parágrafos significam uma devida reparação nos termos do artigo 63.1 da Convenção".

capacitação de profissionais para o trato de pessoas portadoras de deficiência mental, seguindo os padrões internacionais sobre a matéria.[83]

Também sobre as medidas reparatórias, a sentença sopesou o fato de que o Estado atribuiu ao Centro de Atenção Psicossocial de Sobral (CAPS) o nome de "Centro de Atenção Psicossocial Damião Ximenes Lopes" e conferiu à sala em que se realizou a Terceira Conferência de Saúde Mental o nome "Damião Ximenes Lopes", o que, segundo assinalado, "contribui para conscientizar quanto à não-repetição de fatos lesivos como os ocorridos neste caso e manter viva a memória da vítima".

Os direitos de indígenas também já estiveram sob o crivo da Corte. Na sentença prolatada no caso do "Povo indígena Xucuru e seus membros *vs.* Brasil", a alegação dizia respeito a dois pontos principais: (i) demora superior a dezesseis anos para reconhecimento, titulação, demarcação e delimitação de suas terras e territórios; e (ii) demora para a retirada de ocupantes ilegais do local (desintrusão).[84]

Na condenação imposta, estipulou-se que o Brasil deveria atuar diretamente para solucionar as duas questões. Quanto à primeira, precisaria garantir "o direito de propriedade coletiva do Povo Indígena Xucuru sobre seu território, de modo que não sofram nenhuma invasão, interferência ou dano". Em relação à segunda, o Estado estaria obrigado a "concluir o processo de desintrusão do território indígena Xucuru, com extrema diligência".

Em outras duas oportunidades, em 2010 e 2018, foi a vez do período ditatorial brasileiro chamar a atenção da Corte.

Na primeira delas, no caso "Gomes Lund e outros ('Guerrilha do Araguaia') *vs.* Brasil", o debate se referia à "responsabilidade [do Estado] pela detenção arbitrária, tortura e desaparecimento forçado de 70 pessoas", entre membros do Partido Comunista do Brasil e camponeses, como resultado de operações do exército brasileiro na década de 1970 com o objetivo de erradicar a Guerrilha do Araguaia.[85]

A despeito da vigência da Lei de Anistia no país (Lei nº 6.683/1979), o Tribunal estipulou a adoção das seguintes posturas pelo Estado: (i) conduzir

---

83. Considerou-se, nesse ponto, que "o Estado adotou internamente uma série de medidas para melhorar as condições da atenção psiquiátrica nas diversas instituições do Sistema Único de Saúde (SUS)".
84. Disponível em: <http://www.corteidh.or.cr/docs/casos/articulos/seriec_346_por.pdf>. Acesso em: 29 dez. 2020.
85. Disponível em: <http://www.corteidh.or.cr/docs/casos/articulos/seriec_219_por.pdf>. Acesso em: 29 dez. 2020.

uma investigação penal para esclarecer os fatos e punir os responsáveis; (ii) reunir esforços para localizar o paradeiro das vítimas e, se o caso, identificar e encaminhar os restos mortais aos familiares; (iii) oferecer tratamento médico, psicológico ou psiquiátrico caso as vítimas requeiram; (iv) publicar a sentença em jornal e sítio eletrônico; (v) realizar ato público de reconhecimento de responsabilidade internacional; (vi) "implementar, em um prazo razoável, um programa ou curso permanente e obrigatório sobre direitos humanos, dirigido a todos os níveis hierárquicos das Forças Armadas"; (vii) promover os atos necessários para "tipificar o delito de desaparecimento forçado de pessoas em conformidade com os parâmetros interamericanos"; (viii) seguir "desenvolvendo iniciativas de busca, sistematização e publicação de toda a informação sobre a Guerrilha do Araguaia, assim como da informação relativa a violações de direitos humanos ocorridas durante o regime militar".

Ainda, a Corte apontou, expressamente, que "valora a iniciativa de criação da Comissão Nacional da Verdade e exorta o Estado a implementá-la". Pouco tempo depois, em novembro de 2011, passou a viger a Lei nº 12.528/2011, que "Cria a Comissão Nacional da Verdade no âmbito da Casa Civil da Presidência da República".[86]

Não foi, em rigor, a primeira vez que a Corte indicou o contraste entre a violação a direitos humanos e a vigência de leis de anistia,[87] mas certamente se trata de decisão emblemática, seja pelo categórico apontamento da responsabilidade do Estado, seja pela quantidade de expedientes destacados à reparação específica dos danos perpetrados.

A segunda hipótese trazida à Corte sobre questões afetas à ditadura no país ocorreu no caso "Herzog e outros vs. Brasil", julgado em março de 2018. Discutiu-se, naquele momento, a "impunidade em que se encontram a detenção

---

86. A propósito, no *site* oficial da Comissão Nacional da Verdade consta seção denominada "A instalação da Comissão Nacional da Verdade" e, apesar do curto texto, há específica referência a essa decisão da Corte Interamericana de Direitos Humanos, a confirmar a correlação entre a sentença prolatada e a providência tomada em âmbito nacional. Disponível em: <http://cnv.memoriasreveladas.gov.br/institucional-acesso--informacao/a-cnv/57-a-instalacao-da-comissao-nacional-da-verdade.html>. Acesso em: 29 dez. 2020.

87. V., exemplificativamente, os casos "Barrios Altos vs. Peru", em 2001, e "Almonacid Arellano y otros vs. Chile", em 2006. Disponível em: <http://www.corteidh.or.cr/docs/casos/articulos/Seriec_75_esp.pdf> e <http://www.corteidh.or.cr/docs/casos/articulos/seriec_154_esp.pdf>. Acesso em: 29 dez. 2020.

arbitrária, a tortura e a morte do jornalista Vladimir Herzog [...] essa impunidade seria causada, entre outros, pela Lei nº 6.683/79 (Lei de Anistia)".[88]

Como resultado, a sentença registrou, inicialmente, que o Estado brasileiro é responsável "pela falta de investigação, bem como do julgamento e punição dos responsáveis pela tortura e pelo assassinato de Vladimir Herzog, cometidos em um contexto sistemático e generalizado de ataques à população civil" e, ainda, pela afronta ao direito dos familiares à verdade, "em virtude de não haver esclarecido judicialmente os fatos violatórios do presente caso e não ter apurado as responsabilidades individuais respectivas, em relação à tortura e assassinato de Vladimir Herzog".

Em seguida, foram impostas diligências como: (i) reabertura da investigação e do processo penal referentes aos fatos ocorridos em 25 de outubro de 1975, para "identificar, processar e, caso seja pertinente, punir os responsáveis pela tortura e morte de Vladimir Herzog"; (ii) efetivação "das medidas mais idôneas, conforme suas instituições, para que se reconheça, sem exceção, a imprescritibilidade das ações emergentes de crimes contra a humanidade e internacionais"; (iii) execução de um ato público para o reconhecimento de responsabilidade internacional; (iv) publicação da sentença em jornal e nas "páginas eletrônicas oficiais da Secretaria Especial de Direitos Humanos do Ministério da Justiça e Cidadania e do Exército brasileiro"; e (v) divulgação da página eletrônica em que figura a sentença e o resumo da condenação pelas contas oficiais da Secretaria Especial de Direitos Humanos e do Exército no *Twitter* e no *Facebook*, mediante a elaboração de um *post* semanal pelo prazo de um ano.[89]

Houve grande repercussão a respeito e os próprios familiares festejaram a solução estabelecida pelo órgão, como demonstra a declaração pública do filho do Vladimir Herzog: "Ficaram 43 anos de luta para que provássemos que ele foi barbaramente torturado e assassinado. [...] Não encontramos esta

---

88. Disponível em: <http://www.corteidh.or.cr/docs/casos/articulos/seriec_353_por.pdf>. Acesso em: 29 dez. 2020.
89. Exemplo de atendimento à ordenação da Corte pode ser visto na página oficial do Ministério da Mulher, da Família e dos Direitos Humanos (MMFDH) no *Twitter*, em que aparecem, entre outras, publicações como a ocorrida no dia 13/05/2019, com o seguinte teor: "Cumprindo a decisão da Corte Interamericana de Direitos Humanos (CIDH), o Ministério da Mulher, da Família e dos Direitos Humanos do Brasil divulga o conteúdo de sentenças em casos que envolvem o Estado brasileiro". Disponível em: <https://twitter.com/DHumanosBrasil/status/1127920840211873792>. Acesso em: 29 dez. 2020.

resposta no país que meu pai adotou como pátria. [...] Finalmente, hoje, saiu a sentença tão aguardada".[90]

A importância de medidas como as decididas pela Corte no tocante a contextos ditatoriais também já foi abordada por Stefano Rodotà, com endosso, inclusive, à efetividade da reparação não pecuniária em hipóteses tais:

> O direito à reparação, aliás, não se encontra fechado no esquema clássico do ressarcimento do dano mediante a atribuição de uma soma em dinheiro. Em um eficaz documento das mães e dos parentes dos uruguaios desaparecidos diz-se expressamente que "a reparação começa com a verdade dos fatos. Por isso, quer no que se refere às próprias vítimas, quer aos familiares dos desaparecidos, o estabelecimento da verdade e seu reconhecimento oficial estão na base de qualquer forma de reparação, além de se constituir na própria reparação". De fato, mais do que qualquer ressarcimento pecuniário, assumiu relevância, por exemplo, a atribuição do nome de uma vítima a uma escola, uma estrada, um edifício, uma instituição. A comunicação pública da verdade, pois, não apenas como ressarcimento da memória individual, mas como construção de uma memória coletiva que pode mitigar o ressentimento. Pode-se recordar, em sintonia, o convite dirigido aos "companheiros" que restaram das vítimas da expulsão da Suíça no canto *Addio Lugano bella*: "As verdades sociais pelos fortes propagada/é esta a vingança que nós lhes demandamos".[91]

A mesma lógica exitosa para fins reparatórios pode ser vista em outros campos temáticos, como o da questão migratória, em que não raro há tratamento discriminatório por parte de um Estado.

Foi o que aconteceu em setembro de 2005, no caso das "Crianças Yean e Bosico *vs.* República Dominicana", em que se discutia a negativa de emissão de certidão de nascimento a indivíduos nascidos no país. Segundo alegado, as crianças formavam parte de um grupo social vulnerável em solo dominicano à conta da ascendência haitiana e, por essa razão, permaneceram longo tempo

---

90. Disponível em: <https://oglobo.globo.com/brasil/corte-interamericana-de-direitos-humanos-condena-brasil-por-assassinato-de-vladimir-herzog-22851806>. Acesso em: 29 dez. 2020.
91. RODOTÀ, Stefano. O direito à verdade, cit., p. 9-10.

como apátridas, o que teria ensejado uma série de transtornos, como a impossibilidade de frequentar colégios locais.[92]

Após decidir pela responsabilidade do Estado, o Tribunal entendeu que, afora a publicação da sentença e um ato público de reconhecimento de responsabilidade, seria adequada a imposição de "medidas legislativas, administrativas e de qualquer outro caráter que sejam necessárias para regulamentar o procedimento e os requisitos exigidos para adquirir a nacionalidade dominicana, mediante o registro tardio de nascimento". Ainda, o colegiado apontou que "este procedimento deve ser simples, acessível e razoável, em consideração de que, de outra forma, os solicitantes poderiam permanecer na condição de apátridas [...] Ademais, deve existir um recurso efetivo para os casos em que seja negado o requerimento".

Em realidade, o exame de tratamentos discriminatórios não tem se resumido a assuntos de ordem migratória. Em fevereiro de 2012, a Corte avaliou o caso "Atala Riffo e crianças vs. Chile", cuja discussão central era a guarda concedida pela Corte Suprema de Justiça do Chile ao pai de três crianças ao se constatar que, terminada a relação do casal, a ex-esposa passou a conviver com uma pessoa do mesmo sexo.[93]

Conforme consta na sentença, a ação de guarda foi movida sob a alegação de que a mãe "não esta[va] capacitada para cuidar d[as três crianças, e por elas zelar, porque] sua nova opção de vida sexual, somada a uma convivência lésbica com outra mulher, est[ava] provocando [...] consequências danosas ao desenvolvimento dessas menores".

Ao analisar o caso, a Corte pontuou que "alguns atos discriminatórios analisados em capítulos anteriores se relacionaram com a reprodução de estereótipos associados à discriminação estrutural e histórica que têm sofrido as minorias sexuais" e que, dessa forma, "algumas das reparações devem ter uma vocação transformadora dessa situação [...] com vistas a mudanças estruturais que desarticulem os estereótipos e práticas que perpetuam a discriminação contra a população LGTBI".

Por isso, anunciou que uma das providências a ser encampada pelo Estado seria a de seguir implementando programas e cursos permanentes de educação e treinamento aos funcionários públicos relacionados às seguintes matérias: "i) direitos humanos, orientação sexual e não discriminação; ii) proteção dos

---

92. Disponível em: <http://www.corteidh.or.cr/docs/casos/articulos/seriec_130_por.pdf>. Acesso em: 30 dez. 2020.
93. Disponível em: <http://www.corteidh.or.cr/docs/casos/articulos/seriec_239_por.pdf>. Acesso em: 30 dez. 2020.

direitos da comunidade LGBTI; e iii) discriminação, superação de estereótipos de gênero contra a população LGTBI".

Em outra emblemática decisão, à vista de seguidas mortes de mulheres em uma determinada região do México, que denotava a existência de um padrão de violência de gênero não combatido na localidade, decidiu-se, entre tantas medidas de relevo, que o "Estado deverá, no prazo de um ano a partir da notificação desta Sentença, erigir um monumento em memória das mulheres vítimas de homicídio por razões de gênero em Ciudad Juárez" (caso "González e outras vs. México").[94]

Por fim, apenas para corroborar a heterogeneidade das lesões versadas e dos meios reparatórios correlatos, a Corte também tem se deparado com discussões referentes à liberdade de expressão. No caso "Ivcher Bronstein vs. Peru", julgado em fevereiro de 2001, o debate se referia à privação arbitrária do título de nacionalidade do ofendido, um cidadão peruano por naturalização que era acionista majoritário, diretor e presidente do Conselho de Administração de um canal televisivo. Segundo alegado, o ato teve por intuito retirá-lo do controle editorial, de modo a limitar as denúncias de graves violações a direitos humanos e de atos de corrupção.[95]

À época, o colegiado da Corte observou que a nacionalidade da vítima já havia sido recuperada, por força do atendimento à recomendação feita pela Comissão Interamericana de Direitos Humanos no curso da demanda, mas que, ainda assim, com o intuito de reparar o dano, seria o caso de prescrever que "o Estado deve facilitar as condições para que Baruch Ivcher Bronstein possa realizar as gestões necessárias para recuperar o uso e gozo de seus direitos como acionista majoritário da *Companhía Latinoamericana de Radiodifusión S.A.*".

Em verdade, todas essas decisões são meramente exemplificativas em meio à riquíssima jurisprudência da Corte nesse tocante:

> Como exposto, o direcionamento da responsabilidade civil à promoção da dignidade humana exige medidas voltadas à reafirmação existencial das vítimas. Atenta a isso, a Corte [Interamericana de Direitos Humanos] frequentemente impõe ao país transgressor a realização de ato público de reconhecimento de sua responsabilidade, o que inclui a ampla divulgação da decisão em jornais de grande

---

94. Disponível em: <http://www.corteidh.or.cr/docs/casos/articulos/seriec_205_por.pdf>. Acesso em: 30 dez. 2020.
95. Disponível em: <http://www.corteidh.or.cr/docs/casos/articulos/seriec_74_esp.pdf>. Acesso em: 30 dez. 2020.

circulação. Em várias decisões a ordem de reparação inclui obrigações concretas de fazer – cujo cumprimento efetivo é fiscalizado pela Corte –, as quais tomam a forma de expedientes diversos e variados. Por exemplo, o custeio de uma bolsa de estudos; o fornecimento de serviços de saúde gratuitos; a publicação de declaração escrita formal de reconhecimento da responsabilidade e pedido de desculpas; a anulação de prévia condenação penal e a retirada do nome da vítima dos registros públicos de antecedentes criminais. [...] À guisa de exemplo, o Tribunal incluiu nas sentenças medidas como a construção de um monumento às vítimas e o descerramento de placa com sua identificação na presença dos respectivos familiares; a atribuição de seus nomes a centros educativos; a criação de disciplina ou curso de direitos humanos com o nome do lesado; a designação de rua, praça ou escola em homenagem à vítima.[96]

Mais que evidenciar o importante papel assumido pela Corte Interamericana de Direitos Humanos, os julgados demonstram que a lógica não pecuniária é ainda subdimensionada como remédio reparatório no universo brasileiro, havendo uma infinidade de medidas afora a *retratação* e o *direito de resposta* que poderiam servir a esse fim – e de modo bem mais efetivo que uma soma de dinheiro em qualquer patamar.

Sem embargo, para esse pretendido amadurecimento da sistemática, não se pode deixar de considerar aspectos de relevo quanto à sua forma de instrumentalização.[97] É o que se verá na sequência.

2.4. Aspectos instigantes: cumulação com a reparação pecuniária, discricionariedade do intérprete e aplicação de ofício

Quando se aborda a reparação não pecuniária do dano moral, normalmente surgem ao menos três importantes discussões de ordem prática: (i) se há possibilidade de cumulação de pedido de reparação pecuniária com o de reparação específica; (ii) qual a extensão da discricionariedade do intérprete para modular a medida reparatória requerida pela parte; e (iii) se o julgador

---

96. COSTA, Adriano Pessoa da; POMPEU, Gina Vidal Marcílio. Corte Interamericana de Direitos Humanos e desmonetarização da responsabilidade civil, cit., p. 14-16.
97. A questão é sintetizada nas palavras de Teresa Arruda Alvim Wambier: "O processo é, normalmente, instrumento da realização do direito material" (WAMBIER, Teresa Arruda Alvim. A tutela específica do art. 461, do Código de Processo Civil. *Revista dos Tribunais*, v. 80, out./dez. 1995, p. 103).

pode, de ofício, aplicar uma medida não monetária ou modular a providência solicitada.

Embora nenhuma das indagações atraia resposta fácil e desprovida de controvérsias, a primeira delas tem sido debatida com maior frequência. Comecemos por ela.

A cumulação do pleito de reparação específica com o de pagamento de um numerário suscita ponderações importantes, seja sob um viés teórico, pela conjugação de remédios funcionalmente distintos para um objetivo pretensamente comum (i.e., reparar a vítima), seja sob um viés prático, já que a combinação das sistemáticas não é incomum nos tribunais, pelo que um posicionamento distinto poderia representar uma ruptura com o modelo praticado nos litígios envolvendo dano moral.

Entre as formulações sobre a questão, nota-se certa prevalência em favor da cumulação, se a hipótese justificar. E assim ocorre, de modo geral, sob o argumento de se atender, com a maior efetividade possível, à reparação integral do dano (art. 944 do Código Civil).[98]

Em outras palavras, segundo esses autores, sem prejuízo à importância da via específica, é possível que o caso concreto demonstre a insuficiência de um mecanismo não pecuniário para efeito de reparação da lesão havida. Nesses casos, seria aceitável o estabelecimento de uma cifra compatível com a hipótese, de modo a complementar a medida estipulada e permitir uma almejada reparação integral da ofensa extrapatrimonial.[99]

---

98. "A partir do momento em que se compreende que a indenização é apenas um dos meios de se alcançar tal reparação, resta claro que o juiz tem ampla liberdade para combinar o remédio pecuniário com outros que, sem exprimir valor monetário, permitem o atendimento do seu direito material, qual seja, a integral reparação do dano" (SCHREIBER, Anderson. *Direito Civil e Constituição*, cit., p. 217). No mesmo sentido: "A pretensão à indenização, se a restauração em natura não pode ser feita, ou não seria satisfatória, exerce-se para se haver a quantia em dinheiro que valha o dano sofrido, material ou imaterial" (MIRANDA, Francisco Cavalcanti Pontes de. *Tratado de Direito Privado*, cit., p. 27).

99. "A isto equivale o conceito de suficiência da reparação, que permite sua quantificação de forma mais adequada e a admissibilidade da reparação parcial do dano concreto, situação na qual será cabível a cumulação entre a reparação não pecuniária e a reparação pecuniária. Por tal razão, não parece correto ater-se a um raciocínio estático de reparação ou de sua falta para usar, exclusivamente, uma ou outra forma de reparação, sendo mais adequado pensar em grau de reparação para avaliar a suficiência da medida específica e, se reparar apenas parcialmente, ou seja, se for insuficiente, admitir a cumulação com a indenização em dinheiro" (MAGALHÃES, Fabiano Pinto de. *A*

Esse entendimento já foi expressamente referido em julgamento no Superior Tribunal de Justiça: "as duas formas de reparação (natural e pecuniária) não são excludentes entre si, pois deve-se respeito ao princípio da reparação integral, que estava implícito na norma do art. 159 do CC/16 e, atualmente, está expresso no art. 944 do CC/2002".[100]

De outro lado, há posição em doutrina indicando que, uma vez fixado um mecanismo específico de reparação, "nada mais pode ser reclamado [...] já que, sendo sincero o pleito, a satisfação da reparação natural representa a verdadeira justiça".[101] De acordo com essa visão, a fixação de uma quantia nessas hipóteses implicaria em verdadeiro *bis in idem* e, portanto, no "ilícito enriquecimento do credor".[102]

Em menor número, há também aqueles que afirmam a admissibilidade da reparação específica desde que, ao seu lado, seja *necessariamente* estabelecido um valor em favor da vítima do dano: "essa reparação, justamente porque atua apenas sobre as consequências externas do dano moral e, mesmo assim, sem que haja segurança acerca de sua eficácia, não dispensa a indenização em dinheiro".[103]

A bem da verdade, a questão aparenta fazer parte de uma discussão maior, pouco aludida na cena nacional e que pode ser assim resumida: diante de um dano extrapatrimonial, a vítima deverá requerer a reparação específica ou há, da sua parte, uma *faculdade* para se optar entre essa solução, a pecuniária ou, até, a cumulação de ambas?

Por tudo que se disse anteriormente quanto à posição preferencial da reparação não pecuniária do dano moral (item 1.3), a resposta parece caminhar em direção ao emprego da reparação específica como preceito geral.

---

reparação não pecuniária dos danos morais, cit., p. 74-75). De maneira análoga: "sempre que impossível ou insuficiente a reparação em espécie, recorre-se à indenização em pecúnia" (VENOSA, Sílvio de Salvo. *Código civil interpretado*. 2. ed. São Paulo: Atlas, 2011, p. 1.000). Igualmente, v. CAVALIERI FILHO, Sérgio; DIREITO, Carlos Alberto Menezes. *Comentários ao novo Código Civil*: da responsabilidade civil, das preferências e privilégios creditórios. v. XIII. Rio de Janeiro: Forense, 2004, p. 397.
100. STJ, 3ª T., REsp 959.565/SP, Rel. Min. Paulo de Tarso Vieira Sanseverino, j. 04/05/2011.
101. CIANCI, Mirna. *O valor da reparação moral*, cit., p. 145.
102. *Ibid.*, p. 144.
103. ANDRADE, André Gustavo Corrêa de. *Dano moral e indenização punitiva*: os punitive damages na experiência do common law e na perspectiva do direito brasileiro. Rio de Janeiro: Lumen Juris, 2009, p. 148.

Em Portugal, já se afirmou ser esse o entendimento adequado, na esteira da redação do art. 566 do seu Código Civil. É o que demonstra a seguinte passagem de um julgamento ocorrido no Tribunal da Relação do Porto: "não fica na disponibilidade do lesado optar entre uma das mencionadas formas de indemnização, a ponto de lhe ser facultado exigir do lesante a indemnização em dinheiro em prejuízo da reconstituição natural".[104] No mesmo acórdão, diz-se que "esta é também, segundo cremos, a posição maioritária da jurisprudência, como disso são exemplo os Acs. mais recentes do STJ, de 3.5.07 e 30.5.06".

É certo que, diante do histórico dos litígios relacionados ao dano moral, cujos pedidos quase sempre se confundem com a pretensão de uma quantia, a afirmação pode causar certa estranheza. Todavia, em olhar com rigor científico, acredita-se que, se o intuito é a reparação da lesão, o ofendido deverá, em princípio, perseguir o remédio adequado a essa finalidade, somente podendo considerar a pecúnia em eventualidade,[105] quando a reparação específica não se mostrar capaz de reparar integralmente a lesão ou na hipótese de, à luz dos parâmetros aplicáveis (a serem vistos no próximo capítulo), essa via não se apresentar adequada às particularidades do caso concreto.

---

104. TRP, 3ª S., Ap. 5345/2006-09, Rel. Mário Fernandes, j. 18/02/2010.
105. Ao se debruçar sobre o assunto, Maita María Naveira Zarra esclarece que essa é uma das possíveis correntes de interpretação: "*Una de las posibles soluciones consiste en atribuir siempre a la reparación en forma específica preferencia sobre la reparación por equivalente, de tal modo que cuando la primera sea posible y no resulte excesivamente onerosa para el responsable se imponga de manera automática sobre el remedio pecuniario. En este caso, la reparación in natura se presenta como regla general y el resarcimiento en dinero, como remedio subsidiario o excepcional*" (ZARRA, Maita María Naveira. *El resarcimiento del daño en la responsabilidad civil extracontractual*, cit., p. 239-240). Tradução livre: "Uma das soluções possíveis consiste em sempre atribuir preferência à reparação em forma específica em relação à reparação por equivalente, de tal modo que, quando a primeira seja possível e não resulte excessivamente onerosa para o responsável, prevaleça automaticamente sobre o remédio financeiro. Neste caso, a reparação natural se apresenta como regra geral e a compensação em dinheiro como remédio subsidiário ou excepcional". Apesar disso, mais adiante, a autora defende que a possibilidade de escolha pela vítima parece mais correta e afirma que seria essa a corrente prevalente no debate: "*sin embargo, la opinión mayoritaria acerca de a quién corresponde la facultad de decidir el modo a través del cual debe operarse la reparación del perjuicio es la que atribuye dicha facultad al sujeto perjudicado*" (Ibid., p. 241). Tradução livre: "Sem embargo, a opinião majoritária sobre a quem compete decidir o modo através do qual deve se operar a reparação do prejuízo é aquela que atribui essa faculdade ao sujeito prejudicado".

Como consequência, a indicação de uma causa de pedir relacionada à ocorrência de danos morais sem a correspondente veiculação de um pedido de natureza reparatória poderá ensejar a determinação de emenda da petição inicial, nos termos do art. 321[106] c/c art. 330, I e §1º, III, do CPC/15[107] e em observância ao princípio da primazia da decisão de mérito.[108]

Um segundo ponto controverso quanto ao exercício concreto da pretensão de reparação não pecuniária dos danos morais diz respeito à possibilidade de o julgador modular a providência requerida pela parte.

Via de regra, costuma-se apontar que a sujeição do intérprete aos limites objetivos da demanda é importante mecanismo de controle das decisões proferidas.[109] Nada obstante, o caso da tutela específica comporta interpretação particular, diante da disposição do art. 497 do Código de Processo Civil.[110]

Para explicar, a norma demarca abertamente a diferença entre a existência de um direito merecedor de tutela e o meio de instrumentalização desse direito, apontando que a avaliação de cada uma das questões deverá ser feita de modo individualizado, em etapas subsequentes.

Em primeiro lugar, caberá ao julgador analisar a presença de um direito merecedor de tutela, isto é, se a pretensão veiculada se mostra procedente. Caso decida favoravelmente, entrará em discussão a *forma* de entrega da

---

106. "Art. 321. O juiz, ao verificar que a petição inicial não preenche os requisitos dos arts. 319 e 320 ou que apresenta defeitos e irregularidades capazes de dificultar o julgamento de mérito, determinará que o autor, no prazo de 15 (quinze) dias, a emende ou a complete, indicando com precisão o que deve ser corrigido ou completado. Parágrafo único. Se o autor não cumprir a diligência, o juiz indeferirá a petição inicial".
107. "Art. 330. A petição inicial será indeferida quando: I – for inepta; [...] § 1º Considera-se inepta a petição inicial quando: [...] III – da narração dos fatos não decorrer logicamente a conclusão; [...]".
108. DIDIER JR., Fredie. *Curso de direito processual civil*: Introdução ao Direito Processual Civil, Parte Geral e Processo de Conhecimento. v. 1. 17. ed. Salvador: JusPodivm, 2015, p. 136-137.
109. "[...] a regra da adstrição visa evitar atuação oficiosa do juiz, que poderia comprometer a sua imparcialidade, levando-o a atuar de forma arbitrária" (ARENHART, Sérgio Cruz; MARINONI, Luiz Guilherme; MITIDIERO, Daniel. *Novo curso do processo civil*: tutela dos direitos mediante procedimento comum. v. 2. 3. ed. São Paulo: Revista dos Tribunais, 2017, p. 911).
110. "Art. 497. Na ação que tenha por objeto a prestação de fazer ou de não fazer, o juiz, se procedente o pedido, concederá a tutela específica ou determinará providências que assegurem a obtenção de tutela pelo resultado prático equivalente".

prestação jurisdicional, que poderá ocorrer de duas maneiras: (i) a partir da tutela específica, na qual há coincidência entre a providência solicitada e aquela determinada pelo julgador; ou (ii) pelo resultado prático equivalente,[111] que, embora estruturalmente diverso da medida requerida, guarda, sob uma perspectiva funcional, plena identidade com ela, permitindo, igualmente, a efetiva tutela do direito.[112]

Essa lógica vai ao encontro do princípio da efetividade, consagrado na esfera processual, em que desponta a "exigência de um sistema completo de tutela executiva, no qual existam meios executivos capazes de proporcionar pronta e integral satisfação a qualquer direito merecedor de tutela executiva".[113]

Não são poucos os autores que retratam esse quadro, explicando que "todo instrumento, como tal, é meio e todo meio só é tal e se legitima, em função dos fins a que se destina"[114] e que "Processo devido é processo efetivo. O princípio

---

111. "O resultado prático equivalente, por sua vez, é uma providência não solicitada, capaz de gerar resultado prático equivalente ao da tutela específica" (ARENHART, Sérgio Cruz; MARINONI, Luiz Guilherme; MITIDIERO, Daniel. *Novo curso do processo civil*: tutela dos direitos mediante procedimento comum, cit., p. 913).

112. A situação pode ser ilustrada, de modo mais abrangente, com a seguinte passagem doutrinária: "Vale pensar num exemplo: um vizinho move ação judicial contra o outro, ao fundamento de que este último construíra uma varanda cujo telhado lançava a água da chuva sobre a garagem da residência do primeiro, causando danos ao imóvel, e pede que o magistrado determine o desfazimento (demolição) daquela obra. Averiguando que o autor tem razão, pode o magistrado julgar procedente o seu pedido, mas determinar que, em vez de demolir a sua varanda, o vizinho-réu tome providência no sentido de construir uma canaleta por onde possa escoar a água da chuva sem que haja prejuízo ou risco para o imóvel do demandante. Trata-se de decisão que não concede exatamente o que pretendia o autor; mas lhe defere um resultado prático equivalente, atendendo às sub-regras da proporcionalidade: (i) é medida adequada, eis que tem aptidão para permitir que se atinja o bem da vida buscado pelo autor; (ii) é medida necessária, eis que é a que causa menor restrição ao direito do réu; (iii) e é medida proporcional, eis que concilia perfeitamente os valores em jogo, sem causar a nenhum deles uma restrição irrazoável" (BRAGA, Paulo Sarno; CUNHA, Leonardo Carneiro da; DIDIER JR., Fredie; OLIVEIRA, Rafael Alexandria de. *Curso de direito processual civil*: execução. v. 5. 7. ed. Salvador: JusPodivm, 2017, p. 585).

113. GUERRA, Marcelo Lima. *Direitos fundamentais e a proteção do credor na execução civil*, São Paulo: RT, 2003, p. 102.

114. DINAMARCO, Cândido Rangel. *A Instrumentalidade do Processo*. 4. ed. São Paulo: Malheiros Editores, 1994, p. 149. Na mesma linha: "Tanto a instrumentalidade quanto a efetividade colocam o processo na sua verdadeira trilha, não como fim em si mesmo, mas como meio, repudiando o apego ao fetichismo de formas sacramentais" (GAIO

da efetividade garante o direito fundamental à tutela executiva [...] O art. 4º do CPC, embora em nível infraconstitucional, reforça esse princípio como norma fundamental do processo civil".[115]

Em razão disso, ancorando-se no mote de Giuseppe Chiovenda de que "o processo deve dar a quem tem direito, tanto quanto seja praticamente possível, tudo aquilo e exatamente aquilo que ele tem o direito de conseguir",[116] a incursão sobre o mecanismo não pecuniário postulado em juízo não desperta afronta ao princípio da adstrição, servindo, longe disso, para garantir que o direito seja efetivamente tutelado no caso concreto.[117]

Exemplo de situação como essa foi visto no julgamento do REsp nº 332.772/SP pelo Superior Tribunal de Justiça, em março de 2006. Basicamente, os ministros da Corte examinaram se uma sentença em ação civil pública seria *extra petita* pelo fato de haver determinado providências não requeridas pelo Ministério Público.[118]

JÚNIOR, Antônio Pereira. *Tutela específica das obrigações de fazer.* Rio de Janeiro: Forense, 2000, p. 5).

115. DIDIER JR., Fredie. *Curso de direito processual civil*: Introdução ao Direito Processual Civil, cit., p. 113.

116. No original: "*il processo deve dare per quanto è possibile praticamente a chi ha un diritto tutto quello e proprio quello ch'egli ha diritto di conseguire*" (CHIOVENDA, Giuseppe. *Saggi di diritto processuale civile*. v. 1. Milano: Giuffrè, 1993, p. 110).

117. Nesse particular, são valiosas as palavras de Pietro Perlingieri. Segundo o autor, a interpretação adequada demanda "o confronto e o contextual conhecimento do problema concreto a ser regulado, isto é, do fato, individuado no âmbito do inteiro ordenamento – o conjunto das proposições normativas e dos princípios –, de maneira a individuar a normativa mais adequada e compatível com os valores em jogo" (PERLINGIERI, Pietro. *Perfis do Direito Civil*: introdução ao Direito Civil Constitucional, cit., p. 72). Em âmbito processual, confira-se: "[...] o direito fundamental à tutela executiva exige um sistema de tutela jurisdicional 'capaz de proporcionar pronta e integral satisfação a qualquer direito merecedor de tutela executiva'. Mais concretamente, significa: a) a interpretação das normas que regulamentam a tutela executiva tem de ser feita no sentido de extrair a maior efetividade possível; b) o juiz tem o poder-dever de deixar de aplicar uma norma que imponha uma restrição a um meio executivo, sempre que essa restrição não se justificar como forma de proteção a outro direito fundamental; c) o juiz tem o poder-dever de adotar os meios executivos que se revelem necessários à prestação integral de tutela executiva" (DIDIER JR., Fredie. *Curso de direito processual civil*: Introdução ao Direito Processual Civil, Parte Geral e Processo de Conhecimento, cit., p. 113-114).

118. STJ, 2ª T., REsp 332.772/SP, Rel. Min. João Otávio de Noronha, j. 04/05/2006.

Em suma, a demanda envolvia construções ilegais em área de mata atlântica e o autor havia pleiteado as respectivas demolições. Entretanto, por conta da consolidação da ocupação no local, o magistrado sentenciante estabeleceu outras medidas voltadas à recuperação da área, como a "substituição das matérias impermeáveis por outras permeáveis".

Ao apreciar a questão, o colegiado da Corte Superior, à unanimidade, entendeu pela inexistência de vício, na medida em que a decisão proferida "harmonizou-se perfeitamente com os postulados do art. 461, parte final, que assim dispõe: 'determinará providências que assegurem o resultado prático equivalente ao do adimplemento'".

Ainda que a controvérsia ali existente não estivesse relacionada a danos extrapatrimoniais, a decisão não deixa de figurar como norte para demandas de responsabilidade civil de forma ampla, orientando a correta interpretação a ser conferida ao atual art. 497 do Código de Processo Civil.

Aliás, como um último dado nesse tocante, a modulação do pleito requerido pela parte está longe de ser circunstância estranha às demandas envolvendo dano moral, sendo constantemente verificada quando se está diante da via pecuniária. Uma rápida consulta a decisões nessa seara é suficiente para comprovar que, no mais das vezes, a disputa gravita em torno do valor estipulado, que costuma ser ampliado e reduzido sem maiores cerimônias pelo Judiciário, em atenção ao que se entende como adequado ao dano provocado.

Em seguida à viabilidade de modulação, dentro dos limites processuais, surge a terceira questão acima indicada. Poderia o julgador adotar esse entendimento de ofício? Mais: poderia aplicar a reparação específica quando não há pedido desse gênero?

A doutrina civilista, com amparo em orientações firmadas em âmbito processual, já acenou positivamente em relação a essa solução para o caso de reparação do dano moral provocado: "a parcela mais avançada da doutrina processual começa a flexibilizar os limites impostos pelo princípio da congruência, admitindo que o juiz adote medidas diversas das pleiteadas, desde que com o escopo de tutelar o direito material do autor da demanda".[119]

Como mencionado no item 2.2.1 deste livro, a situação foi expressamente abordada no voto-vista do ministro Luís Roberto Barroso no recurso extraordinário 580.252/MS, até porque, vale lembrar, o ali autor havia requerido um valor a título de reparação do dano moral, e não a remição da pena. Com isso, para justificar a opção pela reparação específica, apontou-se que "nas ações de

---

119. SCHREIBER, Anderson. *Direito Civil e Constituição*, cit., p. 217.

indenização por danos morais, o direito material do autor a ser tutelado não é o recebimento de dinheiro, mas a efetiva reparação das lesões suportadas".[120]

O assunto abre margem para importantes reflexões, inclusive a de se avaliar se cabe ao intérprete, mais que à vítima, apontar o que repara o dano sofrido. Não por coincidência, há quem defenda a necessidade de, no mínimo, se permitir às partes o exercício do devido contraditório antes que a decisão seja proferida,[121] o que estaria em maior sintonia com relação a garantias processuais indisponíveis. Isso pode ser feito de forma relativamente simples, mediante a intimação dos envolvidos para se manifestar sobre eventual mecanismo cogitado ou a partir da designação de uma audiência especial para debate a esse respeito.

Nesse ponto, é preciso considerar que o princípio do contraditório vem sendo compreendido, há longo tempo, como pedra angular do sistema processual,[122] a ponto de se afirmar o seu caráter absoluto, posto que, diferentemente de outros princípios, não admitiria sequer exceção à sua observância, sob pena de nulidade do processo.[123]

A questão foi ainda mais realçada no Código de Processo Civil de 2015, passando a figurar no rol de "Normas Fundamentais do Processo Civil", mais especificamente no art. 9º e 10. O primeiro dos dois dispositivos destaca que "não se proferirá decisão contra uma das partes sem que ela seja previamente ouvida". Já o segundo,[124] consagra o que se veio denominar "princípio da não

---

120. STF, Tribunal Pleno, RE 580.252/MS, Rel. Min Teori Zavascki, Rel. p/ acórdão Min. Gilmar Mendes, j. 16/02/2017.
121. "Portanto, na hipótese de o juiz optar por determinar a adoção de medida diversa da pretendida, deve ele, no mínimo, atentar ao princípio do contraditório, sendo seu dever, caso considere que tal medida poderá de melhor forma amparar o direito material da vítima, dar oportunidade às partes para que se manifestem sobre a tutela diversa que se pretende deferir, em consonância ao art. 10 do Código de Processo Civil e ao princípio expresso no art. 5º, inciso LV da Constituição Federal" (SOUZA, Tayná Bastos de. A reparação não pecuniária dos danos: aplicabilidade no direito brasileiro, cit., p. 537).
122. DINAMARCO, Cândido Rangel. *Fundamentos do processo civil moderno*. 2. ed. São Paulo: Revista dos Tribunais, 1987, p. 94-95.
123. THEODORO JÚNIOR, Humberto. *Curso de Direito Processual Civil – Teoria geral do direito processual civil e processo de conhecimento*. v. 1. 45. ed. Rio de Janeiro: Forense, 2006, p. 30.
124. "Art. 10. O juiz não pode decidir, em grau algum de jurisdição, com base em fundamento a respeito do qual não se tenha dado às partes oportunidade de se manifestar, ainda que se trate de matéria sobre a qual deva decidir de ofício".

surpresa", cujo objetivo é o de assegurar que a decisão não recaía sobre a parte "como uma surpresa inesperada, como sorte ou desgraça que se aguarda com perplexidade sem se poder tomar posição, mas como o resultado dum processo de decisão".[125]

Logo, considerando-se as taxativas previsões de ordem processual, não aparenta haver campo para que o intérprete module eventual providência sem a efetiva participação das partes,[126] escapando, assim, à influência direta desses agentes para o desfecho de um "processo justo",[127] ainda que a solução imaginada possa ser, do ponto de vista abstrato, adequada às peculiaridades da lide.

Naturalmente, sob esses mesmos fundamentos, o princípio do contraditório também seria suficiente para obstar a imposição de medida específica sem que haja pedido dessa ordem. No entanto, quanto a esse peculiar cenário, cumpre ir além.

Como se viu, a dedução em juízo de pleito reparatório em forma específica autoriza ao intérprete avançar sobre o conteúdo do pedido, estipulando mecanismo diverso, se o caso concreto demonstrar essa necessidade. Todavia, quando a parte postula o pagamento de um determinado montante, o que se coloca em questão é uma tutela diversa, não mais de caráter *reparatório*, e

---

125. LUHMANN, Niklas. *Legitimação pelo procedimento*. Trad. Maria da Conceição Côrte-Real. Brasília: Universidade de Brasília, 1980, p. 187.
126. Nesse sentido, BRAGA, Paulo Sarno; CUNHA, Leonardo Carneiro da; DIDIER JR., Fredie; OLIVEIRA, Rafael Alexandria de. *Curso de direito processual civil*: execução, cit., p. 585-586. Igualmente, ARENHART, Sérgio Cruz; MARINONI, Luiz Guilherme; MITIDIERO, Daniel. *Novo curso do processo civil*: tutela dos direitos mediante procedimento comum, cit., p. 914. Em entendimento diverso: "o referido dispositivo [art. 497] permite-nos extrair duas conclusões a propósito do momento para concessão da tutela equivalente. Pode ser concedida na própria sentença, em acolhimento a pedido alternativo do autor, ou de ofício, ante a impossibilidade de concessão da tutela específica. Pode também a tutela equivalente ser concedida após a sentença, de ofício, como consequência do descumprimento do preceito fixado no provimento judicial" (DONIZETTI, Elpídio. *Novo Código de Processo Civil comentado*. 2. ed. São Paulo: Atlas, 2017, p. 637).
127. GRECO, Leonardo. *A teoria da ação no processo civil*. São Paulo: Dialética, 2003, p. 11. Igualmente: "um processo justo, garantindo o acesso a uma justiça imparcial de forma a que não somente possibilite a participação efetiva e adequada dos litigantes, mas que também permita a efetividade da tutela dos direitos, consideradas as diferentes posições sociais e as determinadas situações de direito substancial, significa não somente o acesso à justiça, mais do que isto, 'acesso à ordem jurídica justa'" (GAIO JÚNIOR, Antônio Pereira. *Tutela específica das obrigações de fazer*, cit., p. 8).

sim *compensatório* (em outros termos: uma obrigação de dar, em vez de uma obrigação de fazer ou não fazer).

Justamente por isso, em conformidade com o que se tem manifestado na esfera processual, não caberia ao julgador adotar caminho diverso do requerido, isto é, uma tutela reparatória quando se formulou tutela compensatória ou vice-versa.

Com efeito, sua ingerência reside na promoção da específica tutela requerida (abrindo-se, inclusive, a opção por um resultado prático equivalente, com vistas à melhor realização daquele direito), não se estendendo a uma irrestrita escolha de tutelas aptas a satisfazer o interesse da parte, com o que se violaria, aí sim, o princípio da adstrição:

> Note-se que, através dos arts. 497 e 536, não se concede ao juiz poder de conferir *tutela jurisdicional do direito* diferente da solicitada, mas simplesmente poder de determinar *meio de execução* distinto do requerido para a tutela jurisdicional do direito pretendida pelo autor, assim como o *resultado equivalente à concessão desta tutela do direito*, mas sempre com a observância da regra da menor restrição possível [...] Assim, por exemplo, se é pedida tutela inibitória ou de remoção do ilícito, o juiz não pode conceder tutela ressarcitória na forma específica, mas se a tutela de remoção é pedida mediante imposição de multa, o juiz pode, se assim recomendarem as particularidades do caso concreto, determinar modalidade executiva diferente, como, por exemplo, a busca e apreensão.[128]

Com todas essas considerações sobre o exercício da pretensão de reparação específica em vista, é momento de, enfim, deslocar a atenção aos parâmetros que deverão acompanhar a escolha do meio não pecuniário capaz de reparar o dano moral no caso concreto.

---

128. ARENHART, Sérgio Cruz; MARINONI, Luiz Guilherme; MITIDIERO, Daniel. *Novo curso do processo civil*: tutela dos direitos mediante procedimento comum, cit., p. 912, grifo nosso.

3

PARÂMETROS PARA A APLICAÇÃO DE MEDIDAS NÃO PECUNIÁRIAS

Sumário: 3.1. Os parâmetros aplicáveis. 3.1.1. Parâmetro objetivo. 3.1.2. Parâmetro subjetivo. 3.1.3. Parâmetro financeiro. 3.1.4. Parâmetro temporal. 3.1.5. Parâmetro espacial. 3.2. Exemplos de uma aplicação técnica.

3.1. Os parâmetros aplicáveis

A um leigo em responsabilidade civil pode causar certa perplexidade o fato de se atribuir à reparação não pecuniária tantos predicados, reproduzidos pela doutrina e por importantes vozes no Judiciário, como visto anteriormente, e haver pouca menção a essa sistemática na solução dos litígios.

No entanto, uma avaliação cuidadosa sinaliza que, em boa medida, o problema está na falta de parâmetros para guiar essa trajetória,[1] cenário que traz, com razão, pertinentes inseguranças para os envolvidos.

Ao autor, diante do ainda escasso acolhimento de meios não pecuniários de reparação nas demandas (sobretudo os menos convencionais, distintos de uma retratação ou de um direito de resposta), há o alto risco de afastamento da medida requerida, com o que ficaria sem reparação e, para piorar, recairia sobre si a imposição dos ônus sucumbenciais.

Para o réu, mesmo antevendo ser cenário mais benéfico que o pagamento de uma soma em dinheiro, o que poderia ser sugerido em eventual audiência de mediação, existe o receio de que a proposta tome um rumo não pretendido

---

1. Em doutrina, a atenção a esse dado já foi manifestada: "A definição da medida específica de reparação do dano concreto demanda, possivelmente com maior intensidade, a análise fundamentada de cada um destes aspectos, detalhando, em minúcias, o meio específico escolhido, especialmente quanto à sua forma e extensão. Apenas através desta operação, suficientemente motivada e baseada em critérios objetivos extraídos do dado normativo, será possível efetuar o controle racional da decisão" (MAGALHÃES, Fabiano Pinto de. *A reparação não pecuniária dos danos morais*, cit., p. 96).

e o julgador, pouco acostumado à estipulação de medidas específicas para a reparação dos danos morais, estabeleça decisão desproporcional, colocando-o em situação desfavorável.

Ao julgador, ainda que perceba uma rota jurídica interessante para aplicação dos mecanismos reparatórios não monetários, há dúvida se a decisão prevalecerá ou se será rejeitada pelos pares ou por instâncias superiores, diante da ainda baixa capilaridade dessa via na jurisprudência.

Em resumo, mesmo que possua posição prevalente no ordenamento, a inexistência de linhas claras de aplicação até o momento vem impedindo a expansão dessa forma reparatória. O que não deixa de ser uma notória subversão.

Ao contrário do que ocorre, era esperado que as dificuldades encontradas conduzissem a um esforço de lapidação de um caminho bastante frutífero; e não ao seu abandono em prol da manutenção de um remédio há muito conhecido, mas que não atende à finalidade maior de reparar a vítima.

Justamente por isso, pretende-se apresentar cinco parâmetros para auxiliar o jurista nessa etapa, que podem ser assim ordenados: (i) objetivo; (ii) subjetivo; (iii) financeiro; (iv) temporal; e (v) espacial.

Não se trata, vale dizer, do anúncio de fórmulas inovadoras. O propósito é apenas focalizar, de modo sistematizado, os critérios que comumente frequentam as entrelinhas das decisões, permitindo um maior controle do posicionamento firmado e, consequentemente, o afastamento de eventual arbitrariedade.[2]

Recorre-se, assim, à máxima de que "as escolhas do intérprete devem ser assumidas expressamente, não como forma a libertá-lo do direito

---

2. "A justificativa permite o controle crítico sobre o poder do juiz. O equívoco, revelado pela justificativa, é que evidenciará a ilegitimidade do meio executivo e da forma de tutela [...]. Em outros termos: pelo fato de o juiz ter poder para a determinação da melhor maneira de efetivação da tutela, exige-se dele, por consequência, a justificação das suas escolhas. Nesse sentido pode-se dizer que a justificativa é a outra face do incremento do poder do juiz" (ARENHART, Sérgio Cruz; MARINONI, Luiz Guilherme. *Curso de processo civil*: execução. v. 3. 6. ed. São Paulo: Revista dos Tribunais, 2014, p. 186). Ainda: "A norma jurídica é um *posterius* e não um *prius*, de tal modo que, do processo interpretativo, produz-se, a um só tempo, a norma interpretada e o fato qualificado. O sistema jurídico assim concebido faz convergir a atividade legislativa e interpretativa na aplicação do direito, que permanece aberto a todos os matizes norteadores da vida em sociedade. Daí a imprescindibilidade da fundamentação das decisões e da argumentação que as legitimam" (TEPEDINO, Gustavo. Itinerário para um imprescindível debate metodológico, cit., p. 2).

institucionalizado, mas exatamente para permitir o debate argumentativo acerca da sua adequação ao ordenamento".³

Por último, desde já, entende-se que os parâmetros a seguir possuem dupla função.

A primeira, principal, como ferramenta para a verificação de compatibilidade entre a medida e o dano concretamente considerado, a ponto, inclusive, de levar a eventuais modulações do mecanismo inicialmente imaginado ou, mesmo, à escolha por outra tutela que assegure um resultado prático equivalente.

Todavia, após essa análise inicial, é possível que, em hipóteses excepcionais, se mostre inviável a escolha de um mecanismo não monetário de reparação do dano moral. Surge, então, a segunda função dos parâmetros, que é a de indicar, nesses casos específicos, a pecúnia como único caminho disponível à vítima⁴ (solução que, em regra, conforme mencionado no item 2.4, somente pode ser acolhida em juízo se tiver sido formulado pedido dessa natureza).⁵

Feitas essas considerações preliminares, passemos ao estudo de cada um dos parâmetros.

---

3. KONDER, Carlos Nelson. Fundamentação das decisões e aplicação da função social do contrato: aportes do Código de Processo Civil de 2015. In: ALVIM, Teresa Arruda; BEDAQUE, José Roberto dos Santos; CARNEIRO, Paulo Cezar Pinheiro; MENDES, Aluisio Gonçalves de Castro. *O novo processo civil brasileiro*: Temas relevantes – estudos em homenagem ao Professor, Jurista e Ministro Luiz Fux. v. I. Rio de Janeiro: GZ, 2018, p. 198.
4. É o que se vislumbra na passagem a seguir: "Caso se verifique, portanto, que o requerimento de reparação não pecuniária demonstra-se excessivamente gravoso ao causador do dano, a ponto de tornar-se verdadeiro instrumento punitivo, é permitida a conversão da reparação não pecuniária em valor monetário, a fim de se garantir a justa medida da indenização" (SOUZA, Tayná Bastos de. A reparação não pecuniária dos danos: aplicabilidade no direito brasileiro, cit., p. 540-541). Em linha análoga: "Impondo a reparação natural um sacrifício demasiado, à luz de um juízo de ponderação, tendo em vista a utilidade que o modo de recomposição do bem possa proporcionar ao lesado, defende-se que, a fim de evitar que o responsável tenha que realizar um esforço excessivamente gravoso ou mesmo assumir um custo por demais elevado, a reparação se efetive por meio da entrega de certa soma em dinheiro" (DANTAS BISNETO, Cícero. *Formas não monetárias de reparação do dano moral*: uma análise do dano extrapatrimonial à luz do princípio da reparação adequada, cit., p. 232).
5. Do ponto de vista técnico, bastaria à vítima a apresentação de um pedido principal voltado à reparação específica do dano moral e de um pedido subsidiário de ordem pecuniária, para a hipótese de impossibilidade de aplicação de medidas não monetárias ao caso.

3.1.1. Parâmetro objetivo

O primeiro dos parâmetros que se acredita ser relevante para colaborar com a aplicação da medida no caso concreto é o *objetivo*, relacionado à apuração do nexo entre o interesse lesado e a medida reparatória em questão. Basicamente, o parâmetro serve para assegurar que a reparação tenha por objeto uma obrigação que atenda ao mesmo interesse jurídico que foi objeto de lesão.

Com efeito, dado que se busca *reparar* a vítima pelo dano gerado, não se pode admitir medidas que se afastem dessa finalidade, por mais bem-intencionadas que sejam. Em verdade, se não se admite a pecúnia como primeira resposta aos danos morais justamente por se tratar de remédio não identificado com a pretensão veiculada, de ordem *reparatória*,[6] pelos mesmos motivos descabe cogitar de mecanismos outros que não aqueles direcionados ao interesse lesado.

Em sede legislativa, apesar das enxutas disposições do Código Civil em matéria de reparação de danos, é possível verificar a intenção de se impor ao ofensor a adoção de providências diretamente vinculadas à lesão havida. Essa preocupação aparece, de forma nítida, nos arts. 948[7] e 949,[8] nos quais o legislador aponta quais medidas deverão ser destacadas para atuar sobre os danos provocados por um homicídio e pela ofensa à saúde.

O primeiro dos dois, cuidadoso quanto às concretas manifestações danosas de um homicídio aos entes próximos, ordena o pagamento das despesas com o tratamento da vítima, seu funeral e o luto da família, além da prestação de alimentos para aqueles a quem o morto devia.

O segundo deles, relacionado à hipótese de ofensa à saúde, apresenta zelo similar, indicando que o lesante ficará responsável não só pelas despesas do tratamento a ser realizado, como também pelos lucros cessantes até o fim da convalescença.

Pode-se dizer, portanto, que não escapou ao legislador a percepção, explícita em elevado grau nesses dispositivos legais, de que, diante do propósito

---

6. Para mais sobre esse ponto, confira-se o primeiro capítulo deste livro, em especial o item 1.3.
7. "Art. 948. No caso de homicídio, a indenização consiste, sem excluir outras reparações: I - no pagamento das despesas com o tratamento da vítima, seu funeral e o luto da família; II - na prestação de alimentos às pessoas a quem o morto os devia, levando-se em conta a duração provável da vida da vítima".
8. "Art. 949. No caso de lesão ou outra ofensa à saúde, o ofensor indenizará o ofendido das despesas do tratamento e dos lucros cessantes até ao fim da convalescença, além de algum outro prejuízo que o ofendido prove haver sofrido".

reparatório, importa considerar o remédio que está intimamente atrelado a esse fim. Em suma, é a "satisfação cabal do interesse lesado"[9] que espelha a medida aplicável à espécie.

Logo, a solução não pode ser vista sob outra baliza que não a do próprio dano havido, até porque, se trilhado outro caminho, falha-se quanto ao objetivo de se atingir a necessária aproximação possível do estado anterior à lesão.

No amplo leque de sentenças da Corte Interamericana de Direitos Humanos, esse parâmetro tem sido devidamente atentado, como comprova o trecho a seguir, do caso "Herzog e outros vs. Brasil": "Este Tribunal estableceu que as reparações devem ter um nexo causal com os fatos do caso, as violações declaradas e os danos comprovados, bem como com as medidas solicitadas para reparar os danos respectivos".[10]

Ainda no estrangeiro, a doutrina tem advertido que a reparação deve apresentar uma equivalência qualitativa em relação ao dano, pois *"ocurre, en ocasiones, que aun siendo posible acudir a ciertas formas de reparación específica, éstas no ofrecen una respuesta adecuada en relación al perjuicio que hay que reparar"*.[11]

E assim se exemplifica com a hipótese de publicação de sentença condenatória no caso de erro médico, em que o mecanismo escolhido *"no podrá considerarse una reparación de los daños causados, sino más bien una sanción impuesta al responsable"*.[12] Ainda, outra ilustração apresentada seria a prescrição de entrega de um televisor frente a um *"perjuicio afectivo"*.[13]

Os comentários de João de Matos Antunes Varela sobre a avaliação de obrigações impostas ao devedor como decorrência de um merecimento de tutela,

---

9. KONDER, Carlos Nelson. Critérios para a reparação do dano moral. *Direito, estado e sociedade*, n. 18, jan./jul. 2001, p. 53.
10. Disponível em: <http://www.corteidh.or.cr/docs/casos/articulos/seriec_353_por.pdf>. Acesso em: 30 dez. 2020.
11. "[...] acontece às vezes, que ainda sendo possível aludir a certas formas de reparação específica, estas não oferecem uma resposta adequada em relação ao prejuízo que se deve reparar" (ZARRA, Maita María Naveira. *El resarcimiento del daño en la responsabilidad civil extracontractual*, cit., p. 219, tradução livre).
12. "[...] não se poderá considerar uma reparação dos danos causados, e sim uma sanção imposta ao responsável" (*Ibid*, p. 220, tradução livre).
13. "Prejuízo afetivo" (*Ibid*, p. 220, tradução livre). Esse quadro tem sido mencionado pela doutrina francesa, conforme se observa em: JOURDAIN, Patrice; VINEY, Geneviève. *Traité de droit civil* – les effets de la responsabilité. 2. ed. Paris: L.G.D.J., 2001, p. 90; e CHARTIER, Yves. *La réparation du préjudice*. Paris: Dalloz, Paris, 1983, p. 480.

ainda que relacionados ao disposto no art. 398 do Código Civil português,[14] são igualmente oportunos:

> Exigindo que a prestação corresponda a um interesse (do credor) digno da tutela jurídica, a lei pretendeu: a) afastar as prestações que correspondam a um mero capricho ou a uma simples mania do credor (escrever um livro de exaltação pessoal deste; não usar cabelos compridos ou saias acima do joelho; trajar o devedor de certa forma; não usar uma jóia que um inimigo do credor lhe doou; obrigar-se um actor teatral a não trabalhar em certa cidade para não ofuscar o prestígio de um outro; etc.); b) excluir as prestações que, podendo ser dignas embora da consideração de outros complexos normativos, como por exemplo a religião, a moral, a cortesia, os usos sociais, todavia não merecem a tutela específica do direito (rezar todas as noites certo número de orações ou fazer todos os meses determinado exercício de devoção; incorporar-se todos os anos em determinada procissão; reatar relações com certa pessoa etc.).[15]

Entre nós, Caio Mário da Silva Pereira já se pronunciou sobre a questão: "O que orientará a justiça, no tocante ao dever ressarcitório, é a lesão ao direito ou interesse da vítima".[16]

Em linha similar, Cristiano Chaves de Farias, Felipe Peixoto Braga Netto e Nelson Rosenvald também defendem a averiguação do interesse lesado para a concretização da função reparatória da responsabilidade civil:

> A ideia da lesão está no centro da responsabilidade civil e a sua função, consequentemente, é o restabelecimento do equilíbrio econômico-jurídico desfeito por ocasião do fato danoso. Volta-se para o passado, o fato já ocorrido, seja pela forma da reparação pecuniária ou pela reintegração em forma específica, ou seja, pela repristinação da situação existente: v. g. como pela demolição de uma construção, entrega de um novo bem em substituição ao destruído ou, na hipótese de ofensa

---

14. "Art. 398: 1. As partes podem fixar livremente, dentro dos limites da lei, o conteúdo positivo ou negativo da prestação. 2. A prestação não necessita de ter valor pecuniário; mas deve corresponder a um interesse do credor, digno de protecção legal".
15. VARELA, João de Matos Antunes. *Das obrigações em geral*. 10. ed. v. I. Coimbra: Almedina, 2003, p. 108.
16. PEREIRA, Caio Mário da Silva. *Responsabilidade Civil*, cit., p. 55.

a situações existenciais, por um direito de resposta ou destruição do material pelo qual se perpetua a lesão à imagem ou à privacidade.[17]

De modo ainda mais específico, Cícero Dantas Bisneto, ao aprofundar a discussão sobre a escolha de meios para a reparação não pecuniária dos danos morais, menciona que, na "hipótese de malferição a direitos da personalidade, a melhor solução aparenta consistir na avaliação, caso a caso, da proporcionalidade da medida empregada em cotejo com o bem existencial violado".[18]

E, embora o autor não aponte explicitamente a correlação entre o mecanismo reparatório e o interesse lesado como parâmetro para a aplicação da reparação específica, tal qual acontece no presente livro, refere-se, por outras vias, a essa ideia, ao afirmar que "não deve ser acolhido o pleito do lesado que, em face de conduta ultrajante à sua honra, cujas repercussões não se estenderam para além do seu ambiente de trabalho, demanda a publicação do desagravo em renomada revista de abrangência nacional".[19]

Na prática, o que se prega na passagem nada mais é do que uma cautela no momento de opção pelo mecanismo não monetário, que deve ser apropriado ao interesse lesado, não podendo ser *aquém*, *além* ou *diverso* desse interesse, sob pena de desbordar dos contornos adequados à reparação do dano extrapatrimonial.

Discussão desse exato gênero esteve presente na apelação nº 1102544-55.2014.8.26.0100, apreciada pelo Tribunal de Justiça de São Paulo. O processo dizia respeito aos danos gerados pela morte da filha dos autores em um parque infantil de propriedade do réu, estando a controvérsia situada sobre a possibilidade de se impor ao demandado, em virtude deste evento lesivo, o custeio de um projeto socioeducativo para crianças carentes.

Na oportunidade, embora a 3ª Câmara de Direito Privado tenha reconhecido tanto a responsabilidade do requerido pelo episódio, quanto a existência de danos morais, entendeu que o pedido de custeio do projeto deveria ser afastado, "na medida em que não guarda relação com o ato ilícito praticado

---

17. BRAGA NETTO, Felipe Peixoto; FARIAS, Cristiano Chaves de; ROSENVALD, Nelson. *Curso de Direito Civil*: Responsabilidade Civil, cit., p. 38.
18. DANTAS BISNETO, Cícero. *Formas não monetárias de reparação do dano moral*: uma análise do dano extrapatrimonial à luz do princípio da reparação adequada, cit., p. 234.
19. *Ibid.*, p. 235.

pela requerida e com a extensão dos danos provocados aos requerentes, não se mostrando apto a reparar a ofensa".[20]

Apesar de o entendimento parecer, em princípio, compatível com a hipótese, pela ausência de liame entre a medida solicitada e o interesse lesado, a questão é visivelmente delicada, porque, em tese, supõe-se que a vítima saberá melhor identificar o que seria capaz de repará-la.[21]

No entanto – e já considerando que em certos casos haverá uma espécie de zona cinzenta, que exigirá cooperação de todos e elevada cautela do julgador[22] –, a intenção é trazer o debate a um patamar minimamente distanciado, com a confrontação entre o interesse lesado e a medida reparatória, a fim de se atender ao escopo da responsabilidade civil e se impedir o proferimento de decisões extravagantes.

---

20. Veja-se a fundamentação do acórdão: "Cumpre consignar que os autores pugnam pela condenação do requerido SENAC ao custeio de projeto socioeducativo idealizado pelos autores, voltado para crianças carentes da periferia da cidade de São Paulo. [...] Nesse sentido, a indenização por danos morais pretende compensar ou atenuar parte das consequências da lesão jurídica individualmente sofridas pelos requerentes em razão da conduta da requerida, não se mostrando possível a condenação da requerida em obrigação de fazer com o escopo de reparar a dor e sofrimento causados aos requerentes por sua conduta, sob pena de restar desvirtuada a natureza da indenização por danos morais [...]. Ademais, na hipótese dos autos o pedido de condenação da requerida ao custeio de projeto socioeducativo idealizado pelos autores não se confunde com a hipótese em que a reparação dos danos morais é feita *in natura*, na medida em que não guarda relação com o ato ilícito praticado pela requerida e com a extensão dos danos provocados aos requerentes, não se mostrando apto a reparar a ofensa aos direitos da personalidade dos requerentes" (TJSP, 3ª C.D.P., Ap. Cív. 1102544-55.2014.8.26.0100, Rel. Des. Marcia Dalla Déa Barone, j. 28/11/2017).
21. "Nessa esteira, se hoje a tutela prioritária da vítima deve ser, a todo tempo, perseguida, ninguém melhor do que a própria vítima para avaliar que mecanismo de compensação – pecuniário ou *in natura* – recompõe melhor a lesão a seus interesses" (GUEDES, Gisela Sampaio da Cruz; TERRA, Aline de Miranda Valverde. A repersonalização do direito civil e suas repercussões na responsabilidade civil, cit., p. 488).
22. Em especial, duas normas fundamentais de processo civil, exibidas nos arts. 6º e 8º do CPC/15, guardam integral pertinência nesse particular: "Todos os sujeitos do processo devem cooperar entre si para que se obtenha, em tempo razoável, decisão de mérito justa e efetiva" e, "Ao aplicar o ordenamento jurídico, o juiz atenderá aos fins sociais e às exigências do bem comum, resguardando e promovendo a dignidade da pessoa humana e observando a proporcionalidade, a razoabilidade, a legalidade, a publicidade e a eficiência".

Por fim, verdade seja dita, também em relação ao arbitramento pecuniário há uma busca pela conexão entre a lesão havida e o valor fixado. É o que explica Maria Celina Bodin de Moraes, ao declarar que "o problema consiste em encontrar os meios de individualizar, adequadamente, os danos sofridos e valorá-los sempre em relação à pessoa da vítima".[23]

Nota-se, assim, que o parâmetro já aparece, no mais das vezes, como parte integrante da avaliação feita pelo julgador nas lides relacionadas a danos morais, o que deverá ser estendido também para as hipóteses nas quais os meios não pecuniários estejam no cerne do debate.

3.1.2. Parâmetro subjetivo

O segundo parâmetro é o *subjetivo*. Com ele, quer se referir à necessidade de um concreto exame da situação da vítima, do ofensor e de terceiros, a fim de se alcançar a medida não pecuniária aplicável à hipótese. Dito em outros termos, para que se avalie a adequação e a efetividade de um mecanismo específico não basta considerá-lo em tese; será preciso ponderar cuidadosamente as singulares circunstâncias que envolvem esses três centros de interesse.

Sobre o primeiro deles, vale lembrar que as condições da vítima têm sido destacadas como fator determinante à avaliação do dano.[24] Não é para menos.

---

23. MORAES, Maria Celina Bodin de. *Danos à pessoa humana*: uma leitura civil-constitucional dos danos morais, cit., p. XX. Esse ponto também aparece na obra de Paulo de Tarso Vieira Sanseverino. Ao citar o critério do "interesse lesado" para a reparação do dano moral, proposto por Judith Martins-Costa e que consistiria em "fixar as indenizações por danos extrapatrimoniais em conformidade com os precedentes que apreciaram casos semelhantes", diz que a "vantagem desse critério é permitir a valorização do interesse jurídico lesado (v.g., direito de personalidade atacado), ensejando que a reparação do dano extrapatrimonial guarde uma razoável relação de conformidade com o bem jurídico efetivamente ofendido" (SANSEVERINO, Paulo de Tarso Vieira. *Princípio da reparação integral*: indenização no Código Civil, cit., p. 287).

24. Relembra-se a clássica conclusão de Pietro Perlingieri de que "especial será o dano ao ouvido de um esportista ainda que não profissional que ama nadar ou para quem se dileta a ouvir música; assim como será especial o dano na perna de quem mora em um dos últimos andares de um edifício sem elevador" (PERLINGIERI, Pietro. *Perfis do Direito Civil*: introdução ao Direito Civil Constitucional, cit., p. 174). Igualmente, Maria Celina Bodin de Moraes afirma que "as condições pessoais da vítima, que revelem aspectos de seu patrimônio moral, deverão ser cuidadosamente sopesadas, para que a reparação possa alcançar, sob a égide do princípio da isonomia substancial, a singularidade de quem sofreu o dano" (MORAES, Maria Celina Bodin de. *Danos à pessoa humana*: uma leitura civil-constitucional dos danos morais, cit., p. XX-XXI).

Só há como delimitar a extensão de uma lesão extrapatrimonial quando se verifica como a ofensa repercute sobre a particular situação do ofendido.

Esse raciocínio, que se presta à compreensão do exato dano havido, deverá ser transposto à escolha do meio reparatório. É que, de igual modo, para que se possa definir a tutela conveniente na hipótese, não há outro caminho senão o de considerar a vítima em todas as suas individualidades.

Em seguida, à vista do paradigma do dano injusto e da centralidade da vítima em âmbito reparatório,[25] seria possível supor que a decisão a ser proferida já se destina, insitamente, a melhor resguardar os seus interesses, inexistindo razão para uma preocupação adicional. Todavia, caminhando-se do plano teórico ao prático, nem sempre esse cenário se confirmará.

Como exemplo, diante da resistência de um fabricante ao conserto do aparelho de ar-condicionado em pleno verão, um magistrado poderia determinar o custeio da hospedagem do consumidor em hotel próximo[26] – sem considerar a incompatibilidade da solução com os serviços de *Home Care* por ele utilizados. A medida, vale dizer, seria adequada, não fosse a particular situação da vítima.

Ponderação desse gênero se mostra fundamental, já que, diferentemente do que ocorre na simplista via pecuniária, em que a majoração do valor a ser auferido é sempre percebida como favorável ao beneficiário, na reparação específica há um oceano de fatores que poderá colocar em xeque a eficácia de um mecanismo.

Do lado oposto, a primazia da tutela do ofendido na esfera da responsabilidade civil poderia sugerir que a condição do ofensor e de terceiros pouco interfere na definição do caso concreto. Todavia, se é certo que o lesado tem posição preferencial nesse contexto, não deixa de ser igualmente verdade o fato de que outros interesses merecedores de tutela podem aparecer em um determinado caso.

Nessa direção, tem sido dito que a escolha de um meio não pecuniário de reparação do dano moral, pautada na tutela privilegiada do ofendido, somente admite modificações quando se defrontar com a necessidade de se tutelar outro interesse de natureza extrapatrimonial.[27]

---

25. GOMES, Orlando. Tendências modernas na teoria da responsabilidade civil, cit., p. 295.
26. A hipótese aparece, originalmente, em: SCHREIBER, Anderson. *Direito Civil e Constituição*, cit., p. 213.
27. MAGALHÃES, Fabiano Pinto de. *A reparação não pecuniária dos danos morais*, cit., p. 82.

Daí vem a afirmação de Fabiano Pinto de Magalhães de que, em uma deliberação nesse campo, o "primeiro parâmetro que poderia ser cogitado seria o interesse lesivo, quer dizer, a prestação excessivamente onerosa seria aquela que impusesse uma restrição exagerada a um interesse (possivelmente extrapatrimonial) do ofensor".[28]

Tal situação poderia ocorrer, nos seus dizeres, em eventuais hipóteses de conflito entre a liberdade de expressão e o direito à privacidade de um determinado sujeito. E, a despeito de o autor discordar da utilização desse critério como parâmetro único, menciona que "serviria melhor para escolher a medida não pecuniária adequada, considerando a que menor ônus traria para o interesse do devedor".[29]

O raciocínio se filia, em caráter mais amplo, à ideia de Luiz Guilherme Marinoni de que "o direito deve ser tutelado através do meio mais idôneo, que é aquele que permite a tutela do direito do modo menos gravoso ao réu. E a tutela do direito através do meio mais idôneo deve-se dar de modo a causar a menor restrição possível ao demandado".[30]

À conta disso, o autor defende, por exemplo, que a interdição de uma fábrica por conta da atividade poluidora deverá ceder em favor de uma possível instalação de tecnologia apta à contenção de danos, eis que a menor restrição possível exige que se evite a paralisação das atividades do ofensor.[31]

Uma outra possibilidade de aplicação desse parâmetro seria para impedir que um eventual ofensor, cadeirante, fosse compelido judicialmente a cumprir uma obrigação de fazer em local onde não há acessibilidade, justamente porque dificultaria sobremaneira, diante das suas singulares condições, o desempenho da prestação.

De um modo geral, esse gênero de preocupação tem sido identificado, dentro do âmbito da reparação específica do dano moral, com a averiguação da

---

28. *Ibid.*, p. 83.
29. Sobre as críticas formuladas: "Contudo, este critério consideraria apenas uma situação jurídica subjetiva isolada do ofensor e não serviria a apurar o risco a seu patrimônio mínimo. Além disso, não constituiria raciocínio para verificar a viabilidade da reparação não pecuniária e indicar a necessidade de sua substituição pela indenização monetária" (*Ibid.*, p. 83-84).
30. MARINONI, Luiz Guilherme. *Tutela específica*: arts. 461, CPC e 84, CDC. 2. ed. São Paulo: Revista dos Tribunais, 2001, p. 144.
31. *Ibid.*, p. 145.

"excessiva onerosidade" em relação aos envolvidos.[32] É verdade que o emprego da locução gera dúvida, já que a expressão guarda, entre nós, um sentido técnico aplicado em outro ambiente do ordenamento, notadamente aquele voltado à resolução e revisão de negócios jurídicos (arts. 478 a 480 do Código Civil).[33]

No entanto, em territórios estrangeiros, onde a excessiva onerosidade é explicitamente citada na esfera da reparação dos danos, como ocorre em Portugal (haja vista o art. 566 do Código Civil), a perspectiva vem sendo largamente desenvolvida.[34] Com base nessas reflexões, David Magalhães esclarece a necessidade de se olhar as particulares condições do ofensor:

> Cremos que a excessiva onerosidade da reconstituição assenta, portanto, numa ponderação de valores jurídicos, não pecuniários. Não estão em causa considerações de oportunidade económica, mas de justiça. [...] Trata-se de um juízo de exigibilidade: perante os bens jurídicos tutelados pela reconstituição, é de impor ao lesante, à luz das concepções dominantes no ordenamento (presentes, nomeadamente, na Constituição), os respectivos custos?[35]

---

32. V. DANTAS BISNETO, Cícero. *Formas não monetárias de reparação do dano moral*: uma análise do dano extrapatrimonial à luz do princípio da reparação adequada, cit., p. 232-237; e MAGALHÃES, Fabiano Pinto de. *A reparação não pecuniária dos danos morais*, cit., p. 81-85.

33. DIAS, Antônio Pedro Medeiros. *Revisão e resolução do contrato por onerosidade excessiva no Código Civil*. Dissertação de Mestrado em Direito Civil. Universidade do Estado do Rio de Janeiro, Rio de Janeiro, 2013, p. 32-40.

34. Por se tratar de conceito jurídico indeterminado, surgiram diferentes critérios para verificar a existência da excessiva onerosidade em determinada hipótese. Segundo explica Paloma Tapia Gutiérrez, alguns se filiaram ao chamado critério subjetivo, que tomaria em conta a situação do ofensor no caso concreto. Outros aderiram ao critério objetivo, voltado a uma comparação entre custo e utilidade. Por fim, atualmente ganha força uma terceira corrente, defensora de um critério eclético, segundo o qual o juiz deve atender a todas as circunstâncias, ou seja, tanto as de caráter subjetivo, como as de caráter objetivo (GUTIÉRREZ, Paloma Tapia. *La reparación del daño en forma específica*: el puesto que ocupa entre los medios de tutela del perjudicado, cit., p. 246-254). Também a respeito, COBELLI, Cristina Ebene. Risarcimento in forma specifica. In: ALPA, Guido; BESSONE, Mario. *La responsabilità civile* (Coord.), v. V. Turín: UTET, 1987, p. 353-373.

35. MAGALHÃES, David. A primazia da reconstituição natural sobre a indemnização por equivalente. Contributos jurídico-históricos para a análise do direito português. *Revista de Direito da Responsabilidade*, a. 1, 2019, p. 485-492. Disponível em: <http://revistadireitoresponsabilidade.pt/2019/a-primazia-da-reconstituicao--natural-sobre-a-indemnizacao-por-equivalente-contributos-juridico-historicos-

Ainda que não haja, em sede nacional, idêntica formulação, o raciocínio segue figurando, por outras vias, como dado importante na resolução das demandas, a ponto de se afirmar que "é dever do magistrado utilizar o meio menos gravoso e mais eficiente para se alcançar a tutela almejada, principalmente verificando medidas de apoio que tragam menor onerosidade aos litigantes".[36]

Inegavelmente, em visão sistemática, contribui para essa lógica o disposto no atual art. 805 do Código de Processo Civil, que ordena a promoção da execução pelo meio menos oneroso ao executado. A passagem é lembrada em doutrina para reforçar que a reparação específica não deve ser demasiadamente gravosa a um determinado indivíduo ou, pior, pretexto para uma sanha punitiva de quem quer que seja.[37]

Por outro lado, há a importante ressalva do Superior Tribunal de Justiça no sentido de que "o princípio da vedação à onerosidade excessiva não pode ser convertido em uma panaceia, que leve a uma ideia de proteção absoluta do inadimplente em face de seu credor".[38]

-para-a-analise-do-direito-portugues-david-magalhaes/>. Acesso em: 02 jan. 2021. Em sentido similar: *"el derecho de la víctima a verse indemne no puede conllevar un esfuerzo desproporcionado a cargo del responsable, máxime si existe un desequilibrio notable entre el (pequeño) interés que la conducta satisface y el (enorme) sacrificio que su realización representa para el deudor"* (GUTIÉRREZ, Paloma Tapia. *La reparación del daño en forma específica*: el puesto que ocupa entre los medios de tutela del perjudicado, cit., p. 247). Tradução livre: "o direito da vítima a ser indenizada não pode levar a um esforço desproporcional a cargo do responsável, máxime quando existe um desequilíbrio notável entre o (pequeno) interesse que a conduta satisfaz e o (enorme) sacrifício que a sua realização representa para o devedor".

36. TJRJ, 1ª C.C., Ag. 0056396-02.2017.8.19.0000, Rel. Des. Fabio Dutra, j. 12/06/2018.
37. "Nesta linha, o art. 805, parágrafo único, do Código de Processo Civil revela cláusula geral que reputa abusivo qualquer comportamento do credor que pretende valer-se do meio executivo mais oneroso que outro igualmente idôneo à satisfação do seu crédito. Nesse sentido, é indiscutível que a indenização deve servir à efetiva compensação da vítima; no entanto, é necessário que esta compensação seja realizada em atenção ao postulado da proporcionalidade, não devendo ser deturpada como mecanismo de punição irrazoável ao causador do dano" (SOUZA, Tayná Bastos de. A reparação não pecuniária dos danos: aplicabilidade no direito brasileiro, cit., p. 539-540). Conquanto talhadas ao ambiente das relações contratuais, são úteis, por analogia, as palavras de João de Matos Antunes Varela: "A prestação há-de, em suma, satisfazer uma necessidade séria e razoável do credor, que justifique socialmente a intercessão dos meios coercitivos próprios do Direito" (VARELA, João de Matos Antunes. *Das obrigações em geral*, cit., p. 109).
38. STJ, 3ª T., REsp 1.417.531/SP, Rel. Min. Nancy Andrighi, j. 10/06/2014.

A incumbência do intérprete exigirá, como se nota, acentuada moderação. Sem descuidar da tutela primordial da vítima, deverá traçar caminho capaz de impedir que a medida cogitada – sempre balizada pelo interesse lesado – esteja em rota de colisão com interesses merecedores de tutela por parte do ofensor.[39]

Quanto aos terceiros, entendidos como a coletividade de maneira geral, a responsabilidade do julgador não será muito distinta. Prevalece a antiga lição de Giuseppe Chiovenda no sentido de que *"todos están obligados a reconocer la sentencia entre las partes; pero no pueden ser perjudicados por ella"*.[40] Tanto assim que o sistema processual oferece importantes mecanismos de irresignação contra eventuais prejuízos causados, a demonstrar a vigorosa proteção aos seus interesses no ordenamento jurídico.[41]

Olhando-se para essa diretriz, não será difícil perceber que, muito embora eventual medida reparatória seja destinada ao ofensor, poderá alcançar negativamente pessoas físicas e jurídicas sem relação com o dano gerado. Ilustra-se com a estipulação de providência que ocupe de tal forma o tempo do lesante, professor universitário, que o obrigue a cancelar seguidas aulas, comprometendo o período letivo de seus alunos.

Nesse momento, alguém poderia dizer que também são geradas repercussões a terceiros quando se opta pela reparação pecuniária. Não há dúvidas sobre isso. Um indivíduo que é condenado a pagar um determinado montante pode, por exemplo, ficar privado das reservas necessárias para arcar com as prestações de um financiamento bancário.

No entanto, a imposição de uma obrigação de fazer ou não fazer amplifica, com maior intensidade, a chance de que pessoas alheias ao ocorrido sejam concretamente atingidas pela decisão proferida. E assim o é porque a via monetária envolve a mera transferência de valor de uma parte a outra, enquanto a reparação específica demandará a prática ou a abstenção de atos por parte

---

39. "Portanto, deverá o magistrado sopesar se, na hipótese concreta, os fins justificarão os meios, devendo efetuar um juízo de merecimento de tutela da situação da vítima e do causador do evento danoso" (SOUZA, Tayná Bastos de. A reparação não pecuniária dos danos: aplicabilidade no direito brasileiro, cit., p. 540).
40. "Todos estão obrigados a reconhecer a sentença entre as partes; mas não podem ser prejudicados por ela" (CHIOVENDA, Giuseppe. *Principios de derecho procesal civil*. t. II. Trad. José Casáis y Santaló. Madrid: Editorial Reus, 1925, p. 430, tradução livre).
41. Serve de excelente exemplo nesse tocante o art. 996 do Código de Processo Civil, que confere ao terceiro prejudicado o acesso a todos os recursos para impugnar decisões judiciais proferidas em seu desfavor.

do lesante (com maior ou menor grau de complexidade), aumentando o risco de contato com interesses de terceiros.

Prova disso é um julgado do Tribunal de Justiça do Rio de Janeiro relativo a um conflito sobre a instalação de uma porteira na estrada que dá acesso aos terrenos de ambas as partes.[42]

Entre outros argumentos para justificar a necessidade de retirada imediata do portão, a 1ª Câmara Cível apontou que "a própria narrativa do agravante indica que se trata de área pública, o que impede seu fechamento, *manu militare*, sob pena de ofensa à liberdade de locomoção das pessoas que por ali transitam".

Em outro caso, dessa vez do Tribunal de Justiça de São Paulo, a alegação central era de que a construção de um empreendimento poderia resultar em desabamento do Condomínio vizinho, com flagrantes riscos à integridade física dos ocupantes desse terreno contíguo.[43]

Na oportunidade, a 25ª Câmara de Direito Privado, afora consignar que a interrupção da edificação "seria desproporcional aos transtornos descritos pela parte agravada em sua petição inicial, sendo possível mitigar os danos apontados de outras maneiras", indicou que "a paralisação da obra pode resultar no atraso da entrega do imóvel a eventuais terceiros adquirentes, além de manter inerte toda a equipe de construção contratada pela agravante".

Nesta mesma Câmara, em julgamento mais recente, controvertia-se sobre a possibilidade de se obrigar o executado, mesmo diante do trânsito em julgado da condenação em seu desfavor, a promover a demolição da parte de um imóvel que invadia a área comum de um Condomínio. A grande polêmica estava posicionada sobre o fato de o imóvel não ser mais de sua propriedade, o que ensejaria o ingresso no imóvel de terceiro para atendimento da determinação judicial.[44]

No voto proferido pelo relator, logo após a constatação de que o cumprimento da obrigação não seria impossível, anotou-se que "cabe analisar, neste momento, se o cumprimento da obrigação pelo devedor pode atingir o direito de propriedade de terceiro estranho à lide".

---

42. TJRJ, 1ª C.C., Ag. 0006267-71.2009.8.19.0000, Rel. Des. Camilo Ribeiro Rulière, j. 24/03/2009.
43. TJSP, 25ª C.D.P., Ag. 2103652-72.2018.8.26.0000, Rel. Des. Hugo Crepaldi, j. 29/11/2018.
44. TJSP, 25ª C.D.P., Ag. 2052181-80.2019.8.26.0000, Rel. Des. Hugo Crepaldi, j. 16/05/2019.

E, por mais que se tenha entendido que esse terceiro, atual proprietário da casa, poderia responder pelos danos gerados pelo titular anterior, ponderou-se que "não é desarrazoado o pleito do devedor, uma vez que lhe seria demasiado oneroso ingressar em propriedade de terceiro para demolir a construção, inegavelmente causando-lhe danos".

Dessa forma, aludindo expressamente às previsões dos arts. 497 e 805, parágrafo único, do Código de Processo Civil, o colegiado ordenou que se desse oportunidade ao executado para propor meio executivo menos gravoso e destinado à obtenção da tutela pelo resultado prático equivalente, devendo, em eventual ausência, ser executada a medida presente na condenação transitada em julgado.

Decisões como essas demonstram que, tal como ocorre com a vítima e o ofensor, o ordenamento reserva valorosa tutela à posição jurídica[45] de terceiros, de sorte que a reparação específica não pode ser delineada sem que esses três feixes de interesses sejam levados em consideração pelo intérprete.

3.1.3. *Parâmetro financeiro*

Para uma adequada reparação específica do dano moral, é preciso, igualmente, atentar ao parâmetro *financeiro*. Sob esse enfoque, torna-se essencial, à vista do disposto no art. 944 do Código Civil, que o custo de implementação de uma medida seja proporcional à extensão do dano causado.

Logo, na esteira da previsão legislativa, a ponderação acerca do mecanismo reparatório do dano moral também depende de uma análise monetária, com vistas a se alcançar a justa simetria entre o dano e a medida estabelecida. Não se trata, vale reforçar, de averiguar como a providência repercute sobre o patrimônio do ofensor, mas de aferir se o valor a ser desembolsado para a sua execução é compatível com a lesão extrapatrimonial praticada.

Há larga referência a essa preocupação na literatura jurídica, sobretudo no estrangeiro, também albergada dentro do que se costuma rotular de excessiva onerosidade. Como se vê, a expressão "excessiva onerosidade" tem sido adotada de forma polissêmica, tanto se prestando às hipóteses em que há imposição de uma medida sem a consideração de eventuais interesses merecedores de tutela dos envolvidos (o que remete ao parâmetro *subjetivo*, comentado no item anterior); quanto aos casos em que os gastos necessários à promoção do

---

45. Acerca desse conceito, v. ASCENSÃO, José de Oliveira. *Direito Civil:* Teoria Geral – Relações e Situações Jurídicas. v. 3. 2. ed. São Paulo: Saraiva, 2010, p. 10.

mecanismo estabelecido não encontram correspondência, do ponto de vista financeiro, com o dano gerado (situação abarcada pelo presente parâmetro).

Não é difícil, portanto, encontrar notas como a do autor português Inocêncio Galvão Telles, de que existirá excessiva onerosidade "se o valor a despender com a reparação natural for muito superior ao prejuízo efectivamente sofrido".[46]

De forma análoga, João de Matos Antunes Varela, comentando o art. 566 do Código Civil de Portugal, registra que a ali denominada reconstituição natural deve ser tida por inadequada sempre que "for excessivamente onerosa para o devedor (art. 566.º, 1), isto é, quando houver manifesta desproporção entre o interesse do lesado, que importa recompor, e o custo que a reparação natural envolve para o responsável".[47]

Assim também Adriano De Cupis, para quem uma das inconveniências de ordem prática da reparação específica é justamente a hipótese de excessiva onerosidade ao ofensor, que ocorreria quando o sacrifício econômico imposto não guarda proporção com o interesse do prejudicado.[48]

Em âmbito nacional, o entendimento não é distinto, valendo lembrar o mandamento geral de Orlando Gomes de que "o devedor não pode ser compelido à restituição *in natura*, se só for possível mediante gasto desproporcional".[49]

Também nos estudos mais afeitos à esfera processual, esse tipo de cautela não passa despercebido, como explica Luiz Guilherme Marinoni:

> Se, por exemplo, o custo da reparação *in natura* é cotado em dólar, e ocorre – como se deu há pouco em nosso país – uma abrupta valorização do dólar em relação ao real, tornando o valor da reparação na forma específica excessivamente oneroso diante do valor da coisa a ser reparada, o réu pode invocar a excessiva onerosidade, ainda que na fase de execução.[50]

Ao comentar a forma de escolha dos meios de reparação específica, Fabio de Souza Ramacciotti destaca igualmente a necessidade de ponderação desse aspecto financeiro, sob pena de que eventual decisão se sujeite "ao arbítrio e

---

46. TELLES, Inocêncio Galvão. *Direito das obrigações*, cit., p. 376.
47. VARELA, João de Matos Antunes. *Das obrigações em geral*, cit., p. 906.
48. DE CUPIS, Adriano. *El daño*: teoria general de la responsabilidad civil, cit., p. 832. Na mesma linha, ZARRA, Maita María Naveira. *El resarcimiento del daño en la responsabilidad civil extracontractual*, cit., p. 218-219.
49. GOMES, Orlando. *Obrigações*. 16. ed. Rio de Janeiro: Forense, 2004, p. 65.
50. MARINONI, Luiz Guilherme. *Tutela específica*: arts. 461, CPC e 84, CDC, cit., p. 180.

à insegurança jurídica, mercê do casuísmo que a assim chamada 'justiça do caso concreto' pode ensejar".[51]

Orientação desse gênero tem servido para guiar os caminhos que vêm sendo traçados para a reparação não pecuniária dos danos morais. Exemplo disso é a referência de Cícero Dantas Bisneto à "excessiva onerosidade como limite à reparação específica de danos extrapatrimoniais".[52]

Sobre o tema, argumenta que "o ressarcimento em pecúnia há de imperar apenas se constatada significativa desproporção entre os custos advindos da reparação específica e o valor que seria ordinariamente arbitrado a título de danos morais".[53]

Quanto ao fato de o autor citar como paralelo a verba que seria estipulada na via pecuniária (em vez da lesão em si), não há, em rigor, nada distinto dos entendimentos anteriores, já que a cifra que *seria* estabelecida não poderia ser extraída de outro dado que não o do dano concretamente considerado, nos termos do art. 944 do Código Civil. Tem-se, assim, duas perspectivas que conduzem ao mesmo resultado.

Um outro ponto a se realçar, nesta mesma passagem, é que se faz coro pela importância de uma *proporção* entre a medida imposta e o valor que seria fixado na via pecuniária, e não a uma *identidade exata* entre esses dois elementos.

O tópico, que não é dos mais simples, suscita um debate necessário no campo da reparação específica. Ao enfrentar a matéria, Luiz Guilherme Marinoni anuncia, para as hipóteses de danos materiais, a impossibilidade de utilização da sistemática se o custo da reparação ultrapassar o valor da coisa, aí considerada a utilidade que dela se pode esperar. Todavia, logo na sequência, comenta que "não há como aplicar tal critério nos casos em que o dano não tem reflexo patrimonial".[54]

De fato, no que toca a danos extrapatrimoniais, é conhecida a dificuldade de tradução financeira do dano havido, o que impede seja alcançado um cálculo da verba a esse título que seja livre de qualquer questionamento. Portanto, em prol de uma efetiva reparação do dano moral no caso concreto, parece mais

---

51. RAMACCIOTTI, Fábio de Souza. *Reparação em forma específica*, cit., p. 180.
52. DANTAS BISNETO, Cícero. *Formas não monetárias de reparação do dano moral*: uma análise do dano extrapatrimonial à luz do princípio da reparação adequada, cit., p. 232-236.
53. *Ibid.*, p. 236.
54. MARINONI, Luiz Guilherme. *Tutela específica*: arts. 461, CPC e 84, CDC, cit., p. 177.

razoável consentir com uma margem de flexibilidade do que com a imposição de rígido limite que ficará atrelado a um número tomado pela subjetividade.

A intenção, dessa forma, é evitar o engessamento da sistemática e a deflagração de injustiças no caso concreto, sobretudo em situações limítrofes, permitindo-se que a decisão seja relegada não a uma mera equação matemática, e sim a uma ponderação dos interesses em disputa pelo intérprete.

Esse aspecto inclusive tem integrado o elemento normativo no estrangeiro.

É o que acontece com o § 251 do BGB, que prevê a possibilidade de o ofensor compensar a vítima em dinheiro se a reparação somente se revelar possível mediante despesas desproporcionais.[55]

Ocorre o mesmo em relação ao projeto de lei dedicado à reforma da responsabilidade civil na França, que traz, no bojo do novo art. 1.261, a prescrição de que a reparação específica não pode ser ordenada em caso de desproporção manifesta entre o seu custo para o responsável e o interesse da vítima.[56]

À conta de todas essas ponderações, exemplos de aplicação desse parâmetro são de fácil imaginação.

Um deles, bastante didático, é trazido por Fabiano Pinto de Magalhães. O autor apresenta situação hipotética na qual um magistrado sofre lesão à honra em programa televisivo e requer, para fins de reparação, um direito de resposta. Embora o mecanismo seja, em tese, compatível com a ofensa, verifica-se que a implementação da medida representaria um custo ao ofensor de R$ 1.000.000,00, ao passo que o arbitramento pecuniário, dadas as particularidades do caso, corresponderia a R$ 50.000,00. Diante disso, o desfecho sugerido é a substituição total ou parcial da medida.[57]

Outro exemplo, extraído do trabalho de Anderson Schreiber sobre os meios não pecuniários de reparação dos danos morais, pode ser particularmente esclarecedor. Ali, diante de uma fictícia hipótese em que um torcedor fanático deixa de assistir a uma partida importante do seu time em razão de falha nos

---

55. No original: "*Der Ersatzpflichtige kann den Gläubiger in Geld entschädigen, wenn die Herstellung nur mit unverhältnismäßigen Aufwendungen möglich ist. Die aus der Heilbehandlung eines verletzten Tieres entstandenen Aufwendungen sind nicht bereits dann unverhältnismäßig, wenn sie dessen Wert erheblich übersteigen*".
56. No original: "*Elle ne peut non plus être ordonnée en cas d'impossibilité ou de disproportion manifeste entre son coût pour le responsable et son intérêt pour la victime*".
57. MAGALHÃES, Fabiano Pinto de. *A reparação não pecuniária dos danos morais*, cit., p. 85.

serviços de transmissão da TV a cabo, propõe-se a entrega de um ingresso para que a vítima assista, no melhor lugar do estádio, a próxima partida da equipe.[58]

Suponha-se, agora, que a mesma vítima insista que o dano somente será reparado a partir da entrega não de um, mas de todos os ingressos das (muitas) partidas restantes da temporada, incluindo aquelas que a equipe disputará em outros estados do país, solicitando, inclusive, que se arque com as passagens e acomodações nessas localidades.

Se há uma aparente desproporção entre o dano havido e a medida pleiteada, isso se dá, sobretudo, sob uma avaliação financeira, que não pode ser preterida na verificação do mecanismo aplicável à espécie.

Todas essas considerações demonstram, enfim, que a abordagem financeira é essencial à reparação não monetária dos danos morais, devendo concorrer com as demais aqui dispostas para uma justa definição da medida adequada no caso concreto.

3.1.4. Parâmetro temporal

Em um plano mais abstrato, sabe-se que o tempo permeia as relações individuais e coletivas, colocando luzes distintas nos variados ambientes do universo jurídico.[59] É o que acontece com o instituto da prescrição, em que o tempo é o elemento determinante à preservação da segurança jurídica, um dos valores mais caros ao ordenamento.[60] Ou quando, em sede reparatória, mais recentemente, promove-se a associação entre a perda de tempo e a violação a interesses existenciais.[61]

---

58. SCHREIBER, Anderson. *Direito Civil e Constituição*, cit., p. 213.
59. Lembra-se, aqui, a passagem da obra de Paulo Lôbo: "O tempo é fundamental para grande parte dos fatos jurídicos. Não há obrigação atemporal, em que se faça abstração do tempo" (LÔBO, Paulo. *Direito civil*: obrigações, cit., p. 214).
60. Por todos, v. GUEDES, Gisela Sampaio da Cruz; MORAES, Maria Celina Bodin de. A prescrição e o problema da efetividade dos direitos. In: GUEDES, Gisela Sampaio da Cruz; MORAES, Maria Celina Bodin de; SOUZA, Eduardo Nunes de (Coords.). *A juízo do tempo*: estudos atuais sobre prescrição. Rio de Janeiro: Processo, 2019, p. 5-11.
61. "Aliás, já há quem defenda, nessas hipóteses, a responsabilidade civil pela perda injusta e intolerável do tempo útil: Marcos Dessaune (*Desvio Produtivo do Consumidor – O Prejuízo do Tempo Desperdiçado*. São Paulo: RT, 2011, p. 47-48); Pablo Stolze (*Responsabilidade civil pela perda do tempo*. Revista Jus Navigandi, ISSN 1518-4862, Teresina, ano 18, n. 3540, 11 mar. 2013. Disponível em: <https://jus.com.br/artigos/23925>. Acesso em: 3 mar. 2017); Vitor Vilela Guglinski (*Danos morais pela perda do tempo útil: uma nova modalidade*. Jus Navigandi, Teresina, ano 17, n. 3237, 12 maio 2012.

No campo particular da reparação específica dos danos morais, o tempo também parece ressoar, manifestando-se sob três principais vieses, a saber: (i) o prazo exigido à execução de uma medida (a exemplo de um mês para a pintura de um quadro); (ii) o período adequado em eventual ordenação de prestação continuada (como no caso de condenação a publicações semanais em mídia social durante um semestre); e (iii) em caso de impossibilidade de execução imediata, o lapso temporal a que todos estarão sujeitos até que a providência possa ser cumprida (tal qual ocorre com a determinação de que se erga um monumento em área ainda não aterrada pela municipalidade).

O parâmetro temporal serve, portanto, para evitar atitudes temerárias nessas três perspectivas, ao assegurar que o *tempo* conformador da medida seja responsavelmente considerado pelo intérprete, em indispensável correlação com os prejuízos extrapatrimoniais gerados.

Trata-se, na verdade, de reflexão conhecida na seara obrigacional, que contempla, na classificação das obrigações quanto ao tempo, as espécies denominadas como obrigação instantânea, obrigação de execução continuada e obrigação de execução diferida.[62]

Sendo assim, também quando se cuida da execução específica de uma obrigação de fazer ou não fazer prevista pelas partes em um negócio jurídico,[63] como no caso de uma contratação de marceneiro para a confecção de móveis, o fator *tempo* aparece como um dos componentes pelos quais se reconhece aquela obrigação.

No entanto, na hipótese de execução específica, principalmente em relações paritárias, presume-se que as partes debateram as condições de adimplemento das obrigações – incluído, aí, o *tempo* adequado ao atendimento do interesse do credor – e projetaram, por meio de um acordo de vontades, esse dado no programa contratual.

O mesmo não se dá com a reparação específica. Tem-se, nessa esfera, uma providência cogitada por apenas um dos polos, ou, mais extremo ainda, surgida como solução por parte do julgador, em caso de tutela por resultado prático equivalente. É, portanto, bastante plausível que o tempo possa representar um ponto de discórdia, desbordando do que eventual interessado compreenda como a medida compatível com o dano extrapatrimonial havido.

Disponível em: <http://jus.com.br/revista/texto/21753>. Acesso em: 3 mar. 2017)" (STJ, 3ª T., REsp 1.634.851/RJ, Rel. Min. Nancy Andrighi, j. 12/09/2017, grifos no original).

62. V., por todos, LÔBO, Paulo. *Direito civil*: obrigações, cit., p. 81.
63. Sobre o tema, v. BESSONE, Darcy. *Do contrato*. Rio de Janeiro: Forense, 1960, p. 325.

Não por coincidência, Adriano De Cupis, apesar de citar a preferência do ordenamento pela reparação em forma específica, pondera que "*hay razones de conveniencia práctica que no pueden dejarse caer en el olvido; así, la reintegración en forma específica puede requerir a veces un tiempo considerable*".[64]

Igualmente, Maita María Naveira Zarra esclarece que "*la reparación en forma específica puede requerir un tiempo considerable o, al menos, no breve para su realización o materialización*".[65] A autora inclusive utiliza essa particularidade para fazer o contraponto com a reparação pecuniária, que "*resulta mucho más rápida, en la medida en que se resuelve en la simple entrega de una suma de dinero*".[66]

Em âmbito legislativo, as discussões a respeito frequentemente se concentram sobre a previsão do art. 815 do Código de Processo Civil (antigo art. 632 do Código de 1973), que orienta no seguinte sentido: "quando o objeto da execução for obrigação de fazer, o executado será citado para satisfazê-la no prazo que o juiz lhe designar, se outro não estiver determinado no título executivo".

Vê-se que o dispositivo é claro ao conferir ao intérprete o dever de estipular o prazo de cumprimento da obrigação de fazer, caso as partes não o tenham feito previamente. Eleva-se, assim, a faceta temporal a componente fundamental ao cumprimento de uma obrigação. Entretanto, ainda resta uma dúvida elementar: que critérios precisam ser considerados para essa tarefa?

Diferentemente de outros ordenamentos jurídicos,[67] nos quais há balizas para a estipulação deste prazo, no Brasil, ante o silêncio do legislador, coube à doutrina propor diretrizes significativas.

---

64. "[...] há razões de conveniência prática que não podem cair no esquecimento; assim, a reintegração na forma específica pode requerer às vezes um tempo considerável" (DE CUPIS, Adriano. *El daño*: teoría general de la responsabilidad civil, cit., p. 832, tradução livre).
65. "[...] a reparação na forma específica pode requerer um tempo considerável ou, ao menos, não breve para a sua realização ou materialização" (ZARRA, Maita María Naveira. *El resarcimiento del daño en la responsabilidad civil extracontractual*, cit., p. 219, tradução livre).
66. "[...] resulta muito mais rápida, na medida em que se resolve na simples entrega de uma soma de dinheiro" (*Ibid.*, p. 219, tradução livre).
67. Na Espanha, por exemplo, a "*Ley 1/2000, de 7 de enero, de Enjuiciamiento Civil*" prevê o seguinte no art. 705: "*Si el título ejecutivo obliga a hacer alguna cosa, el tribunal requerirá al deudor para que la haga dentro de un plazo que fijará según la naturaleza del hacer y las circunstancias que concurran*". Tradução livre: "Se o título executivo obriga a fazer alguma coisa, o tribunal requererá ao devedor que a faça dentro de um prazo que fixará segundo a sua natureza e as circunstâncias envolvidas".

Daí a bem-vinda exposição de Araken de Assis acerca da necessidade de se considerar, no momento da estipulação desse prazo, "além da natureza da prestação, os respectivos aspectos intrínsecos (dificuldade, tempo necessário para obter o resultado, estágio atual da situação) e extrínsecos (condições climáticas, realizando a obra ao ar livre)".[68]

Outros trabalhos, como o de Humberto Dalla Bernardina de Pinho, ainda que em abordagem mais sucinta, não deixam de mencionar que o julgador deverá "atentar para a complexidade e a natureza da obrigação, determinando um prazo razoável".[69]

Por vezes, o posicionamento vem acompanhado de didáticas ilustrações, que servem para reforçar como o cuidado não é despropositado, a exemplo da seguinte passagem da obra de Arnaldo Rizzardo:

> Não aguardará o credor indefinidamente, como um mês, para a simples colocação de vidraça numa janela. Já envolvendo a obra uma pintura, sabendo-se da série de detalhes, momentos de inspiração e natureza da arte, é admitida a entrega depois de, no mínimo, alguns meses da contratação [...]. A fixação do prazo é importante, e deve vir determinada de acordo com a realidade do fato ou do serviço esperado. Não se vá fixar um lapso de quinze dias para a demolição de um prédio que ameaça precipitar-se sobre a casa de um vizinho, e nem se ordenar que se reconstitua um veículo destruído em uma semana, ou que se desinfete uma moradia em um par de horas.[70]

O mesmo autor ainda faz ressalva importante, de que a legitimidade da decisão implica, entre outros, em viabilizar às partes a faculdade de debater as

---

68. ASSIS, Araken de. *Manual da execução*. 20. ed. São Paulo: Revista dos Tribunais, 2018, p. 865.
69. PINHO, Humberto Dalla Bernardina de. *Direito processual civil contemporâneo*: processo de conhecimento, cautelar, execução e procedimentos especiais. v. 2. 5. ed. São Paulo: Saraiva, 2018, p. 708. Em sentido análogo, Marcelo Abelha afirma que o prazo "deve ser razoável e adequado com a prestação de fazer a ser cumprida" (ABELHA, Marcelo. *Manual de direito processual civil*. 6. ed. Rio de Janeiro: Forense, 2016, p. 1.035). Ainda, v. ALVIM, José Eduardo Carreira. *Comentários ao novo Código de Processo Civil*: Lei 13.105/15. v. 12. 2. ed. Curitiba: Juruá, 2017, p. 74.
70. RIZZARDO, Arnaldo. *Direito das obrigações*. 2. ed. Rio de Janeiro: Forense, 2004, p. 129-131.

condições temporais definidas em juízo, como decorrência natural da busca pela apropriada formatação da obrigação de fazer.[71]

Todos esses comentários dão conta do prestígio que possui, no caso concreto, a avaliação do tempo necessário à execução da medida imposta. Sem prejuízo, para fins da específica escolha do mecanismo reparatório aplicável à hipótese, há de se ter em conta a *duração* em função do dano, isto é, será preciso avaliar se o tempo que vincula os interessados é compatível com o dano moral provocado.

Como exemplo, veja-se uma discussão havida em processo julgado pela 1ª Câmara Cível do Tribunal de Justiça do Rio de Janeiro. A demanda, movida por uma consumidora em face de fornecedor do ramo de energia elétrica, dizia respeito à cobrança supostamente indevida e à interrupção do serviço por período correspondente a um ano.[72]

Diante dessa dinâmica fática, a autora requereu o cancelamento de cobranças; o restabelecimento do serviço; a fixação de um valor para compensar os danos morais sofridos; e, finalmente, a publicação de um pedido de desculpas em jornal de grande circulação.

Todos os pleitos foram julgados procedentes pelo juiz, à exceção do pedido de desculpas, ao argumento de que "não encontra fundamento legal, sendo certo que os constrangimentos sofridos perante vizinhos, amigos e familiares será compensado pela indenização ora arbitrada".

Devolvida a matéria à segunda instância, o entendimento foi modificado. Inicialmente, afirmou-se que "dúvidas não pairam de que a retratação formal da parte ofensora direcionada à parte ofendida não pode ser simplesmente descartada, ou pior, não utilizada por ausência de norma legal reguladora".

Em seguida, no afã de promover uma efetiva reparação, o colegiado entendeu que um pedido público de desculpas não seria conveniente, já que pouco representaria aos leitores do jornal, muitos dos quais sem qualquer relação com a autora ou com o episódio. Decidiu-se, então, pela imposição de retratação na própria fatura de cobrança dos serviços, a ocorrer de forma única, no boleto seguinte.[73]

---

71. "Nada proíbe que o devedor venha aos autos, e expondo razões plausíveis, gestione a prorrogação ou dilatação do prazo, solicitação que o juiz aferirá com bom senso, ou dentro da normalidade das coisas" (*Ibid.*, p. 130-131).
72. TJRJ, 1ª C.C., Ap. Cív. 0000961-59.2006.8.19.0087, Rel. Des. Jose Carlos Maldonado de Carvalho, j. 09/06/2009.
73. "À vista do exposto, a Câmara dá parcial provimento ao segundo recurso, improvendo [*sic*] o primeiro, para condenar a ré na obrigação de transcrever, na próxima fatura de

Conquanto se trate de decisão com caráter vanguardista, sobretudo pela época em que proferida, não consta no seu teor a razão pela qual a apresentação do pedido de desculpas na fatura *uma única vez* seria compatível com a lesão havida. E se, de forma igualmente não fundamentada, fosse decretada a transcrição de mensagem de cunho reparatório nas próximas seis faturas? Ou, até, nas doze seguintes? Será que a medida imposta seria apropriada?

As indagações demonstram que a medida estipulada à luz do dano deve não só levar em conta o dado temporal, como precisa ser fundamentada a respeito, para que não resvale em eventual arbítrio ou desproporção – que pode, vale dizer, residir não na medida escolhida, mas justamente na desatenção ao *tempo* relacionado.

É esse gênero de avaliação que se espera do julgador: definir, também dentro de uma lógica temporal, o meio de reparação da vítima. Se serão três, cinco ou dez anos a vincular o ofensor à efetivação de um mecanismo, somente as particularidades do caso, apreciadas com prudência pelo julgador, poderão indicar.

No entanto, o que não se mostra possível é que a decisão não aborde a contento a escolha nesse tocante, com o que se rumaria ao casuísmo, obstando-se uma imprescindível participação das partes em relação a dado fundamental da justa solução a ser estabelecida no litígio.

3.1.5. Parâmetro espacial

Por fim, o parâmetro *espacial* também assume relevo para a aplicação da reparação não pecuniária. É ele que resguardará o cuidado com a avaliação geográfica da medida a ser fixada, fazendo com que se enxergue, por exemplo, que o atendimento a uma condenação que requer diligência no próprio bairro é visivelmente menos pesaroso do que um cumprimento no outro extremo da cidade. Ou que uma determinada localidade, por suas próprias particularidades, poderá elevar sensivelmente o ônus do desempenho de uma obrigação (imagine-se uma região de frequente tiroteio).

---

cobrança a ser emitida após o trânsito em julgado desta decisão, sob o título 'RETRATAÇÃO POR COBRANÇA INDEVIDA', formal pedido de desculpas à consumidora MARIA JOSÉ DOS SANTOS pela interrupção indevida (corte) no fornecimento de energia elétrica, sob pena de pagamento de multa diária de R$ 100,00 (cem reais), condenando a ré, ainda, ao pagamento integral das custas e honorários advocatícios, fixados em 15% sobre o valor da condenação, mantida, no mais, a r. sentença de fls. 149/153, tal como está lançada".

Também não se cuida de perspectiva incomum na seara jurídica e sequer é preciso ir tão longe, como ocorreria com uma incursão em debates da esfera processual, ambiente em que a temática espacial sabidamente desponta como elemento-chave para o exercício da jurisdição.[74]

Isso porque, do ponto de vista material, desde a entrada em vigor do Código Civil de 2002, o cumprimento de determinada obrigação não pode escapar a essa análise. E assim o é por força do art. 329, dispositivo legal não integrante do antigo diploma de 1916, e que prescreve, para a hipótese de motivo grave, a possibilidade de o devedor adimplir a prestação em outro lugar.[75]

Parte-se do pressuposto de que a existência de obstáculo relevante à realização de uma providência em uma determinada região pode representar um direito merecedor de tutela no caso concreto, apto a afastar a alegação de inexecução e a facultar o adimplemento em outra localidade.

Reconhece-se, assim, que "a execução deve ser a menos onerosa possível para o devedor (CPC, art. 620)" e que, à vista disso, "o devedor há de realizar o pagamento, mas nem por isso terá que expor a própria integridade física ou a segurança para efetuá-lo".[76]

Ao também comentar a previsão legislativa, Cristiano Chaves de Farias e Nelson Rosenvald aprofundam esse aspecto:

> Não se trata de discricionariedade do devedor, mas de alteração do local de pagamento em razão de motivo sério que temporariamente impede o cumprimento da obrigação no local predeterminado, seja por fato ligado à pessoa do credor (*v.g.* mudança de domicílio sem informar ao devedor), como à própria pessoa do devedor (*v.g.*, doença), ou produzidos pelo fortuito (*v.g.*, interdição de estrada, catástrofe). Em qualquer caso, faz-se um juízo de ponderação, pois a alteração não se legitima se gerar encargos excessivos ao credor. [...] Assim, se o pagamento de *A* em favor de *B* deve ser realizado no Rio de Janeiro, mas na época fixada o devedor *A* encontra-se acamado em Natal,

---

74. Cândido Rangel Dinamarco faz menção, inclusive, à "dimensão espacial da lei processual civil" (DINAMARCO, Cândido Rangel. *Instituições de direito processual civil*. v. 1. 3. ed. São Paulo: Malheiros, 2003, p. 90-94).
75. "Art. 329. Ocorrendo motivo grave para que se não efetue o pagamento no lugar determinado, poderá o devedor fazê-lo em outro, sem prejuízo para o credor".
76. BARBOZA, Heloisa Helena; MORAES, Maria Celina Bodin de; TEPEDINO, Gustavo (Orgs.). *Código Civil Interpretado Conforme a Constituição da República*. v. I. 3. ed. Rio de Janeiro: Renovar, 2014, p. 627.

poderá pagar no local em que se encontra, desde que não acarrete prejuízo aos interesses objetivos do credor na prestação. [...] Ou seja: o legislador busca parâmetros de proporcionalidade no tratamento das partes, perseguindo o cumprimento no contrato da forma mais satisfatória ao credor, porém menos onerosa ao devedor. As despesas excedentes serão custeadas por quem provocou a alteração do local de pagamento. Caso a mudança seja consequência do fortuito, repartem-se os acréscimos entre as partes.[77]

De forma similar, Sílvio de Salvo Venosa afirma que o Direito não desconsidera a extrema dificuldade ou, até mesmo, a impossibilidade de cumprimento de uma obrigação, como na hipótese de estado de calamidade pública ou isolamento de uma região.[78] Pondera apenas, tal qual outros autores, que o motivo deve ser sério,[79] não podendo significar uma "mera questão de conveniência para o devedor".[80]

A seguir, para que se perceba como esse dado pode assumir papel preponderante nas mais diversas controvérsias que se apresentam diariamente no mundo jurídico, veja-se um instigante acórdão do Tribunal de Justiça do Rio de Janeiro.[81]

Em resumo, a discussão gravitava em torno do foro competente ao processamento de um pedido de expedição de alvará judicial para levantamento de quantias de FGTS e PIS existentes em nome da falecida esposa e mãe dos requerentes.

Ao analisar as peculiaridades do caso, o órgão entendeu que a fixação de competência do foro de Recife, definida em primeira instância, "causa excessivo ônus aos requerentes, que, se tiverem de se deslocar para local tão distante, hão de ter, provavelmente, gastos superiores aos valores que pretendem receber".

Além disso, invocou o disposto no antigo art. 1.109 do Código de Processo Civil de 1973[82] (atual parágrafo único do art. 723 da codificação de 2015) para

---

77. FARIAS, Cristiano Chaves de; ROSENVALD, Nelson. *Curso de Direito Civil*: Obrigações, cit., p. 402-403.
78. VENOSA, Sílvio de Salvo. *Código civil interpretado*, cit., p. 400.
79. *Ibid.*, p. 400.
80. LOTUFO, Renan. *Código Civil comentado*. v. 2. São Paulo: Saraiva, 2003, p. 256.
81. TJRJ, 1ª C.C., Ag. 0002868-44.2003.8.19.0000, Rel. Des. Maria Augusta Vaz Monteiro de Figueiredo, j. 30/09/2003.
82. "Art. 1.109. O juiz decidirá o pedido no prazo de 10 (dez) dias; não é, porém, obrigado a observar critério de legalidade estrita, podendo adotar em cada caso a solução que reputar mais conveniente ou oportuna".

defender que a decisão poderia ser tomada de acordo com o que se considera mais conveniente ou oportuno na hipótese.

Ao final, conjugando a possibilidade de proferimento de uma decisão por equidade com o fato de "não se justifica[r] que os requerentes sejam obrigados a pleitear em Pernambuco os valores de FGTS e PIS", a 1ª Câmara Cível reformou a decisão agravada e determinou o prosseguimento da demanda no Rio de Janeiro.

Outros exemplos, mencionados na dissertação intitulada "Acidente do trabalho e reparação moral não pecuniária: uma perspectiva bioética", e, portanto, inseridos dentro do universo da reparação específica do dano moral, também podem ser preciosos para reflexões acerca do parâmetro aqui explorado.

Na obra, o autor Alexandre Alliprandino Medeiros exibe um interessante questionário realizado com profissionais familiarizados com o ambiente do direito do trabalho, como juízes, servidores públicos e representantes de sindicatos. E, para além do praticamente indistinto comentário sobre a incapacidade da via pecuniária para fazer frente aos danos morais sofridos em acidentes de trabalho,[83] os entrevistados se depararam com questão cujo teor era o seguinte: "Seria possível, na sua visão, reparar-se moralmente, sob critérios não pecuniários, uma vítima de acidente de trabalho ou doença ocupacional? Se positiva a resposta, como é que isso se daria?".[84]

---

83. Em suma, a pergunta "6" partia do pressuposto de que um trabalhador vitimado por acidente do trabalho ou doença ocupacional possui direito a uma reparação por danos materiais e morais e questionava o seguinte: "o senhor (senhora ou senhorita) sabe dizer como é que essas reparações se concretizam (como é que, na prática, essas reparações são feitas)? O senhor (senhora ou senhorita) considera que essas reparações são suficientes?". Um dos entrevistados, identificado como juiz do trabalho, assim respondeu: "Na prática, as reparações se concretizam pela redução dos danos ao pagamento de determinadas importâncias (pagamento de indenizações). Tais reparações não são suficientes, pois o principal problema da vítima, a sua incapacidade, não restará sanado ou, ao menos, atenuado de forma eficaz". Outro deles, qualificado como servidor público do judiciário trabalhista, emitiu a seguinte opinião: "Via de regra, a reparação se converte em vantagem pecuniária. Tudo vira dinheiro. Há casos em que até a pensão vitalícia chega a ser negociada pelo trabalhador de modo a se tornar uma indenização única. Acho que além da parte financeira, o retorno ao mercado de trabalho de forma efetiva e digna deveria ser uma prioridade" (MEDEIROS, Alexandre Alliprandino. *Acidente do trabalho e reparação moral não pecuniária: uma perspectiva bioética*. Dissertação de Mestrado em Direito. Universidade Estadual Paulista, Franca, 2010, p. 158-160).

84. *Ibid.*, p. 162.

Um dos entrevistados, então, sugeriu que o ofendido "seja readmitido pelo ex-empregador com uma estabilidade mínima no emprego".[85] Isso parece, inclusive, ter motivado o autor a declarar que, "em alguns casos, será a partir da readaptação funcional que o dano moral poderá ser estancado", e que, na ausência dessa solução, "com o recebimento de simples indenização pecuniária, [a vítima] continuaria a suportar, enquanto existisse, a dor moral resultante, entre outras coisas, da segregação do seio profissional".[86]

Apesar de se cuidar de uma medida com certo grau de complexidade, pela dificuldade de colocação do lesado em ocupação compatível com a sua nova condição psicofísica, é possível que se encontre uma solução efetiva e que, para tanto, haja necessidade de prudência em relação ao aspecto geográfico.

Basta pensar no caso de uma pequena sociedade com dois estabelecimentos em pontos opostos do Município do Rio de Janeiro e que a vítima, agora portadora de deficiência nos membros inferiores, pretenda ser reinserida nos quadros da empresa em uma nova função a ser exercida no local mais próximo de sua residência.

Considere-se, ainda, a sua falta de conhecimento para o exercício do cargo desejado e a necessidade de um treinamento especial por quatro meses, que obrigaria um funcionário da sociedade a cruzar diariamente a cidade nesse período, despendendo um total de duas horas por cada trajeto.

Por mais que a medida cogitada possa ser eficaz do ponto de vista reparatório e atenda ao crivo dos outros parâmetros, não há como se ignorar o dado espacial, passível de ensejar até uma busca por outra função que exija treinamento encurtado e se adeque igualmente ao interesse das partes, evitando-se, dessa forma, o intenso deslocamento.

Prossiga-se com outra sugestão apresentada pelos entrevistados, consistente em uma "uma palestra sobre segurança do trabalho a todos os funcionários ativos, onde a empresa apresentaria a vítima da lesão, ou seus sucessores, retratar-se-ia publicamente e até franquearia a palavra, para compartilhar experiências".[87]

A proposta, em princípio bastante proveitosa, poderia igualmente suscitar controvérsias no caso concreto por conta do aspecto espacial. É o que ocorreria se o julgador, sem a devida justificativa, impusesse a realização de um ciclo de palestras semanais com a presença de todos os sócios, pelo período de um

---

85. *Ibid.*, p. 164.
86. *Ibid.*, p. 46-47.
87. *Ibid.*, p. 164.

mês, na filial da região norte do país, a mais distante da sede, localizada no sul do Brasil.

Para que se busque uma maior correspondência entre o mecanismo a ser fixado e a lesão extrapatrimonial havida, sem desprezar o elevado caráter reparatório da via eleita, pode ser o caso de um temperamento do entendimento sob o ângulo espacial, com a promoção do mesmo ciclo de palestras, mas em local mais próximo aos envolvidos, possivelmente na sede da companhia.

Por tudo que se viu, tampouco poderá passar despercebido pelo intérprete que o local de cumprimento de uma medida precisa ser devidamente sopesado no caso concreto, à luz das peculiaridades do dano moral provocado.

3.2. Exemplos de uma aplicação técnica

Os itens anteriores serviram para confirmar um dado essencial desta obra: os parâmetros indicados não são fruto de um esforço de criação, à margem do que já existe no universo jurídico.

Ao revés, figuram como parte integrante tanto do dado normativo brasileiro, em distintos campos do ordenamento, quanto do acervo jurisprudencial, despontando em incontáveis decisões proferidas, de forma explícita ou implícita. Por isso, sustenta-se que a tarefa é de *sistematização*, e não de *criação*.

Sem prejuízo, como última etapa para corroborar a utilidade da metodologia sugerida, cabe ir além da análise individual de cada parâmetro e trazer três ilustrações finais para uma aplicação conjunta de todos eles.

Inicialmente, tome-se a hipótese de um conflito de vizinhança, situação bastante frequente na realidade social[88] e, por consequência, constante na rotina dos tribunais.[89] Mais precisamente, imagine-se que um dos moradores, em

---

88. Em razão disso, são inúmeros os trabalhos dedicados ao assunto, destacando-se aqui, por todos, DANTAS, San Tiago. *O conflito de vizinhança e sua composição*. 2. ed. Rio de Janeiro: Forense, 1972; e LÔBO, Paulo. Direitos e conflitos de vizinhança. *Revista Brasileira de Direito Civil*, v. 1, jul./set. 2014, p. 61-87. Disponível em: <https://rbdcivil.ibdcivil.org.br/rbdc/article/view/131/127>. Acesso em: 03 jan. 2021.
89. Tanto assim que consta no *site* do Superior Tribunal de Justiça uma matéria com o título: "Relações de vizinhança: a palavra do STJ quando os problemas moram ao lado". Nela, o leitor observa a seguinte menção: "No Superior Tribunal de Justiça (STJ), são frequentes os recursos que discutem esses temas. A jurisprudência construída pelos ministros no julgamento de tais processos busca proteger o direito individual de propriedade e, ao mesmo tempo, promover o bem da coletividade e preservar a convivência harmônica e saudável entre vizinhos". Disponível em: <http://www.stj.jus.br/sites/portalp/Paginas/Comunicacao/Noticias/

clima de animosidade com o seu vizinho de porta, resolva alegar falsamente, em assembleia condominial, que o proprietário da unidade ao lado tem consumido drogas nas áreas comuns do empreendimento.

Suponha-se, ainda, que o grupo de condôminos, sensibilizado pelas afirmações e sem saber se tratar de um típico ato emulativo, vedado pelo ordenamento jurídico,[90] decida encaminhar uma advertência ao sujeito acusado, além de uma circular a todos os demais apartamentos, alertando para o risco de sanções em ocorrências do gênero.

Se, por um lado, não há dúvida quanto ao dano moral provocado, ante a repercussão negativa sobre fato inverídico a respeito de um dos condôminos, por outro, é comum que a discussão proporcione, quando muito, o pagamento de uma cifra em favor do ofendido.

Aprofundando a análise de situações do gênero, uma alternativa efetivamente reparatória, com alto grau de eficácia e pouco explorada, seria a afixação de um cartaz no elevador do condomínio destinado a reconhecer o equívoco cometido. Para confirmar, é o caso de pôr à prova o atendimento aos parâmetros referidos.

Do ponto de vista objetivo, não custará muito para se perceber o nítido liame entre o interesse lesado (honra) e a medida examinada, capaz de permitir que a vítima recomponha o seu prestígio perante os demais moradores.

Igualmente, a aplicação do mecanismo se mostra compatível sob uma perspectiva subjetiva, já que a mera colocação de um recado no elevador não representa, em princípio, um ônus exagerado aos envolvidos e a terceiros.

O crivo financeiro também não se apresenta como óbice no caso concreto, posto que o custo de implementação de uma determinação com esse viés é altamente econômico, ainda mais se comparado com os valores normalmente fixados na via compensatória, na casa dos milhares de reais.

De todos, o enfoque temporal será o que mais exigirá atenção por parte do intérprete. É possível, por exemplo, que duas semanas de exposição da mensagem sejam suficientes para a reparação do dano havido em um condomínio pequeno. Ou que, em empreendimento com diversos blocos e dezenas de condôminos, seja conveniente que o aviso permaneça por ao menos um

---

Relacoes-de-vizinhanca-a-palavra-do-STJ-quando-os-problemas-moram-ao-lado. aspx>. Acesso em: 03 jan. 2021.

90. É esse o teor do art. 1.228, § 2º, do Código Civil: "São defesos os atos que não trazem ao proprietário qualquer comodidade, ou utilidade, e sejam animados pela intenção de prejudicar outrem".

mês, a fim de garantir a ciência de todos. Portanto, somente uma análise pormenorizada do dano concretamente provocado poderá indicar o tempo de duração da medida.

Por fim, o dado espacial não figura como empecilho na hipótese, servindo para referendar o acerto da sistemática escolhida sob um viés geográfico.

Logo, uma investigação cuidadosa é capaz de confirmar a pertinência da afixação da mensagem no elevador em razão do dano moral gerado ao condômino, possibilitando, ademais, a correta delimitação das balizas relacionadas a essa solução, sobretudo no que toca ao aspecto temporal.

Uma outra possibilidade de avaliação do funcionamento dos parâmetros seria em hipóteses específicas de ocorrência de abandono afetivo de um filho.[91] Já se disse que, atualmente, a família aparece reivindicada como o único valor seguro ao qual ninguém deseja renunciar.[92] Não por coincidência, a tutela das

---

91. Desde já, para uma análise aprofundada sobre a aplicação dos meios não pecuniários ao campo do direito de família, confira-se: SCHREIBER, Anderson. Responsabilidade civil e direito de família: a proposta da reparação não pecuniária. In: BABOSA, Eduardo; MADALENO, Rolf (Coords.). *Responsabilidade civil no direito de família*. São Paulo: Atlas, 2015, p. 32-49; e DANTAS BISNETO, Cícero. A insuficiência do modelo reparatório exclusivamente pecuniário no âmbito das lides familiares, cit., p. 21-34.

92. ROUDINESCO, Elisabeth. *A família em desordem*. Trad. André Telles. Rio de Janeiro: Jorge Zahar, 2003, p. 198. De fato, a relevância das relações familiares tem sido atestada por pesquisas científicas de elevado reconhecimento internacional, como a "Harvard Study of Adult Development", que analisou o desenvolvimento de pessoas por mais de sete décadas para avaliar o que configura uma vida saudável e feliz. Entre os trabalhos publicados a respeito, o atual diretor do projeto explica como a qualidade das relações familiares é determinante nesse sentido: "*Using data from a 70-year prospective study of psychosocial development, we examined the quality of childhood environment as a predictor of perceived health in late life* [...]. *This study supports the hypothesis that the quality of childhood environment makes a unique contribution above and beyond personality traits and objective health status to perceptions of health in late life*" (BARSKY, Arthur J.; SHAH, Sejal B.; VAILLANT, George; WALDINGER, Robert J. Childhood environment as a predictor of perceived health status in late life. *Health Psychology Research*, v. 2, n. 2, set. 2014, p. 96. Disponível em: <https://doi.org/10.4081/hpr.2014.1560>. Acesso em: 03 jan. 2021). Tradução livre: "Utilizando dados de um estudo prospectivo de 70 anos de desenvolvimento psicossocial, examinamos a qualidade do ambiente infantil como um indicador da saúde verificada ao final da vida [...]. Este estudo ampara a hipótese de que a qualidade do ambiente infantil implica em uma contribuição única, acima e além dos traços de personalidade e do estado de saúde objetivo, para as condições de saúde que são observadas ao final da vida".

relações familiares e do melhor interesse da criança encontra amplo amparo de ordem constitucional e infraconstitucional,[93] a revelar a importância atribuída ao princípio da solidariedade familiar dentro do ordenamento jurídico, como uma das facetas máximas da dignidade humana.

Diante desse contexto e da própria transformação do conceito de família no tempo, em favor da autonomia de cada um dos seus membros,[94] o Direito vem experimentando uma forte aproximação entre o ramo da família e o da responsabilidade civil, circunstância tida há não muito como improvável, pelo suposto choque entre a elevada carga existencial das relações desenvolvidas no primeiro âmbito e a tradição patrimonialista do segundo.[95]

Ainda assim, a medida a ser proposta no caso concreto conclama um cuidado singular. Com efeito, por mais que o dinheiro não sirva à reparação do dano, simbolizando uma complexa "monetarização das relações familiares",[96] nem sempre expedientes não pecuniários, como os que obriguem uma

---

93. V., entre outros, art. 226, *caput* e §§ 7º e 8º, art. 227, *caput* e § 6º, e art. 229, todos da Constituição da República. Em sede infraconstitucional não é diferente, como se nota a partir do art. 1.634, I, e do art. 1.638, II, ambos do Código Civil; além do art. 5º, art. 19 e art. 22, todos do Estatuto da Criança e do Adolescente.
94. MORAES, Maria Celina Bodin de; TEIXEIRA, Ana Carolina Brochado. Descumprimento do art. 229 da Constituição Federal e responsabilidade civil: duas hipóteses de danos morais compensáveis. *Revista de Investigações Constitucionais*, Curitiba, v. 3, n. 3, set./dez. 2016, p. 121. Disponível em: <https://revistas.ufpr.br/rinc/article/view/48534/29949>. Acesso em: 03 jan. 2021.
95. SCHREIBER, Anderson. Responsabilidade civil e direito de família: a proposta da reparação não pecuniária, cit., p. 32.
96. *Ibid.*, p. 40. Nessa mesma linha: "Tem-se questionado, com elevada razão, se as tradicionais formas monetárias de reparação do dano extrapatrimonial, aplicadas isoladamente, têm logrado êxito em apaziguar os embates travados no seio do convívio familiar ou se, ao revés, não acabam por aprofundar os conflitos parentais já existentes. A tutela meramente pecuniária das pretensões nascidas das contendas entre membros de uma determinada família parece se mostrar insuficiente a reparar adequadamente o interesse extrapatrimonial violado, alimentando, por consequência, a proliferação de demandas judiciais que têm por único escopo alcançar determinada soma em dinheiro, além de punir o familiar responsável, deixando de lado o desiderato de pacificação social" (DANTAS BISNETO, Cícero. A insuficiência do modelo reparatório exclusivamente pecuniário no âmbito das lides familiares, cit., p. 22).

convivência mais próxima do ofensor com a vítima, ensejarão o desenvolvimento de uma relação sadia.[97]

Daí advém a especial pertinência dos parâmetros apontados como norte para uma avaliação que permita a reparação mais efetiva possível do dano sofrido.

Para comprovar, imagine-se situação na qual um casal com um filho adolescente decide se divorciar após anos de uma convivência familiar harmoniosa e saudável. Tenha-se em conta, ainda, a decisão do pai de se isolar em um estado no outro extremo do Brasil e permanecer por mais de ano sem realizar qualquer contato com o filho (cenário caracterizador de abandono afetivo).

É certo que hipótese dessa natureza não é de definição singela, mas as nuances do caso poderão confirmar a alta viabilidade e recomendar a aplicação de uma reparação específica, a ponto, por exemplo, de se determinar que o genitor realize ao menos uma visita a cada quarenta e cinco dias e que esteja disponível para estar na companhia do seu filho no dia do seu aniversário, caso este assim deseje.

Sob o prisma do parâmetro objetivo, vê-se que há uma nítida correlação entre o interesse lesado e o meio reparatório cogitado, inexistindo qualquer contraindicação à sua imposição.

No entanto, se o parâmetro objetivo não é alvo de controvérsias, o oposto ocorre com o parâmetro subjetivo. A atenção à situação dos envolvidos, como tudo o que se expôs deixou antever, será crucial para que se profira uma decisão técnica. Esse dado será responsável por esclarecer *se* é possível a via não monetária, ou seja, se a fixação de uma obrigação de fazer é capaz de reparar o dano extrapatrimonial ocorrido dadas as peculiaridades da relação familiar, e, em caso positivo, se o *modo* traçado se mostra conveniente.

---

97. Dilema dessa ordem tem sido observado em hipóteses que dizem respeito à guarda de menores, como retrata o seguinte trecho de um julgado do Superior Tribunal de Justiça: "O caso dos autos é ainda emblemático porque revela situação fática, infelizmente não rara, em que o mínimo contato entre pai e mãe, a propósito da troca de posse da criança, é contexto suficiente para manifestações de ressentimentos mútuos, que, por vezes, chegam a agressões, verbais ou físicas, na presença do menor. Nessas hipóteses, a solução mais simples – e a que foi adotada neste processo, como em tantos outros casos – é a de afastar o compartilhamento da guarda, deixando a um dos pais o convívio limitado das visitas regulamentadas" (STJ, 3ª T., REsp 1.707.499/DF, Rel. Min. Marco Aurélio Bellizze, Rel. p/ Acórdão Min. Ricardo Villas Bôas Cueva, j. 09/04/2019).

Assim, na ilustração proposta, uma análise detalhada poderia inclinar a intervalos de visitação maiores ou menores, a depender, entre outros, do grau de estremecimento da relação familiar, das posturas exibidas no curso do processo (inclusive em audiência) e das manifestações emocionais da vítima, ao que se exigirá grande sensibilidade do julgador, como, de modo geral, deve acontecer nos litígios de família.[98]

Em uma perspectiva financeira, será a vez de se ter em conta o custo da observância integral da decisão proferida, pelo que o olhar do intérprete será direcionado aos gastos que acompanharão cada uma das visitas que será realizada. Com isso, se quer aferir, no plano prático, de acordo com as individualidades presentes, se os gastos estão em linha de proporcionalidade em relação ao dano gerado, a permitir, inclusive, eventual modulação da medida, se for o caso.

O parâmetro temporal também assume função de relevo para guiar a duração da obrigação imposta à luz do dano. Tal qual em outros casos, ele permitirá discernir, diante de uma mesma proposta de solução: (i) a medida reparatória insuficiente (*e.g.*, ordem de visitação por seis meses); (ii) a medida apropriada à reparação da vítima (*e.g.*, ordem de visitação até a maioridade); e (iii) a medida que descamba para um não intencionado campo punitivo (*e.g.*, ordem de visitação por dez anos).

Finalmente, a consideração do elemento espacial, igualmente relevante à apreciação da lide, estará apta a orientar, eventualmente, a uma diminuição do número de encontros no primeiro semestre em função da intenção do ofensor de, diante da dificuldade de deslocamento, aproveitar suas férias nesse período e alongar uma das visitas – desde que, claro, a proposta se revele, na específica hipótese, adequada ao objetivo de reparação da vítima.

E assim acontece porque, naturalmente, a condenação a uma visita ao quarteirão ao lado repercute de modo consideravelmente menos intenso sobre a vida do ofensor do que a visita que o obriga a atravessar o país. Não só pelos custos, mencionados anteriormente, mas também pela necessidade de

---

98. "As peculiaridades que envolvem as questões familiares exigem que magistrados, agentes do Ministério Público, advogados e defensores públicos sejam mais sensíveis, tenham uma formação diferenciada. Devem atentar para o fato de que trabalham com o ramo do direito que trata mais de perto com a pessoa, seus sentimentos, suas perdas e frustrações. [...] Precisa ser recebido por um juiz consciente de que deve ser muito mais um pacificador, um apaziguador de almas despido de qualquer atitude moralista ou crítica. Em matéria de família, mais do que a letra fria ou o rigorismo do texto legal, a norma que deve ser invocada é a que apela à sensibilidade jurídica" (DIAS, Maria Berenice. *Manual de direito das famílias*. 6. ed. São Paulo: Revista dos Tribunais, 2010, p. 82-83).

um planejamento bem mais complexo, que demanda, em especial, cuidados de transporte e acomodação (supondo-se, hipoteticamente, uma viagem com saída do interior da Bahia e destino ao interior de Santa Catarina).

Portanto, esse fator geográfico também deverá compor o entendimento a ser firmado, oportunizando-se às partes, tanto quanto em relação aos outros parâmetros, a possibilidade de ampla participação no debate, com o fim de que o mecanismo escolhido esteja devidamente conformado à reparação da lesão existencial.

Em virtude de todas as ponderações trazidas, pode-se afirmar a efetividade da reparação não pecuniária para lidar com os prejuízos gerados em certas situações de abandono afetivo,[99] sendo essencial para esse pretendido resultado uma criteriosa avaliação de cada um dos parâmetros aqui elencados.

Uma última imagem para demonstrar a utilidade dos parâmetros na tarefa de avaliação da reparação específica do dano moral consiste na também fictícia situação de um jovem que, após ser confundido com um criminoso durante uma operação policial no Estado do Rio de Janeiro, fica equivocadamente detido por vinte dias na prisão.

Suponha-se que a vítima, abalada emocionalmente em razão do episódio, inclusive por conta do descrédito gerado no seu seio familiar e na comunidade local, proponha ação com o propósito de condenar o Estado do Rio de Janeiro ao custeio integral de tratamento psicológico pelo prazo de um ano e à realização de dois atos públicos de reconhecimento da falha cometida com a presença dos integrantes do batalhão que participaram da operação (um diante da sua comunidade local, no próprio Rio de Janeiro, e outro perante os seus parentes, que residem no Ceará).

Ao se testar os parâmetros aqui propostos, os pleitos formulados não encontrarão resistência no de ordem objetiva, pois os dois mecanismos requeridos

---

99. É essa a taxativa conclusão de Anderson Schreiber: "Por exemplo, a partir da análise das omissões perpetradas pelo pai omisso no caso concreto, a corte judicial poderia condená-lo, por exemplo, a frequentar, no mínimo, três quartos das reuniões de pais na escola, a participar das festas de dia dos pais ou mesmo a passar um maior número de dias com o filho. O que a vítima do chamado abandono afetivo pretende – ou deveria pretender – não é o dinheiro, mas sim o efetivo cumprimento dos deveres parentais. Não há, portanto, qualquer razão para se deixar de conceder, nessas hipóteses, uma *tutela específica*, que entregue à vítima o resultado do dever primário, a exemplo do que já acontece em tantos outros campos" (SCHREIBER, Anderson. Responsabilidade civil e direito de família: a proposta da reparação não pecuniária, cit., p. 42, grifos no original).

se prestam a agir diretamente sobre os interesses lesados, permitindo, em princípio, a reparação da lesão provocada.

Em uma frente, o tratamento psicológico estará dirigido às consequências da indevida violação à integridade psicofísica, auxiliando o indivíduo a se recompor emocionalmente depois de um trauma dessa gravidade. Na outra, o ato público de reconhecimento de responsabilidade promove o restabelecimento da anterior reputação do ofendido, destacando-se, assim, à reparação da lesão à honra objetiva.

Ao que tudo indica, o enfoque subjetivo tampouco se apresentará como obstáculo à procedência dos pedidos formulados, visto que as medidas solicitadas não parecem conduzir a um acentuado ônus às partes e a terceiros. Isso não quer dizer, claro, que as sutilezas presentes em um caso concreto, que escapam à proposta de um recorte teórico, não possam indicar circunstância excepcional que recomende eventual modulação ou restrição a um dos requerimentos.

Aparentemente, o dado financeiro não implicará em exame tão simples quanto os outros dois referidos, eis que o cumprimento dos tais pedidos pressupõe, *per se*, um aporte financeiro considerável por parte do lesado. Além disso, esse aporte pode ser substancialmente elevado a depender do cuidado na demarcação das obrigações.

Sobre o custeio integral do tratamento psicológico, ainda que se mostre justificável à luz do dano havido, é possível que se compreenda pela prefixação de um numerário global para esse fim, como forma de evitar eventuais distorções não pretendidas.

Já em relação aos atos públicos, os gastos tendem a ser substancialmente altos em razão da promoção de dois eventos e em regiões distantes. Não suficiente, dependendo da estrutura a ser montada em cada lugar, as despesas poderão crescer de maneira impressionante.

Sopesados todos esses pontos, mas sem perder vista a finalidade maior de reparação da vítima, uma solução adequada seria a determinação de evento único na cidade do Rio de Janeiro, que comporte a presença de ao menos cinquenta pessoas, e para o qual dois familiares cearenses poderão comparecer com integral custeio de transporte e acomodação por uma noite em local próximo.

A ótica temporal impactará, como é de se imaginar, o pleito relativo ao tratamento psicológico. É fato que somente a análise das condições da vítima no caso concreto acusará a margem de tempo apropriada a uma adequada reparação do dano sofrido. Sem prejuízo, considerando-se a necessidade de encontros reiterados para o êxito de um trabalho dessa espécie, o período de um ano não se afigura, a uma primeira vista, desarrazoado.

Por fim, o critério espacial lança olhar sobre os atos de reconhecimento público do dano perpetrado. Servirá, portanto, a demonstrar o esforço e os transtornos que surgiriam a partir da obrigatoriedade de deslocamento dos membros do batalhão ao Ceará – não só de ordem financeira, mas também pessoal –, capazes de suscitar a busca por meio que repare devidamente a vítima sem gerar desnecessários prejuízos àqueles que deverão observar a ordem judicial.

Em outro viés, também poderá indicar que o cumprimento da obrigação em determinadas áreas da comunidade do ofendido se traduz em risco à vida dos policiais, a ensejar uma especial cautela quanto à escolha do local conveniente à promoção de um evento com essas características.

Logo, adotando-se um caminho técnico à reparação da vítima, seria o caso de acolher o pedido de custeio integral do tratamento psicológico por um ano e de impor um ato único de reconhecimento de responsabilidade do Estado pelo dano gerado, por meio de evento que possa ser acompanhado por, no mínimo, cinquenta pessoas, incluindo os dois familiares do Ceará assistidos em transporte e acomodação, e que se realize em um ponto da comunidade não prejudicial à segurança dos presentes.

Em síntese conclusiva, os três exemplos demonstram como os parâmetros são particularmente úteis à intrincada incumbência de fixação da reparação não pecuniária do dano moral, não só por facilitar a operação no caso concreto, mas, sobretudo, por garantir uma decisão metodologicamente fundada, juridicamente segura e inequivocamente técnica.

Aprofundando a afirmação, chega-se a um notável traço dos parâmetros aqui referidos. Como se viu, nenhum deles guarda maiores complexidades, seja em relação ao conteúdo, seja quanto à sistemática para emprego no caso concreto. Em verdade, a simplicidade é o que os torna especialmente valiosos à definição das diversas demandas atinentes a danos morais.

Vale dizer, a proposta consiste justamente em permitir que qualquer sujeito que se proponha a desbravar o ambiente da reparação específica dos danos extrapatrimoniais – tido por muitos, até o momento, como ideal no campo teórico e com pouca serventia no campo prático – tenha a companhia de parâmetros claros e descomplicados para essa tarefa.

Não se quer, com isso, afirmar levianamente que a reparação não pecuniária do dano moral possui sistemática mais simples do que a via oposta, de ordem monetária. No entanto, é bom lembrar que se passaram anos até que a renegada fixação de valores para a hipótese de lesão extrapatrimonial se tornasse a costumeira resposta para debates desse gênero.[100] E, mesmo assim, o expediente ainda desperta grandes controvérsias nas ações, não já pela sua aplicação, mas pela dosagem da cifra a ser estabelecida.

Portanto, parece que o real entrave nesse campo reparatório reside na mudança da cultura jurídica local. Antes, da *ausência de reparação* para a *reparação pecuniária*. Atualmente, da *reparação pecuniária* para a *não pecuniária*, com o fim de evitar que o dinheiro continue a ser, paradoxalmente, a solução aos danos relacionados às questões extrapatrimoniais.

Com vistas a essa necessária transformação, é preciso resistir à tentação do conformismo e mirar os substanciosos estudos que vêm florescendo nessa seara,[101] em prol da viabilização de uma tutela verdadeiramente eficaz dos direitos mais caros em sociedade, de caráter existencial.[102]

Para somar nessa direção, acredita-se que a conjugação dos parâmetros *objetivo*, *subjetivo*, *financeiro*, *temporal* e *espacial* será especialmente útil para se encontrar a medida talhada ao dano moral provocado, permitindo que, enfim, as partes e o intérprete possam abandonar o resistente apego ao remédio patrimonial, incompatível com a pretensão reparatória, em favor do percurso não monetário, efetivamente adequado a lesões dessa natureza.

---

100. Permita-se remeter ao item 1.1 deste livro. Para mais sobre o tema, v. PEREIRA, Caio Mário da Silva. *Responsabilidade Civil*, cit., p. 73-79.
101. Destaca-se, novamente, alguns trabalhos especializados: SCHREIBER, Anderson. *Direito Civil e Constituição*, cit.; MAGALHÃES, Fabiano Pinto de. *A reparação não pecuniária dos danos morais*, cit.; DANTAS BISNETO, Cícero. *Formas não monetárias de reparação do dano moral*: uma análise do dano extrapatrimonial à luz do princípio da reparação adequada, cit.; SOUZA, Tayná Bastos de. *A reparação não pecuniária dos danos*: aplicabilidade no direito brasileiro, cit.
102. Reitera-se o entendimento de que o sistema jurídico é pensado a partir da proteção desses direitos hierarquicamente superiores no ordenamento, como decorrência da aplicação do princípio da dignidade da pessoa humana. Sobre o tema: "A dignidade da pessoa humana constitui princípio remodelador das estruturas e da dogmática do Direito Civil brasileiro. Promove a funcionalização das situações jurídicas patrimoniais às existenciais, realizando assim processo de inclusão social, com a ascensão à realidade normativa de interesses coletivos, direitos da personalidade e renovadas situações jurídicas existenciais, desprovidas de titularidades patrimoniais, independentemente destas ou mesmo em detrimento destas. Se o Direito é realidade cultural, o que parece hoje fora de dúvida, é a pessoa humana, na experiência brasileira, que se encontra no ápice do ordenamento, devendo a ela se submeter o legislador ordinário, o intérprete e o magistrado" (TEPEDINO, Gustavo. O papel atual da doutrina do Direito Civil entre o sujeito e a pessoa, cit., p. 17).

Contém vídeo do autor
sobre o capítulo

Conclusão

Como se viu, o presente estudo da reparação não pecuniária do dano moral foi estruturado sobre três eixos, tratados individualmente em cada um dos capítulos: (i) análise dogmática da matéria; (ii) panorama sobre o emprego concreto da sistemática, com destaque para as controvérsias de ordem prática enfrentadas; e (iii) apresentação de parâmetros para auxiliar na adequada aplicação dos mecanismos não monetários.

Assim, de início, houve oportunidade de percorrer as contundentes transformações na concepção do instituto do dano moral nas últimas décadas e de explicar como a atual visão, centrada na perspectiva da dignidade da pessoa humana, demanda novo olhar também sobre os meios reparatórios.

Em seguida, tratou-se da ascensão do debate sobre a reparação específica do dano moral no ordenamento brasileiro, momento em que se explicou o desacerto dos argumentos comumente apresentados em oposição à sistemática e o consenso que vem se formando em torno das contraindicações à pecúnia como instrumento reparatório.

O último item do primeiro capítulo foi, então, dedicado à consolidação da reparação não monetária como a via prioritária no direito brasileiro. Primeiro, houve minuciosa análise da orientação a ser extraída do art. 947 do Código Civil. Segundo, pôs-se luz sobre a insuficiência do método pecuniário como mecanismo de tutela dos inúmeros interesses que têm sido reconhecidos pelo direito, na esteira de um movimento de ampliação dos danos ressarcíveis. Terceiro, demonstrou-se que a função reparatória da responsabilidade civil exige a busca por um remédio efetivamente voltado a esse fim, de modo que, do ponto de vista técnico, não há fundamento ao irrestrito apego à solução pecuniária, que sabidamente não partilha deste objetivo.

O segundo capítulo iniciou focalizado na alusão aos meios não pecuniários no tecido normativo brasileiro. Ao longo da investigação, duas importantes conclusões foram alcançadas. Ao contrário do que se poderia imaginar, medidas dessa ordem encontraram espaço em diplomas normativos diversos ao longo dos últimos séculos. Além disso, cresce em referências os mecanismos de reparação específica em legislações editadas recentemente – o que, possivelmente, só não é mais notado pela comunidade jurídica por conta da maleabilidade da sistemática, que desponta de formas particulares em cada área do ordenamento jurídico.

Na sequência, foi a vez de um exame jurisprudencial da temática. Após uma imprescindível menção ao direito de resposta concedido na ação movida por Leonel Brizola em face das Organizações Globo, conhecido *leading case* na matéria (como comprovado estatisticamente), foram trazidas as importantes reflexões contidas no voto-vista apresentado pelo ministro Luís Roberto Barroso no RE 580.252/MS, referente à possibilidade de reparação não pecuniária do dano moral gerado a presos em condições carcerárias indignas. E, embora não tenha sido esse o voto vitorioso, indica que a sistemática reverbera na mais alta cúpula do Judiciário, o que, por si só, vem atraindo a consideração de novos caminhos na responsabilidade civil.

Impulsionada por esse cenário promissor, a etapa seguinte trouxe outras decisões desse gênero proferidas nos tribunais espalhados pelo país. Apesar de a pesquisa desembocar em resultado aquém do que se deveria esperar, comprova, por outro lado, a existência de contundentes exemplos de aplicação da reparação específica nos mais variados litígios envolvendo dano moral, seja nos tribunais locais ou no Superior Tribunal de Justiça.

Esse contexto, por sua vez, justificou a incursão nas paradigmáticas decisões da Corte Interamericana de Direitos Humanos, sobretudo para demonstrar que a tentativa de restringir a sistemática ao campo do direito à honra, como ainda se enxerga em sede nacional, não condiz com o altíssimo potencial desse método reparatório. Sendo assim, a rica jurisprudência da Corte, dedicada a violações existenciais graves e das mais diversas, pode servir de norte a uma aguardada expansão da adoção dos meios não pecuniários para outras tantas possibilidades de lesão extrapatrimonial.

Vistos os fundamentos teóricos que amparam a aplicação da reparação não pecuniária do dano moral e examinados os registros legislativos e jurisprudenciais do assunto, entendeu-se que a parte final do segundo capítulo precisaria contemplar três aspectos de ordem prática que vêm suscitando relevantes controvérsias. Foi assim que se cuidou da discussão sobre a cumulação das vias reparatórias, do espaço de discricionariedade do intérprete e da possibilidade de aplicação de ofício da reparação específica pelo julgador.

Quanto à primeira, viu-se que, diante da posição preferencial dos meios reparatórios não pecuniários, a vítima deverá, via de regra, trilhar esse caminho. Sobre a segunda, o debate se associou, em larga medida, ao disposto no art. 497 do Código de Processo Civil, que delimita a margem de atuação do intérprete no que toca a prestações de fazer e não fazer. Finalmente, a aplicação de ofício de medidas não monetárias encontra dissonância em grande parte da literatura processual, que enxerga o princípio do contraditório como um dos maiores sustentáculos do processo civil. Embora essa visão tenha se fortalecido com as previsões apresentadas no novo Código de 2015, nada impede que o julgador se valha de expedientes acessíveis para que o direito das partes não seja violado, tal como acontece a partir da intimação prévia dos envolvidos para manifestação sobre eventuais mecanismos cogitados ou da designação de audiência com o mesmo propósito.

Por último, à vista de que ainda há pouca concreção sobre a forma de estabelecimento dessas medidas não pecuniárias, o que, com razão, gera insegurança e impede maior avanço desse modelo reparatório, foram propostos cinco parâmetros para auxiliar na aplicação no caso concreto.

O parâmetro objetivo se volta ao objeto da reparação, ou seja, a medida a ser aplicada, garantindo que o interesse lesado seja aquele albergado pela obrigação imposta. O parâmetro subjetivo diz com a necessidade de que o mecanismo não monetário seja ponderado à luz das concretas particularidades da vítima, do ofensor e de terceiros, a fim de que se confirme sua efetividade e adequação. O parâmetro financeiro, guiado pelo art. 944 do Código Civil, trata da imprescindível correlação entre o custo de implementação da medida a ser determinada e o dano extrapatrimonial havido. O parâmetro temporal exige, por sua vez, que se considere o tempo como fator determinante para a imposição de uma reparação não pecuniária compatível com a lesão extrapatrimonial. O parâmetro espacial, por último, atrai a atenção para uma avaliação geográfica do mecanismo imaginado, que também precisa ser conformada ao dano moral concretamente gerado.

Viu-se, ainda, que os parâmetros apresentados não surgem de um trabalho criativo. Em rigor, decorrem de um esforço de sistematização daquilo que já se observa, de forma mais ou menos explícita, na tarefa de fixação de obrigações de fazer e não fazer. Uma das pretensões, aliás, é justamente essa: trazer à superfície o raciocínio situado nas entrelinhas das decisões proferidas, para que integre a fundamentação e permita o ativo e necessário debate das partes a seu respeito.

A etapa derradeira do livro, firme no papel de reforçar a serventia dos cinco parâmetros, trouxe três ilustrações fictícias para uma oportuna simulação da aplicação conjunta de todos eles. Esse passo serviu, ademais, à confirmação de que os parâmetros não são dotados de maiores complexidades, seja em relação à delimitação do seu conteúdo ou ao emprego de cada qual no caso concreto.

Ao final, foi possível perceber que, apesar de a reparação específica requerer atenção a mais fatores que a via monetária, não há óbices jurídicos à sua aplicação. Em síntese, o real entrave ao seu maior acolhimento parece ser a cultura jurídica local. Se, antes, trilhou-se longa jornada para superar a máxima de que o dano moral não deveria ser reparado, hoje o esforço se desloca à sua forma de reparação, como medida a garantir uma resposta juridicamente adequada às lesões a interesses existenciais.

Nesta árdua e importante missão, confia-se que o emprego dos parâmetros referidos poderá ter um papel decisivo, por ajudar a imprimir o rigor técnico necessário ao estabelecimento de medidas reparatórias não pecuniárias. Dada a alta litigiosidade em torno do dano moral, não há dúvidas: é preciso modificar o quadro atual – e rápido.

Referências Bibliográficas

ABELHA, Marcelo. *Manual de direito processual civil*. 6. ed. Rio de Janeiro: Forense, 2016.

ALEXY, Robert. *Teoria dos direitos fundamentais*. Trad. Virgílio Afonso da Silva. São Paulo: Malheiros, 2008.

ALVIM, José Eduardo Carreira. *Comentários ao novo Código de Processo Civil*: Lei 13.105/15. v. 12. 2. ed. Curitiba: Juruá, 2017.

AMORIM, José Roberto Neves et al. *Código Civil comentado*: doutrina e jurisprudência. 4. ed. Barueri: Manole, 2010.

ANDRADE, André Gustavo Corrêa de. *Dano moral e indenização punitiva: os punitive damages na experiência do common law e na perspectiva do direito brasileiro*. Rio de Janeiro: Lumen Juris, 2009.

ANDRADE, Norberto Nuno Gomes de; DONEDA, Danilo Cesar Maganhoto; MENDES, Laura Schertel; SOUZA, Carlos Affonso Pereira de. Considerações iniciais sobre inteligência artificial, ética e autonomia pessoal. *Pensar*, Fortaleza, v. 23, n. 4, out./dez. 2018, p. 1-17. Disponível em: <https://periodicos.unifor.br/rpen/article/view/8257>.

ANDRIGHI, Fátima Nancy. Fundamentos atuais da responsabilidade na ordem civil-constitucional: o papel da jurisprudência na concretização das cláusulas gerais. In: MARTINS, Guilherme (Coord.). *Temas de responsabilidade civil*. Rio de Janeiro: Lumen Juris, 2012, p. 153-178.

ARENHART, Sérgio Cruz; MARINONI, Luiz Guilherme. *Curso de processo civil*: execução. v. 3. 6. ed. São Paulo: Revista dos Tribunais, 2014.

_____; MITIDIERO, Daniel. *Novo curso do processo civil*: tutela dos direitos mediante procedimento comum. v. 2. 3. ed. São Paulo: Revista dos Tribunais, 2017.

ASCENSÃO, José de Oliveira. *Direito Civil*: Teoria Geral - Relações e Situações Jurídicas. v. 3. 2. ed. São Paulo: Saraiva, 2010.

ASSIS, Araken de. Liquidação do dano. *Revista dos Tribunais*, v. 759, 1999, p. 11-23.

_____. *Manual da execução*. 20. ed. São Paulo: Revista dos Tribunais, 2018.

ÁVILA, Humberto. *Teoria dos princípios*. 18. ed. São Paulo: Malheiros Editores, 2018.

AZEVEDO, Álvaro Villaça. *Curso de Direito Civil*: Teoria geral das obrigações. 3. ed. São Paulo: Revista dos Tribunais, 1981.

BARBOZA, Heloisa Helena; MORAES, Maria Celina Bodin de; TEPEDINO, Gustavo (Orgs.). *Código Civil Interpretado Conforme a Constituição da República*. v. I. 3. ed. Rio de Janeiro: Renovar, 2014.

_____. *Código Civil Interpretado Conforme a Constituição da República*. v. II. 2. ed. Rio de Janeiro: Renovar, 2012.

BARROSO, Luís Roberto. "Aqui, lá e em todo lugar": a dignidade humana no direito contemporâneo e no discurso transnacional. *Revista dos Tribunais*, São Paulo, a. 101, v. 919, mai. 2012, p. 127-195.

_____. *Curso de direito constitucional contemporâneo*: os conceitos fundamentais e a construção do novo modelo. 6. ed. São Paulo: Saraiva, 2017.

_____. *O novo direito constitucional brasileiro*: contribuições para a construção teórica e prática da jurisdição constitucional no Brasil. Belo Horizonte: Fórum, 2012.

BARSKY, Arthur J.; SHAH, Sejal B.; VAILLANT, George; WALDINGER, Robert J. Childhood environment as a predictor of perceived health status in late life. *Health Psychology Research*, v. 2, n. 2, set. 2014, p. 96-100. Disponível em: <https://doi.org/10.4081/hpr.2014.1560>.

BERNARDO, Wesley de Oliveira Louzada. *Dano moral*: critérios de fixação de valor. Rio de Janeiro: Renovar, 2005.

BERRYMAN, Jeffrey. Mitigation, apology and the quantification of non-pecuniary damages. *Oñati Socio-Legal Series*, v. 7, n. 3, 2017, p. 528-546. Disponível em: <https://ssrn.com/abstract=3029460>.

BESSONE, Darcy. *Do contrato*. Rio de Janeiro: Forense, 1960.

BEVILÁQUA, Clóvis. *Código Civil dos Estados Unidos do Brasil*. v. 5, t. 2, Rio de Janeiro: Francisco Alves, 1926.

BITTAR, Carlos Alberto. *Reparação civil por danos morais*. 4. ed. São Paulo: Saraiva, 2015.

BRAGA, Paulo Sarno; CUNHA, Leonardo Carneiro da; DIDIER JR., Fredie; OLIVEIRA, Rafael Alexandria de. *Curso de direito processual civil*: execução. v. 5. 7. ed. Salvador: JusPodivm, 2017.

BRAGA NETTO, Felipe Peixoto; FARIAS, Cristiano Chaves de; ROSENVALD, Nelson. *Curso de Direito Civil*: Responsabilidade Civil. v. 3. 2. ed. São Paulo: Atlas, 2015.

BRONZETTI, Gianfranco. La compensatio lucri cum damno. *Archivio della responsabilità civile e dei problemi generali del danno*, 1967, p. 740-749.

BUENO, Cassio Scarpinella. *Manual de direito processual civil*: inteiramente estruturado à luz do novo CPC – Lei n. 13.105, de 16-3-2015. São Paulo: Saraiva, 2015.

CABRAL, Antonio do Passo. *Nulidades no processo moderno*: contraditório, proteção da confiança e validade *prima facie* dos atos processuais. 2. ed. Rio de Janeiro: Forense, 2010.

CAHALI, Yussef Said. *Dano moral*. 3. ed. São Paulo: Revista dos Tribunais, 2005.

CAPITANT, Henri; COLIN, Ambrosio. *Curso elemental de derecho civil*. t. 3, 2. ed. Madrid: Reus, 1943.

CAVALIERI FILHO, Sergio. *Programa de Responsabilidade Civil*. 10. ed. São Paulo: Atlas, 2012.

_____; DIREITO, Carlos Alberto Menezes. *Comentários ao novo Código Civil*: da responsabilidade civil, das preferências e privilégios creditórios. v. XIII. Rio de Janeiro: Forense, 2004.

CECCHERINI, Grazia. *Risarcimento del danno e riparazione in forma specifica*. Milano: Giuffrè, 1989.

CIANCI, Mirna. *O valor da reparação moral*. 4. ed. São Paulo: Saraiva, 2013.

CHAVES, Antônio. Direito à própria imagem. *Revista da Faculdade de Direito da Universidade de São Paulo*, v. 67, 1972, p. 45-75. Disponível em: <http://www.revistas.usp.br/rfdusp/article/view/66643>.

CHARTIER, Yves. *La réparation du préjudice*. Paris: Dalloz, Paris, 1983.

CHIOVENDA, Giuseppe. *Principios de derecho procesal civil*. t. II. Trad. José Casáis y Santaló. Madrid: Editorial Reus, 1925.

_____. *Saggi di diritto processuale civile*. v. 1. Milano: Giuffrè, 1993.

COBELLI, Cristina Ebene. Risarcimento in forma specifica. In: ALPA, Guido; BESSONE, Mario. *La responsabilità civile* (Coord.), v. V. Turín: UTET, 1987, p. 353-373.

COSTA, Adriano Pessoa da; POMPEU, Gina Vidal Marcílio. Corte Interamericana de Direitos Humanos e desmonetarização da responsabilidade civil. *Civilistica.com*, Rio de Janeiro, a. 5. n. 2. 2016. Disponível em: <http://civilistica.com/corte-interamericana-de-direitos-humanos-e-desmonetarizacao/>.

COUTO, Igor Costa; SALGADO, Isaura. Pesquisa Jurisprudencial: Os critérios quantitativos do dano moral segundo a jurisprudência do STJ. Orientação: Maria Celina Bodin de Moraes. *Civilistica.com*, Rio de Janeiro, a. 2, n. 1, 2013. Disponível em: <http://civilistica.com/criterios-stj/>.

DANTAS, San Tiago. *O conflito de vizinhança e sua composição*. 2. ed. Rio de Janeiro: Forense, 1972.

_____. *Palavras de um professor*. 2. ed. Rio de Janeiro: Forense, 2001.

DANTAS BISNETO, Cícero. A insuficiência do modelo reparatório exclusivamente pecuniário no âmbito das lides familiares. *Revista Nacional de Direito de Família e Sucessões*, n. 31, jul./ago. 2019, p. 21-34.

_____. *Formas não monetárias de reparação do dano moral*: uma análise do dano extrapatrimonial à luz do princípio da reparação adequada. Florianópolis: Tirant Lo Blanch, 2019.

DE CUPIS, Adriano. *El daño*: teoría general de la responsabilidad civil. Trad. Ángel Martínez Sarrión. Barcelona: BOSCH, 1975.

DELGADO, Mário; MELO, Marco Aurélio Bezerra de; SCHREIBER, Anderson; SIMÃO, José Fernando; TARTUCE, Flávio. *Código Civil comentado*: doutrina e jurisprudência. 1. ed. Rio de Janeiro: Forense, 2019.

DELGADO, Rodrigo Mendes. *O valor do dano moral:* como chegar até ele. São Paulo: JH Mizuno, 2011.

DIAS, Antônio Pedro Medeiros. *Revisão e resolução do contrato por onerosidade excessiva no Código Civil.* Dissertação de Mestrado em Direito Civil. Universidade do Estado do Rio de Janeiro, Rio de Janeiro, 2013.

DIAS, José de Aguiar. *Da Responsabilidade Civil.* 12. ed. Rio de Janeiro: Lumen Juris, 2012.

DIAS, Maria Berenice. *Manual de direito das famílias.* 6. ed. São Paulo: Revista dos Tribunais, 2010.

DIDIER JR., Fredie. *Curso de direito processual civil:* Introdução ao Direito Processual Civil, Parte Geral e Processo de Conhecimento. v. 1. 17. ed. Salvador: JusPodivm, 2015.

DINAMARCO, Cândido Rangel. *Fundamentos do processo civil moderno.* 2. ed. São Paulo: Revista dos Tribunais, 1987.

_____. *Instituições de direito processual civil.* v. 1. 3. ed. São Paulo: Malheiros, 2003.

DINIZ, Maria Helena. *Curso de Direito Civil Brasileiro:* Responsabilidade Civil. v. 7. 25. ed. São Paulo: Saraiva, 2011.

DONIZETTI, Elpídio. *Novo Código de Processo Civil comentado.* 2. ed. São Paulo: Atlas, 2017.

FACCHINI NETO, Eugênio. Da responsabilidade civil no novo código. *Revista do TST*, Brasília, v. 76, n. 1, jan./mar. 2010, p. 17-63.

FARIAS, Cristiano Chaves de; ROSENVALD, Nelson. *Curso de Direito Civil:* Obrigações. v. 2. 9. ed. São Paulo: Atlas, 2015.

FISCHER, Hans Albert. *A reparação dos danos no direito civil.* Trad. António de Arruda Ferrer Correia. São Paulo: Saraiva, 1938.

FRANÇA, Rubens Limongi. Reparação do dano moral. *Revista dos Tribunais*, v. 631, mai. 1988, p. 29-37.

GAGLIANO, Pablo Stolze; PAMPLONA FILHO, Rodolfo. *Novo curso de direito civil*: responsabilidade civil. v. 3. 16. ed. São Paulo: Saraiva, 2018.

GAIO JÚNIOR, Antônio Pereira. *Tutela específica das obrigações de fazer.* Rio de Janeiro: Forense, 2000.

GHERSI, Carlos Alberto. *Teoría general de la reparación de daños.* Buenos Aires: Editorial Astrea, 1997.

GIDE, Carlos. *Compendio d'Economia Política.* 2. ed. Trad. F. Contreiras Rodrigues. Livraria do Globo: Porto Alegre, 1931.

GOMES, Orlando. *Obrigações.* 16. ed. Rio de Janeiro: Forense, 2004.

_____. Tendências modernas na teoria da responsabilidade civil. In: DI FRANCESCO, José Roberto Pacheco (Org.). *Estudos em homenagem ao Professor Silvio Rodrigues.* São Paulo: Saraiva, 1989, p. 289-302.

GIORGIANNI, Michele. O direito privado e as suas atuais fronteiras. *Revista dos Tribunais*, v. 747, jan. 1998, p. 35-55.

GRECO, Leonardo. *A teoria da ação no processo civil.* São Paulo: Dialética, 2003.

GUEDES, Gisela Sampaio da Cruz. *Lucros cessantes:* Do bom senso ao postulado normativo da razoabilidade. 1. ed. São Paulo: Revista dos Tribunais, 2011.

_____; MORAES, Maria Celina Bodin de. A prescrição e o problema da efetividade dos direitos. In: GUEDES, Gisela Sampaio da Cruz; MORAES, Maria Celina Bodin de; SOUZA, Eduardo Nunes de (Coords.). *A juízo do tempo:* estudos atuais sobre prescrição. Rio de Janeiro: Processo, 2019, p. 5-38.

_____; TERRA, Aline de Miranda Valverde. A repersonalização do direito civil e suas repercussões na responsabilidade civil. In: CORTIANO JUNIOR, Eroulths; EHRHARDT JÚNIOR, Marcos (Coords.). *Transformações no direito privado nos 30 anos da Constituição*: estudos em homenagem a Luiz Edson Fachin. Belo Horizonte: Fórum, 2019, p. 473-494.

GUERRA, Marcelo Lima. *Direitos fundamentais e a proteção do credor na execução civil*, São Paulo: RT, 2003.

GUTIÉRREZ, Paloma Tapia. *La reparación del daño en forma específica:* el puesto que ocupa entre los medios de tutela del perjudicado. Madrid: Dykinson, 2013.

HENRIQUES, Rogério da Silva Paes; SILVA, Lillian Nathalie Oliveira da. Representações simbólicas do dinheiro na obra freudiana. *Cadernos de Psicanálise (CPRJ)*, v. 39, n. 37, jul./dez. 2017, p. 169-183. Disponível em: <http://cprj.com.br/ojs_cprj/index.php/cprj/article/view/12>.

ITURRASPE, Jorge Mosset; PIEDECASAS, Miguel A. *Código Civil comentado*: responsabilidad civil - artículos 1.066 a 1.136. Buenos Aires: Rubinzal-Culzoni Editores, 2003.

JOSSERAND, Louis. Evolução da Responsabilidade Civil. *Revista Forense*, Rio de Janeiro, v. LXXXVI, a. XXXVIII, abr. 1941.

JOURDAIN, Patrice; VINEY, Geneviève. *Traité de droit civil* – les effets de la responsabilité. 2. ed. Paris: L.G.D.J., 2001.

KONDER, Carlos Nelson. Critérios para a reparação do dano moral. *Direito, estado e sociedade*, n. 18, jan./jul. 2001, p. 47-58.

_____. Distinções hermenêuticas da constitucionalização do direito civil: o intérprete na doutrina de Pietro Perlingieri. *Revista da Faculdade de Direito – UFPR*, Curitiba, v. 60, n. 1, jan./abr. 2015, p. 193-213. Disponível em: <https://revistas.ufpr.br/direito/article/view/38442>.

_____. Fundamentação das decisões e aplicação da função social do contrato: aportes do Código de Processo Civil de 2015. In: ALVIM, Teresa Arruda; BEDAQUE, José Roberto dos Santos; CARNEIRO, Paulo Cezar Pinheiro; MENDES, Aluisio Gonçalves de Castro. *O novo processo civil brasileiro:* Temas relevantes - estudos em homenagem ao Professor, Jurista e Ministro Luiz Fux. v. I. Rio de Janeiro: GZ, 2018, p. 193-210.

_____; RENTERÍA, Pablo. A funcionalização das relações obrigacionais: interesse do credor e patrimonialidade da prestação. *Civilistica.com*. Rio de Janeiro, a. 1. n. 2. 2012. Disponível em: <http://civilistica.com/a-funcionalizacao/>.

LAMBERT-FAIVRE, Yvonne; PORCHY-SIMON, Stéphanie. *Droit du Dommage Corporel*: Systèmes d'indemnisation. 7. ed. Paris: Dalloz, 2015.

LARENZ, Karl. *Derecho de obligaciones*. t. 1. Trad. Jaime Santos Briz. Madrid: Editorial Revista de Derecho Privado, 1958.

LEITE, Fábio Carvalho. Por uma posição preferencial do direito de resposta nos conflitos entre liberdade de imprensa e direito à honra. *Civilistica.com*, Rio de Janeiro, a. 7, n. 2, 2018. Disponível em: <http://civilistica.com/por-uma-posicao-preferencial-do-direito-de-resposta-nos-conflitos-entre-liberdade-de-imprensa-e-direito-a-honra/>.

LÔBO, Paulo. *Direito civil*: obrigações. v. 2. 7. ed. São Paulo: Saraiva, 2019.

_____. Direitos e conflitos de vizinhança. *Revista Brasileira de Direito Civil*, v. 1, jul./set. 2014, p. 61-87. Disponível em: <https://rbdcivil.ibdcivil.org.br/rbdc/article/view/131/127>.

LOPEZ, Teresa Ancona. *O Dano estético*: responsabilidade civil. 2. ed. São Paulo: Revista dos Tribunais, 1999.

LORENZO, Miguel Frederico de. *El daño injusto en la Responsabilidad Civil*. Buenos Aires: Abeledo-Perrot, 1997.

LOTUFO, Renan. *Código Civil comentado*. v. 2. São Paulo: Saraiva, 2003.

LUHMANN, Niklas. *Legitimação pelo procedimento*. Trad. Maria da Conceição Côrte-Real. Brasília: Universidade de Brasília, 1980.

MAGALHÃES, David. A primazia da reconstituição natural sobre a indemnização por equivalente. Contributos jurídico-históricos para a análise do direito português. *Revista de Direito da Responsabilidade*, a. 1, 2019, p. 485-492. Disponível em: <http://revistadireitoresponsabilidade.pt/2019/a-primazia-da-reconstituicao-natural-sobre-a-indemnizacao-por-equivalente-contributos-juridico-historicos-para-a-analise-do-direito-portugues-david-magalhaes/>.

MAGALHÃES, Fabiano Pinto de. *A reparação não pecuniária dos danos morais*. Dissertação de Mestrado em Direito Civil. Universidade do Estado do Rio de Janeiro, Rio de Janeiro, 2015.

_____. Responsabilidade civil do estado por danos morais causados a presos em decorrência de violações à sua dignidade, provocadas por superlotação prisional e condições desumanas ou degradantes de encarceramento e a imposição de medida reparatória não pecuniária, por meio da remição de parte do tempo de pena, em analogia ao art. 126 da lei de execução penal. *Revista Brasileira de Direito Civil*, v. 4, abr./jun. 2015, p. 138-150. Disponível em: <https://rbdcivil.ibdcivil.org.br/rbdc/article/view/104/100>.

MARINONI, Luiz Guilherme. *Tutela específica*: arts. 461, CPC e 84, CDC. 2. ed. São Paulo: Revista dos Tribunais, 2001.

MARKESINIS, Basil; VINEY, Geneviève. *La réparation du dommage corporel*: essai de comparaison des droits anglais et français. Paris: Economica, 1985.

MARTÍN-CASALS, Miquel. The 'Principles of European Tort Law' (PETL) at the beginning of a second decade. *Revista de Direito Civil Contemporâneo*, v. 12, jul./set. 2017, p. 359-389.

MARTINS-COSTA, Judith. *Comentários ao novo Código Civil*: do inadimplemento das obrigações. v. V, t. II. Rio de Janeiro: Forense, 2003.

MARTON, G. *Les fondements de la responsabilité civile*. Paris: Librairie du Recueil Sirey, 1938.

MEDEIROS, Alexandre Alliprandino. *Acidente do trabalho e reparação moral não pecuniária: uma perspectiva bioética*. Dissertação de Mestrado em Direito. Universidade Estadual Paulista, Franca, 2010.

MIRANDA, Francisco Cavalcanti Pontes de. *Tratado de Direito Privado*. t. XXII. Rio de Janeiro: Borsoi, 1958.

_____. *Tratado de Direito Privado*. t. XXVI, Rio de Janeiro: Borsoi, 1959.

MONTEIRO FILHO, Carlos Edison do Rêgo. Limites ao princípio da reparação integral no direito brasileiro. *Civilistica.com*, Rio de Janeiro, a. 7, n. 1, 2018. Disponível em: <http://civilistica.com/limites-ao-principio-da-reparacao-integral/>.

MORAES, Maria Celina Bodin de. A caminho de um direito civil constitucional. *Revista dos Tribunais*, a. 17, jul./set. 1993, p. 21-32.

_____. O Direito Civil Constitucional. In: CAMARGO, Margarida Maria Lacombe (Org.). *1988-1998: Uma Década de Constituição*. Rio de Janeiro: Renovar, 1998, p. 115-127.

_____. *Danos à Pessoa Humana*: Uma Leitura Civil-Constitucional dos Danos Morais. 2. ed. Rio de Janeiro: Processo, 2017.

_____. Risco, solidariedade e responsabilidade objetiva. *Revista dos Tribunais*, a. 95, v. 854, dez. 2006, p. 11-37.

_____; TEIXEIRA, Ana Carolina Brochado. Descumprimento do art. 229 da Constituição Federal e responsabilidade civil: duas hipóteses de danos morais compensáveis. *Revista de Investigações Constitucionais*, Curitiba, v. 3, n. 3, set./dez. 2016, p. 117-139. Disponível em: <https://revistas.ufpr.br/rinc/article/view/48534/29949>.

MOREIRA, Alice; TAMAYO, Álvaro. Escala de significado do dinheiro: desenvolvimento e validação. *Psicologia: Teoria e Pesquisa*, v. 15, n. 2, 1999, p. 93-105. Disponível em: <http://www.scielo.br/scielo.php?pid=S0102-37721999000200002&script=sci_abstract&tlng=pt>.

MORÉTEAU, Olivier. Basic questions of tort law from a french perspective. In: KOZIOL, Helmut (Coord.). *Basic questions of tort law from a comparative perspective*. Viena: Jan Sramek Verlag, 2015, p. 3-95.

NASCIMENTO, Rodney de Souza. *Das estratégias globais ao formato local*: o discurso publicitário adaptado às necessidades de cada público. Tese de Doutorado em Comunicação e Semiótica. Pontifícia Universidade Católica de São Paulo, São Paulo, 2011.

NORONHA, Fernando. Desenvolvimentos contemporâneos da responsabilidade civil. *Revista dos Tribunais*, v. 761, mar. 1999, p. 31-44.

_____. *Direito das obrigações*. v. 1, São Paulo: Saraiva, 2003.

PEREIRA, Caio Mário da Silva. *Responsabilidade Civil*. 11. ed. Rio de Janeiro: Forense, 2016.

PERLINGIERI, Pietro. *Perfis do Direito Civil*: introdução ao Direito Civil Constitucional. 3. ed. Trad. Maria Cristina De Cicco. Rio de Janeiro: Renovar, 2007.

_____. *O direito civil na legalidade constitucional*. Rio de Janeiro: Renovar, 2008.

_____. Riflessioni finali sul danno risarcibile. In: GIANDOMENICO, Giovanni di (Coord.). *Il danno risarcibile per lesione di interessi legittimi.* Nápoles: ESI, 2004, p. 285-292.

PINHO, Humberto Dalla Bernardina de. *Direito processual civil contemporâneo:* processo de conhecimento, cautelar, execução e procedimentos especiais. v. 2. 5. ed. São Paulo: Saraiva, 2018.

PINTO, Paulo Mota. *Interesse contratual negativo e interesse contratual positivo.* v. 2. Coimbra: Coimbra Editora, 2008.

POMBO, Eugenio Llamas. *Cumplimiento por equivalente y resarcimiento del daño al acreedor:* entre la aestimatio rei y el id quod interest. Trivium: Madrid, 1999.

QUEIROZ, João Quinelato de; SOUZA, Eduardo Nunes de. Breves notas sobre a responsabilidade civil dos provedores de aplicações de internet na perspectiva civil-constitucional. *Revista de Direito, Governança e Novas Tecnologias,* Porto Alegre, v. 4, n. 2, jul./dez. 2018, p. 61-82. Disponível em: <https://www.indexlaw.org/index.php/revistadgnt/article/view/4684/pdf>.

REIS, Clayton. *Dano moral.* 4. ed. Rio de Janeiro: Forense, 1998.

_____. *Os novos rumos da indenização do dano moral.* Rio de Janeiro: Forense, 2003.

RIZZARDO, Arnaldo. *Direito das obrigações.* 2. ed. Rio de Janeiro: Forense, 2004.

RODOTÀ, Stefano. O direito à verdade. Trad. Maria Celina Bodin de Moraes e Fernanda Nunes Barbosa. *Civilistica.com,* Rio de Janeiro, a. 2, n. 3, jul./set. 2013. Disponível em: <http://civilistica.com/o-direito-a-verdade/>.

RODRIGUES, Cássio Monteiro. *A certeza do dano como limite de atuação da função preventiva da responsabilidade civil.* Dissertação de Mestrado em Direito Civil. Universidade do Estado do Rio de Janeiro, Rio de Janeiro, 2019.

RODRIGUES, Francisco Luciano Lima; VERAS, Gésio de Lima. Dimensão funcional do dano moral no direito civil contemporâneo. *Civilistica.com.* Rio de Janeiro, a. 4, n. 2, 2015. Disponível em: <http://civilistica.com/dimensao-funcional-do-dano-moral-no-direito-civil-contemporaneo/>.

ROSENVALD, Nelson. Responsabilidade civil: compensar, punir e restituir. *Revista IBERC,* Minas Gerais, v. 2, n. 2, abr./jun. 2019, p. 1-9. Disponível em: <https://revistaiberc.emnuvens.com.br/iberc/article/view/48>.

ROUDINESCO, Elisabeth. *A família em desordem.* Trad. André Telles. Rio de Janeiro: Jorge Zahar, 2003.

SANSEVERINO, Paulo de Tarso Vieira. *Princípio da reparação integral:* indenização no Código Civil. 2. ed. São Paulo: Saraiva, 2010.

SARMENTO, Daniel. *Dignidade da pessoa humana:* conteúdo, trajetórias e metodologia. Belo Horizonte: Fórum, 2016.

SAVATIER, René. *Traité de la Responsabilité Civile en Droit Français.* v. 2. Paris: L.G.D.J., 1939.

SAVI, Sérgio. *Responsabilidade civil e enriquecimento sem causa.* O lucro da intervenção. São Paulo: Atlas, 2012.

SCHREIBER, Anderson. *Direito Civil e Constituição*. 1. ed. São Paulo: Atlas, 2013.

_____. Direito Civil e Constituição. *Revista Trimestral de Direito Civil*, v. 48, out./dez. 2011, p. 3-26.

_____. *Manual de direito civil contemporâneo*. 1. ed. São Paulo: Saraiva, 2018.

_____. Novas tendências da Responsabilidade Civil Brasileira. *Revista Trimestral de Direito Civil*, v. 22, p. 45-69.

_____. *Novos paradigmas da Responsabilidade Civil*: da erosão dos filtros da reparação à diluição dos danos. 5. ed. São Paulo: Atlas, 2013.

_____. Responsabilidade civil e direito de família: a proposta da reparação não pecuniária. In: BABOSA, Eduardo; MADALENO, Rolf (Coords.). *Responsabilidade civil no direito de família*. São Paulo: Atlas, 2015.

SCHUARTZ, Luis Fernando. Consequencialismo Jurídico, Racionalidade Decisória e Malandragem. *Revista de Direito Administrativo*, n. 248, 2008, p. 130-158.

SEVERO, Sérgio. *Os danos extrapatrimoniais*. São Paulo: Saraiva, 1996.

SIDOU, J. M. Othon (Org.). *Dicionário Jurídico*: Academia Brasileira de Letras Jurídicas. 2. ed. Rio de Janeiro: Forense Universitária, 1991.

SILVA, Clóvis Veríssimo do Couto e. O conceito de dano no direito brasileiro e comparado. *Revista dos Tribunais*, v. 667, mai. 1991, p. 7-16.

SILVA, Roberta Mauro e. Relações reais e relações obrigacionais: propostas para uma nova delimitação de suas fronteiras. In: TEPEDINO, Gustavo (Coord.). *Obrigações*: estudos na perspectiva civil-constitucional. Rio de Janeiro: Renovar, 2005, p. 69-98.

SILVA, Rodrigo da Guia; SOUZA, Eduardo Nunes de. Notas sobre a autonomia funcional da responsabilidade civil. In: MATOS, Ana Carla Harmatiuk; TEIXEIRA, Ana Brochado; TEPEDINO, Gustavo (Coords.). *Direito Civil, Constituição e unidade do sistema*: Anais do Congresso Internacional de Direito Civil Constitucional – V Congresso do IBDCivil. Belo Horizonte: Fórum, 2019, p. 167-190.

_____. Tutela da pessoa humana na lei geral de proteção de dados pessoais: entre a atribuição de direitos e a enunciação de remédios. *Pensar*, Fortaleza, v. 24, n. 3, jul./set. 2019, p. 1-22. Disponível em: <https://periodicos.unifor.br/rpen/article/view/9407/pdf>.

SILVA, Wilson Melo da. *O dano moral e sua reparação*. 3. ed. Rio de Janeiro: Forense, 1983.

SOUZA, Eduardo Nunes de. Merecimento de tutela: a nova fronteira da legalidade no direito civil. In: MORAES, Carlos Eduardo Guerra de; RIBEIRO, Ricardo Lodi (Coords.). *Direito Civil*: coleção Direito Uerj 80 Anos, v. 2. Rio de Janeiro: Freitas Bastos, 2015, p. 73-106.

SOUZA, Tayná Bastos de. A reparação não pecuniária dos danos: aplicabilidade no direito brasileiro. In: SILVA, Rodrigo da Guia; SOUZA, Eduardo Nunes de (Coords.). *Controvérsias atuais em responsabilidade civil* – estudos de direito civil-constitucional. Rio de Janeiro: Almedina, 2018, p. 523-544.

TELLES, Inocêncio Galvão. *Direito das obrigações*. 7. ed. Coimbra: Coimbra Editora, 1997.

TEPEDINO, Gustavo; TERRA, Aline de Miranda Valverde. A evolução da responsabilidade civil por fato de terceiro na experiência brasileira. *Revista de Direito da Responsabilidade*, a. 1, 2019, p. 1.077-1.104. Disponível em: <http://revistadireitoresponsabilidade.pt/2019/a-evolucao-da-responsabilidade-civil-por-fato-de-terceiro-na-experiencia-brasileira-gustavo-tepedino-aline-miranda-valverde-terra/>.

_____. Itinerário para um imprescindível debate metodológico. *Revista Trimestral de Direito Civil*, Rio de Janeiro, v. 35, jul./set. 2008, p. 1-3.

_____. O Código Civil, os chamados microssistemas e a Constituição: premissas para uma reforma legislativa. In: TEPEDINO, Gustavo (Coord.). *Problemas de Direito Civil-Constitucional*. Rio de Janeiro: Renovar, 2000, p. 1-16.

_____. O papel atual da doutrina do Direito Civil entre o sujeito e a pessoa. In: ALMEIDA, Vitor; TEIXEIRA, Ana Carolina Brochado; TEPEDINO, Gustavo (Coords.). *O Direito Civil entre o sujeito e a pessoa*: estudos em homenagem ao professor Stefano Rodotà. Belo Horizonte: Fórum, 2016, p. 17-35.

THEODORO JÚNIOR, Humberto. *Curso de Direito Processual Civil - Teoria geral do direito processual civil e processo de conhecimento*. v. 1. 45. ed. Rio de Janeiro: Forense, 2006.

_____. *Dano moral*. 2. ed. São Paulo: Juarez de Oliveira, 1999.

VARELA, João de Matos Antunes. *Das obrigações em geral*. 10. ed. v. I. Coimbra: Almedina, 2003.

VENOSA, Sílvio de Salvo. *Código civil interpretado*. 2. ed. São Paulo: Atlas, 2011.

VINEY, Geneviève. As tendências atuais do Direito da Responsabilidade Civil. In: TEPEDINO, Gustavo (Org.). *Direito civil contemporâneo*: novos problemas à luz da legalidade constitucional – Anais do Congresso Internacional de Direito Civil-Constitucional da Cidade do Rio de Janeiro. São Paulo: Atlas, 2008, p. 42-56.

_____. *Traité de droit civil* – les obligations, la responsabilité: conditions. Paris: L.G.D.J., 1982.

_____. *Traité de droit civil* – les obligations, la responsabilité: effets. Paris: L.G.D.J, 1988.

WAMBIER, Teresa Arruda Alvim. A tutela específica do art. 461, do Código de Processo Civil. *Revista dos Tribunais*, v. 80, out./dez. 1995, p. 103-110.

ZANNONI, Eduardo A. *El daño en la responsabilidad civil*. 2. ed. Buenos Aires: Editorial Astrea, 1993.

ZARRA, Maita María Naveira. *El resarcimiento del daño en la responsabilidad civil extracontractual*. Tese de doutorado em Direito. Universidade da Coruña, Coruña, 2004.

Diagramação eletrônica:
Thomson Reuters
Impressão e encadernação:
Eskenazi Indústria Gráfica Ltda., CNPJ 61.069.100/0001-69

A.S. L10359